Lüneburger Schriften zum Wirtschaftsrecht

herausgegeben von
Prof. Dr. jur. Dr. h.c. (GTU Tiflis) Thomas Schomerus

Band 32

Volker Hartke

Entlastungen für stromkostenintensive Unternehmen – „Industrierabatte"

Nomos

Onlineversion
Nomos eLibrary

Die Deutsche Nationalbibliothek verzeichnet diese Publikation in
der Deutschen Nationalbibliografie; detaillierte bibliografische
Daten sind im Internet über http://dnb.d-nb.de abrufbar.

ISBN 978-3-8487-6929-2 (Print)
ISBN 978-3-7489-1018-3 (ePDF)

1. Auflage 2020

Vorwort

Die Entlastungen für stromkostenintensive Unternehmen, allgemein „Industrierabatte" genannt, betrugen im Kalenderjahr 2015 rund 16 Milliarden Euro. Damit wurden von den 32,1 Milliarden Euro an Umlagen und Abgaben etwa 50 % umverteilt. Für Unternehmen sind die Entlastungen oftmals Kernbestandteil der Ertrags- und Finanzplanung. Anstelle eines einheitlichen Entlastungssystems, existiert für fast jede Stromabgabe oder -umlage eine Einzelregelung. Jede Einzelregelung hat individuelle
- Begriffe bzw. Definitionen,
- Voraussetzungen, Rechtsfolgen sowie
- Verfahrensbeteiligte und -bestimmungen.

Folge ist ein „normativer Flickenteppich" mit „zunehmender Novellierungsfrequenz". Trotz der großen ökonomischen Bedeutung konzentrierte sich die Wissenschaft in erster Linie auf (ökonomische) Reformvorschläge und Kostendarstellungen. Es fehlte aber eine systematische Darstellung der allgemeinen direkten Entlastungsregelungen als einheitliches Werk. Dieses bewog mich diese allgemeinen direkten Entlastungsregelungen zum Gegenstand meiner Masterarbeit im Jahr 2019 zu machen. Neben den Voraussetzungen werden die Antrags-, Erhebungs- und Abrechnungsverfahren ausführlich dargestellt. Außerdem werden die Hintergründe zur Einführung der jeweiligen Entlastungsregelung und das europäische Sekundärrecht dargelegt. Ausführlich untersucht werden zudem die Gemeinsamkeiten und Widersprüche der Voraussetzungen und der Antragsverfahren.

Die Angaben in diesem Werk wurden sorgfältig erstellt und entsprechen dem Wissenstand bei Erstellung der Masterarbeit im Jahr 2019. Da Hinweise und Fakten jedoch dem Wandel der Rechtsprechung und der Gesetzgebung unterliegen, kann für die Richtigkeit und Vollständigkeit der Angaben in diesem Werk keine Haftung übernommen werden. Gleichfalls werden die in diesem Werk abgedruckten Texte und Abbildung einer üblichen Kontrolle unterzogen; das Auftreten von Druckfehlern kann jedoch gleichwohl nicht völlig ausgeschlossen werden, so dass für aufgrund von Druckfehlern fehlerhafte Texte und Abbildungen ebenfalls keine Haftung übernommen werden kann.

Den Personen, die mich in vielfältiger Art und Weise während des Studiums unterstützt und begleitet haben, möchte ich an dieser Stelle herzlich danken. Mein besonderer Dank gilt meinem Erstgutachter Prof. Dr. jur. Dr. h.c. (GTU, Tiflis) Thomas Schomerus und meinem Zweitgutachter Dr. rer. Publ. Sebastian Lovens-Cronemeyer für die sehr gute Betreuung. Zudem danke ich Herrn Prof. Dr. jur. Dr. h.c. (GTU, Tiflis) Thomas Schomerus für die Aufnahme in die Schriftenreihe.

Mein herzlicher Dank gilt auch Ute Delimat und Marina Korinth für deren Unterstützung bei der formalen Überprüfung dieses Werkes.

Ein großer Dank gebührt außerdem meinen Eltern und meinem Bruder ohne denen dieses Werk und das nebenberufliche Studium nicht möglich gewesen wäre.

Recke, im Juni 2020 Volker Hartke

Geleitwort

Der vorliegende Band ist aus einer Masterarbeit entstanden, die Herr Hartke im Rahmen seines LLM-Studiums Nachhaltigkeitsrecht an der Leuphana Universität Lüneburg verfasst hat. Als Betreuer dieser Arbeit, Leiter des Studiengangs und Herausgeber der Lüneburger Schriften zum Wirtschaftsrecht freue ich mich ganz besonders, dass diese Monographie ihren Weg in die Schriftenreihe gefunden hat. Die sog. Industrierabatte, d.h. die Entlastungen im Hinblick auf Abgaben und Umlagen für energieintensive Unternehmen, deren Volumen sich 2015 auf rund 16 Mrd. Euro belief, werfen hochkomplexe Fragen auf, die von Herrn Hartke mit der einem Wirtschaftsprüfer eigenen Akribie und Ausdauer bearbeitet und beantwortet werden. Die Rabatte bzgl. der Konzessionsabgaben, die EEG-Umlage, die KWKG-Umlage, Offshore-Netzumlage, das Netznutzungsentgelt, die Umlage nach § 19 StromNEV und die Stromsteuer mit ihren Zusammenhängen im Hinblick auf die Voraussetzungen und das Antragsverfahren - all dies ist für Praktiker wie für Theoretiker von hoher Relevanz.

Ich wünsche dem Band die ihm gebührende Verbreitung und Beachtung in der Fachwelt. Herrn Hartke gratuliere ich zu dieser fundierten Auseinandersetzung mit den auch für Fachleute nicht immer ganz nachvollziehbaren Verästelungen und Widersprüchen.

Lüneburg, im Juni 2020   Th. Schomerus

Inhaltsverzeichnis

Geleitwort   7

Abbildungsverzeichnis   13

Tabellenverzeichnis   15

Abkürzungsverzeichnis   21

1 Einleitung   31

1.1 Ausgangslage   31
    1.1.1 Überblick   31
    1.1.2 Finanzielle Auswirkungen   36
    1.1.3 Wissenschaftlicher Diskurs   37

1.2 Ziel und Eingrenzung der Arbeit   40

1.3 Methodik   41

1.4 Gang der Untersuchung   42

2 Die allgemeinen direkten Entlastungen   43

2.1 Entlastung für Sondervertragskunden nach § 2 Absatz 4 KAV   43
    2.1.1 Antragsvoraussetzungen   44
    2.1.2 Antragsverfahren   48
    2.1.3 Erhebungsverfahren   48
    2.1.4 Abrechnungsverfahren   50

2.2 Entlastung für stromkostenintensive Unternehmen nach § 63
    Nr. 1 i. V. m. § 64 EEG 2017   52
    2.2.1 Antragsvoraussetzungen   54
    2.2.2 Antragsverfahren   57
    2.2.3 Erhebungsverfahren   60
    2.2.4 Abrechnungsverfahren   61

2.3 Entlastung für stromkostenintensive Unternehmen nach § 27
    Abs. 1 KWKG   64
    2.3.1 Antragsvoraussetzungen   66

2.3.2   Antragsverfahren   67
2.3.3   Erhebungsverfahren   69
2.3.4   Abrechnungsverfahren   71

2.4   Entlastung für stromkostenintensive Unternehmen nach § 17f
      EnWG   73
2.4.1   Antragsvoraussetzungen   75
2.4.2   Antragsverfahren   75
2.4.3   Erhebungsverfahren   75
2.4.4   Abrechnungsverfahren   75

2.5   Entlastung für Großverbraucher nach § 19 Abs. 2 S. 2 bis 4
      StromNEV   76
2.5.1   Antragsvoraussetzungen   77
2.5.2   Antragsverfahren   79
2.5.3   Erhebungsverfahren   81
2.5.4   Abrechnungsverfahren   81

2.6   Entlastung für Letztverbraucher nach § 19 Abs. 2 S. 15
      StromNEV   83
2.6.1   Antragsvoraussetzungen   83
2.6.2   Antragsverfahren   84
2.6.3   Erhebungsverfahren   84
2.6.4   Abrechnungsverfahren   85

2.7   Entlastung für Unternehmen des Produzierenden Gewerbes
      nach § 9b StromStG   87
2.7.1   Antragsvoraussetzungen   87
2.7.2   Antragsverfahren   96
2.7.3   Erhebungsverfahren   96
2.7.4   Abrechnungsverfahren   97

2.8   Entlastung für Unternehmen des Produzierenden Gewerbes
      nach § 10 StromStG   102
2.8.1   Antragsvoraussetzungen   102
2.8.2   Antragsverfahren   108
2.8.3   Erhebungsverfahren   108
2.8.4   Abrechnungsverfahren   108

3 Gemeinsamkeiten und Widersprüche der allgemeinen direkten
  Entlastungsregelungen   110

3.1   Gründe für die Einführung der jeweiligen Entlastungsregelung   110

3.2 Unterlegung durch europäisches Sekundärrecht 116

3.3 Vergleich der Antragsvoraussetzungen 126
   3.3.1 Anforderungen an die Person des Antragstellers 126
      3.3.1.1 Das Unternehmen 128
      3.3.1.2 Das Unternehmen des produzierenden Gewerbes 133
      3.3.1.3 Der Letztverbraucher 135
   3.3.2 Anforderungen an den begünstigten Strom 138
      3.3.2.1 Mindestverbrauchsmengen 138
      3.3.2.2 Verbrauchsorte 141
      3.3.2.3 Verbrauchsermittlung 146
   3.3.3 Anforderungen an die Einhaltung betriebswirtschaftlicher Kennziffern 155

3.4 Vergleich der Verfahren 161
   3.4.1 Antragsverfahren 162
   3.4.2 Erhebungsverfahren 163
   3.4.3 Abrechnungsverfahren 164
   3.4.4 Nachweise 165

4 Diskussion der Ergebnisse 170

5 Fazit und Ausblick 175

Anhang 1: Die allgemeinen direkten Entlastungsregelungen im Überblick 177

Literaturverzeichnis 179

Abbildungsverzeichnis

Abbildung 1:   Grenzpreisvergleich nach § 2 Abs. 4 KAV   46

Abbildung 2:   Begrenzung je Abnahmestelle bei
               Stromverbräuchen > 1 GWh
               (§ 64 Abs. 2 Nr. 2 EEG 2017)   52

Abbildung 3:   Cap und Super-Cap (§ 64 Abs. 2 Nr. 3 EEG 2017)   53

Abbildung 4:   Mindesthöhe der begrenzten EEG-Umlage je
               Abnahmestelle (§ 64 Abs. 2 Nr. 4 EEG 2017)   53

Abbildung 5:   Materielle Voraussetzungen zur Begrenzung der
               EEG-Umlage nach § 64 Abs. 1 EEG 2017   55

Abbildung 6:   Einordnung der EEG-umlagepflichtigen
               Sachverhalte zu den verschiedenen EEG-
               Endabrechnungen   63

Abbildung 7:   Begrenzung der KWKG-Umlage je Abnahmestelle
               oberhalb des Selbstbehalts i. H. v. 1 GWh (§ 27
               Abs. 1 S. 2 KWKG i. V. m. § 64 Abs. 2 Nr. 2
               EEG 2017)   65

Abbildung 8:   Cap und Super-Cap (§ 27 Abs. 1 S. 2 KWKG i. V. m.
               § 64 Abs. 2 Nr. 3 EEG 2017)   65

Abbildung 9:   Voraussetzungen nach Tz. 20 S. 2 UEBLL
               hinsichtlich Unternehmen in Schwierigkeiten   121

Abbildung 10: Grundsätzliche Stromflüsse und Beteiligte bei den
               Entlastungsregelungen   147

Abbildung 11: Bestimmung geringfügiger Stromverbräuche gem.
               § 62a EEG 2017   149

Abbildung 12: Ermittlung Stromkostenintensität gem. § 64 Abs. 6
Nr. 3 Hs. 1 EEG 2017   157

Abbildung 13: Ermittlung maßgebliche Stromkosten gem. § 64
Abs. 6 Nr. 3 Hs. 2 EEG 2017   158

Tabellenverzeichnis

Tabelle 1:   Übersicht über direkte Entlastungsmöglichkeiten bei
             Abgaben, Umlagen und Netzkosten   33

Tabelle 2:   Direkte allgemeine und spezielle
             Entlastungsregelungen   35

Tabelle 3:   Volumen der direkten allgemeinen Entlastungen
             2015   36

Tabelle 4:   Für Nichtmitglieder verfügbare Anwendungshilfen
             des BDEW   38

Tabelle 5:   Übersicht über die IDW Prüfungshinweise zu
             allgemeinen direkten Entlastungen   39

Tabelle 6:   Anzuwendende juristische Methoden   41

Tabelle 7:   Antragsvoraussetzungen § 2 Abs. 4 KAV   44

Tabelle 8:   Strombezugskosten gemäß IDW PH 9.970.60 Tz. 12
             lit. g   48

Tabelle 9:   Antragsmöglichkeiten nach dem EEG 2017 für das
             Antragsjahr 2019 ohne Härtefallregelungen,
             selbständige Unternehmensteile und Option nach
             § 64 Abs. 5a EEG 2017   54

Tabelle 10: Nachweise sowie Erklärungen und Anträge für die
             Antragstellung auf besAR nach dem EEG 2017   56

Tabelle 11: BAFA-Handreichungen im Rahmen der
             Antragstellung   58

Tabelle 12: Beim BAFA einzureichenden nicht fristrelevante
             Unterlagen   59

Tabelle 13:   Meldepflichten an den ÜNB im Abrechnungsjahr   61

Tabelle 14:   Internetadressen der Übertragungsnetzbetreiber für
die Abrechnung der EEG-Umlage   62

Tabelle 15:   Notwendige Antragsangaben gem. § 27 Abs. 3 S. 1
Nr. 1 KWKG zur Begrenzung der KWKG-Umlage   67

Tabelle 16:   Erhebungsberechtigungen für
Übertragungsnetzbetreiber   70

Tabelle 17:   § 17 Abs. 5 S. 2 u. 3 in der Fassung vor und nach
NEMoG   74

Tabelle 18:   Sonderfälle gem. § 19 StromNEV   76

Tabelle 19   Mindestnetzentgelte bei hoher
Benutzungsstundenzahl und hohem Stromverbrauch   77

Tabelle 20:   Voraussetzungen nach § 19 Abs. 2 S. 2 StromNEV   77

Tabelle 21:   Definitionen in § 2 StromNEV für die
Voraussetzungen nach § 19 Abs. 2 S. 2 bis 4
StromNEV   78

Tabelle 22:   Voraussetzungen § 19 Abs. 2 S. 15 StromNEV   84

Tabelle 23:   Antragsvoraussetzungen nach § 9b StromStG für
Unternehmen des Produzierenden Gewerbes   88

Tabelle 24:   Begünstigte Branchen nach § 2 Nr. 3 StromStG   90

Tabelle 25:   Maßgebender Zeitraum i. S. v. § 15 Abs. 2 StromStV   91

Tabelle 26:   Kriterien zur Einstufung des Schwerpunktes der
wirtschaftlichen Tätigkeit nach § 15 Abs. 4 StromStV   92

Tabelle 27:   Erweiterung des Begriffs „für betriebliche Zwecke
entnommenen Stroms" gemäß § 17b Abs. 4
StromStV   94

Tabelle 28: Beihilferechtliche Voraussetzungen nach § 2a
StromStG   95

Tabelle 29: Grundsätzliche Steuerentstehungen und
Steuerschuldner nach § 5 Abs. 1 u. 2 StromStG   96

Tabelle 30: Allgemeine Vorgaben für das Abrechnungsverfahren
nach § 9b StromStG   98

Tabelle 31: Besondere Vorgaben für das Abrechnungsverfahren
nach § 9b StromStG   99

Tabelle 32: Buchmäßige Nachweispflichten des Antragstellers   99

Tabelle 33: Voraussetzungen § 10 StromStG "Spitzenausgleich" 103

Tabelle 34: Begünstigender Strom Abweichungen zwischen § 9b
u. § 10 StromStG   105

Tabelle 35: Bekanntmachungen der Bundesregierung gem. § 10
Abs. 3 S. 1 Nr. 2 lit. b) StromStG   107

Tabelle 36: Entlastungsregelungen nach § 9 Abs. 7 KWKG 2002   112

Tabelle 37: Voraussetzungen Art. 44 AGVO   118

Tabelle 38: Voraussetzungen Abschnitt 3.7.2 UEBLL zur
Ermäßigung des Finanzierungsbeitrags für
erneuerbare Energie   120

Tabelle 39: Übersicht Entlastungsregelung und beihilferechtliche
Behandlung   122

Tabelle 40: Regelmäßige Anforderungen der
Entlastungsregelungen   126

Tabelle 41: Bezeichnungen für den Begünstigten und
Definitionsfundstelle je allgemein direkter
Entlastungsregelung   127

Tabelle 42:   Unternehmensdefinitionen nach § 2 Nr. 4 StromStG, § 3 Nr. 47 EEG 2017 und § 2 Nr. 29a KWKG   130

Tabelle 43:   Vergleich der Definitionen für Unternehmen des produzierenden Gewerbes nach StromStG und KWKG 2016   135

Tabelle 44:   Anzuwendende Letztverbraucherdefinition   136

Tabelle 45:   Definition des Letztverbrauchers i. S. v. § 3 Nr. 25 EnWG und ihre Änderungen   137

Tabelle 46:   Übersicht Mindestverbrauchsmengen und Selbsthalte   139

Tabelle 47:   Prüfschema Mindestverbrauch je Entlastungsregelung   141

Tabelle 48:   Definition Abnahmestelle je außersteuerlicher Entlastungsregelung   142

Tabelle 49:   Abnahmestellendefinitionen nach StromNEV, KWKG 2016, KWKG und EEG 2017   145

Tabelle 50:   Voraussetzungen § 62a EEG 2017   149

Tabelle 51:   § 62b Abs. 2 S. 1 Nr. 1 u. 2 EEG 2017   150

Tabelle 52:   Schätzungsbefugnis nach (§ 19 Abs. 4 S. 1 i. V. m.) § 17 Abs. 5 StromStV   151

Tabelle 53:   Angaben nach § 62b Abs. 4 S. 1 EEG 2017   152

Tabelle 54:   Spezielle Vorgaben für weitergeleitete Strommengen oder geringfügige Stromverbräuche   155

Tabelle 55:   Betriebswirtschaftliche Kennziffern je allgemeiner direkter Entlastungsregelung   156

Tabelle 56: Ermittlungszeiträume für als Antragsvoraussetzung einzuhaltenden betriebswirtschaftlichen Kennziffern bei kalenderjahrgleichen Geschäftsjahren   157

Tabelle 57: Vergleich Stromkostendefinitionen § 2 Abs. 4 KAV - § 19 Abs. 2 S. 15 Var. 2 StromNEV   159

Tabelle 58: Bezeichnung der Jahre je Entlastungsregelung   161

Tabelle 59: Zuständiger Bearbeiter und Antragsfrist im Antragsverfahren für die Entlastung im Kalenderjahr 2020   162

Tabelle 60: Zuständiger Bearbeiter im Erhebungsverfahren je Entlastungsverfahren   163

Tabelle 61: Zuständiger Abrechnungsbearbeiter und Abrechnungsfrist je Entlastungsverfahren   164

Tabelle 62: Gesetzlich geregelte Nachweise je Entlastungsregelung   166

Tabelle 63: Übersicht über zulässige Erbringer eines WP-Prüfvermerks   167

Tabelle 64: Erforderliches Umwelt-, Energiemanagementsystem oder alternatives System für die besAR und den Spitzenausgleich   168

Tabelle 65: Wirkungsweise der Entlastung   170

Tabelle 66: Die allgemeinen direkten Entlastungsregelungen für stromkostenintensive Unternehmen im Überblick   178

Abkürzungsverzeichnis[1]

a. A.	anderer Ansicht
ABl.	Amtsblatt
AbLaV	Verordnung zu abschaltbaren Lasten vom 16. August 2016 (BGBl. I S. 1984), zuletzt geändert durch Artikel 9 des Gesetzes vom 22. Dezember 2016 (BGBl. I S. 3106)
Abs.	Absatz
AEUV	Vertrag über die Arbeitsweise der Europäischen Union (ABl. EU C 326 vom 26. Oktober 2012, S. 47)
AG	Aktiengesellschaft
AGVO/Allgemeine Gruppenfreistellungsverordnung	Verordnung (EU) 651/2014 der Kommission vom 17. Juni 2014 zur Feststellung der Vereinbarkeit bestimmter Gruppen von Beihilfen mit dem Binnenmarkt in Anwendung der Artikel 107 und 108 AEUV (ABl. EU L 187 vom 26. Juni 2014, S. 1; berichtigt ABl. EU L 283 vom 27. September 2014, S. 65), zuletzt geändert durch Art. 1 ÄndVO (EU) 2017/1084 vom 14. Juni 2017 (ABl. EU L 156 vom 14. Juni 2017, S. 1)
Alt.	Alternativ(e)
AO	Abgabenordnung vom 1. Oktober 2002 (BGBl. I S. 3866), zuletzt geändert durch Artikel 15 des Gesetzes vom 18. Dezember 2018 (BGBl. I S. 2639)
ARegV	Verordnung über die Anreizregulierung der Energieversorgungsnetze (Anreizregulierungsverordnung) vom 29. Oktober 2007 (BGBl. I S. 2529), zuletzt geändert durch Artikel 2 der Verordnung vom 14. März 2019 (BGBl. I S. 333)
Art.	Artikel
AT	Amtlicher Teil
Az.	Aktenzeichen
BAFA	Bundesamt für Wirtschaft und Ausfuhrkontrolle

---

1 Im Übrigen wird auf die Abkürzungen nach *Kirchner; Pannier*, Abkürzungsverzeichnis der Rechtssprache. verwiesen.

BAGebV	Verordnung über Gebühren und Auslagen des Bundesamtes für Wirtschaft und Ausfuhrkontrolle im Zusammenhang mit der Begrenzung der EEG-Umlage (Besondere-Ausgleichsregelung-Gebührenverordnung - BAGebV) vom 5 März 2013 (BGBl. I S. 448), zuletzt geändert durch Verordnung vom 17. Dezember 2018 (BGBl. I 2018 S. 2500)
Banz	Bundesanzeiger
BB	Betriebs-Berater
BDEW	BDEW Bundesverband der Energie- und Wasserwirtschaft e.V.
BeckRS	beck-online.RECHTSPRECHUNG
besAR	besondere Ausgleichsregelung
BFH	Bundesfinanzhof
BFHE	Entscheidungen des Bundesfinanzhofs
BfJ	Bundesamt für Justiz
BGBl.	Bundesgesetzblatt
BGH	Bundesgerichtshof
BilRUG	Gesetz zur Umsetzung der Richtlinie 2013/34/EU des Europäischen Parlaments und des Rates vom 26. Juni 2013 über den Jahresabschluss, den konsolidierten Abschluss und damit verbundene Berichte von Unternehmen bestimmter Rechtsformen und zur Änderung der Richtlinie 2006/43/EG des Europäischen Parlaments und des Rates und zur Aufhebung der Richtlinien 78/660/EWG und 83/349/EWG des Rates (Bilanzrichtlinie-Umsetzungsgesetz–BilRUG) vom 17. Juli 2015 (BGBl. I S. 1245)
BioKraftQuG	Gesetz zur Einführung einer Biokraftstoffquote durch Änderung des Bundes-Immissionsschutzgesetzes und zur Änderung energie- und stromsteuerrechtlicher Vorschriften (Biokraftstoffquotengesetz – BioKraftQuG) vom 18. Dezember 2006 (BGBl. I S. 3366; BGBl. 2007 I S. 1407)
BK	Beschlusskammer
BMJV	Bundesministerium der Justiz und für Verbraucherschutz
BNetzA	Bundesnetzagentur
BR	Bundesrat
BR-Drs.	Drucksache des Deutschen Bundesrates
BT-Drs.	Drucksache des Deutschen Bundestags
BTOElt	Bundestarifordnung Elektrizität vom 18. Dezember 1989 (BGBl. I S. 2255), aufgehoben durch Art. 5 des 2. EnWNG am 1. Juli 2007 (BGBl. I 2007 S. 1970)

BVerfGE	Entscheidungen des Bundesverfassungsgerichts
BWS	Bruttowertschöpfung gem. § 64 Abs. 6 Nr. 2 EEG 2017
bzw.	beziehungsweise
CO_2	Kohlenstoffdioxid
Ct.	Cent
d. h.	das heißt
DIHK	Deutscher Industrie- und Handelskammertag
DIN	Deutsche Industrie Norm
DM	Deutsche Mark
DSPV	Verordnung zur Berechnung der durchschnittlichen Strompreise für die Besondere Ausgleichsregelung nach dem Erneuerbare-Energien-Gesetz (Besondere-Ausgleichsregelung-Durchschnittsstrompreis-Verordnung – DSPV) vom 17. Februar 2016 (BGBl. I S. 241, zuletzt geändert durch Art. 12 des Gesetzes vom 22. Dezember 2016 (BGBl. I S. 3106)
DStR	Deutsches Steuerrecht
DStRE	Deutsches Steuerrecht - Entscheidungsdienst
EDL-G	Gesetz über Energiedienstleistungen und andere Energieeffizienzmaßnahmen vom 4. November 2010 (BGBl. I S. 1483), zuletzt geändert durch Artikel 2 des Gesetzes vom 17. Februar 2016 (BGBl. I S. 203)
EEG	Erneuerbare-Energien-Gesetz
EEG 2000	Gesetz für den Vorrang Erneuerbarer Energien vom 29. März 2000 (BGBl. I S. 305)
EEG 2004	Gesetz für den Vorrang Erneuerbarer Energien (Erneuerbare-Energien-Gesetz – EEG) vom 21. Juli 2004 (BGBl. I S. 1918)
EEG 2012	Gesetz für den Vorrang Erneuerbarer Energien (Erneuerbare-Energien-Gesetz – EEG) vom 25. Oktober 2008 (BGBl. I S. 2074), zuletzt geändert durch Artikel 1 des Gesetzes zur Neuregelung des Rechtsrahmens für die Förderung der Stromerzeugung aus erneuerbaren Energien vom 28. Juli 2011 (BGBl. I S. 1634)
EEG 2014	Gesetz für den Ausbau erneuerbarer Energien vom 21. Juli 2014 (BGBl. I S. 1066)
EEG 2017	Gesetz für den Ausbau erneuerbarer Energien vom 21. Juli 2014 (BGBl. I S. 1066), zuletzt geändert durch Artikel 5 des Gesetzes vom 13. Mai 2019 (BGBl. I S. 706)
EEGÄndG1	Erstes Gesetz zur Änderung des Erneuerbaren-Energien-Gesetzes vom 16. Juli 2003 (BGBl. I S. 1459)

EEGReformG	Gesetz zur grundlegenden Reform des Erneuerbaren-Energien-Gesetzes und zur Änderung weiterer Bestimmung des Energiewirtschaftsrechts vom 21. Juli 2014 (BGBl. I S. 1066)
EE-RL	Richtlinie 2009/28/EG des Europäischen Parlamentes und des Rates vom 23. April 2009 zu Förderung der Nutzung von Energie aus erneuerbaren Quellen und zur Änderung und anschließenden Aufhebung der Richtlinien 2001/77/EG und 2003/30/EG (ABl. EU L 140 vom 5. April 2019, S. 16; berichtigt ABl. EU L 216 vom 22. Juli 2014, S. 5 und ABl. EU L 265 vom 5. September 2014, S. 33), zuletzt geändert durch Art. 37 ÄndRL (EU) 2018/2001 vom 11. Dezember 2018 (ABl. EU L 328 vom 21. Dezember 2018, S. 82).
EG	Europäische Gemeinschaft
EMAS	Eco-Management and Audit Scheme (Umweltmanagement und Umweltbetriebsprüfung) auf Basis der Verordnung (EG) Nr. 1221/2009 vom 25. November 2009 (ABl. L 342 vom 22. Dezember 2009, S. 1 bis 45), zuletzt geändert durch die Verordnung (EG) Nr. 517/2013 (ABl. L 158 vom 10. Juni 2013)
EN	Europäische Norm
2. EnergieStGuaÄnG	Zweites Gesetz zur Änderung des Energiesteuer- und des Stromsteuergesetzes vom 27. August 2017 (BGBl. I 2017, S. 3299, BGBl. 2018 I S. 126 u. 1094)
Energiesammelgesetz/EnSaG	Gesetz zur Änderung des Erneuerbare-Energien-Gesetzes, des Kraft-Wärme-Kopplungsgesetzes, des Energiewirtschaftsgesetzes und weiterer energierechtlicher Vorschriften vom 17. Dezember 2018 (BGBl. I 2018 S. 2549)
EnergieSt-RL	Richtlinie 2003/96/EG des Rates vom 27. Oktober 2003 zur Restrukturierung der gemeinschaftlichen Rahmenvorschriften zu Besteuerung von Energieerzeugnissen und elektrischem Strom (ABl. EU L 283 vom 31. Oktober 2003, S. 51, zuletzt geändert durch Art. 1 ÄndB (EU) 2018/552 vom 6. April 2018 (ABl. EU L 91 vom 9. April 2018, S. 27).
EnSTransV	Verordnung zur Umsetzung unionsrechtlicher Veröffentlichungs-, Informations- und Transparenzpflichten im Energiesteuer- und im Stromsteuergesetz (Energiesteuer- und Stromsteuer-Transparenzverordnung - EnSTransV) (BGBl. I S. 1158), die zuletzt durch Artikel 6 der Verordnung vom 2. Januar 2018 (BGBl. I S. 84) geändert wurde

EnWG	Energiewirtschaftsgesetz vom 7. Juli 2005 (BGBl. I S. 1970, 3621), das zuletzt durch Artikel 1 des Gesetzes vom 13. Mai 2019 (BGBl. I S. 706) geändert wurde
EnWNG	Gesetz zur Neuregelung energierechtlicher Vorschriften vom 26. Juli 2011 (BGBl. I S. 1554)
2. EnWNG	Zweites Gesetz zur Neuregelung des Energiewirtschafts-rechts vom 7. Juli 2005 (BGBl. I S. 1970)
3. EnWNG	Drittes Gesetz zur Neuregelung energiewirtschaftsrechtli-cher Vorschriften vom 20 Dezember 2012 (BGBl. I S. 2730)
EnWVÄndV	Verordnung zur Änderung von Verordnungen auf dem Ge-biet des Energiewirtschaftsrechts vom 14. August 2013 (BGBl. I S. 3250)
EnWZ	Zeitschrift für das gesamte Recht der Energiewirtschaft
ER	EnergieRecht (Zeitschrift)
EStG	Einkommensteuergesetz vom 8. Oktober 2009 (BGBl. I S. 3366), das zuletzt durch Artikel 1 des Gesetzes vom 25. März 2019 (BGBl. I S. 357) geändert wurde
EU	Europäische Union
EU-Kommission	Europäische Kommission
EUV	Vertrag über die Europäische Union (ABl. EU C 326 vom 26. Oktober 2012, S. 13)
EuZW	Europäische Zeitschrift für Wirtschaftsrecht
EVU	Elektrizitäts-/Energieversorgungsunternehmen
EWeRK	Zeitschrift des Instituts für Energie- und Wettbewerbsrecht in der kommunalen Wirtschaft
f.	folgende
FAZ	Frankfurter Allgemeine Zeitung GmbH
ff.	fortfolgende
Fn.	Fußnote(n)
GG	Grundgesetz der Bundesrepublik Deutschland vom 23. Mai 1949 (BGBl. I S. 1), zuletzt geändert durch Artikel 1 des Ge-setzes vom 28. März 2019 (BGBl. I S. 404)
GmbH	Gesellschaft mit beschränkter Haftung
GWh	Gigawattstunde(n)
HGB	Handelsgesetzbuch vom 10. Mai 1897 (RGBl. S. 219), dass zuletzt durch Artikel 3 des Gesetzes vom 10. Juli 2018 (BGBl. I S. 1102) geändert wurde
Hs.	Halbsatz
HZA	Hauptzollamt

i. d. F.	in der Fassung
i. S. d.	im Sinne der / des
i. V. m.	in Verbindung mit
i. H. v.	in Höhe von
IDW	Institut der Wirtschaftsprüfer in Deutschland e.V.
IDW EPS	Entwurf IDW Prüfungsstandard
IDW PH	IDW Prüfungshinweis
IHK	Industrie- und Handelskammer
ISO	International Standards Organisation
IWR	Internationales Wirtschaftsforum Regenerative Energien (IWR) / IWR.de GmbH – Institut für Regenerative Energiewirtschaft
KAV	Konzessionsabgabenverordnung vom 9. Januar 1992 (BGBl. I S. 12, 407), zuletzt geändert durch Artikel 3 Absatz 4 der Verordnung vom 1. November 2006 (BGBl. I S. 2477)
KG	Kommanditgesellschaft
KGaA	Kommanditgesellschaft auf Aktien
kV	Kilovolt
kW	Kilowatt
kWh	Kilowattstunde(n)
KWKFördG	Gesetz zur Förderung der Kraft-Wärme-Kopplung vom 25. Oktober 2008 (BGBl. I 2008, S. 2101)
KWKG	Kraft-Wärme-Kopplungsgesetz vom 21. Dezember 2015 (BGBl. I S. 2498), zuletzt geändert durch Artikel 2 des Gesetzes vom 13. Mai 2019 (BGBl. I S. 706) geändert wurde
KWKG 2002	Gesetz für die Erhaltung, die Modernisierung und den Ausbau der Kraft-Wärme-Kopplung (Kraft-Wärme-Kopplungsgesetz) in der Urfassung vom 19. März 2002 (BGBl. I S. 1092)
KWKG 2016	Kraft-Wärme-Kopplungsgesetz vom 21. Dezember 2015 (BGBl. I S. 2498), zuletzt geändert durch Artikel 14 des Gesetzes vom 29. August 2016 (BGBl. I S. 2034)
KWKStrRÄndG	Gesetz zur Änderung der Bestimmungen zur Stromerzeugung aus Kraft-Wärme-Kopplung und zur Eigenversorgung vom 22. Dezember 2016 (BGBl. I S. 3106)
lit.	littera (Buchstabe)

MessEG	Gesetz über das Inverkehrbringen und die Bereitstellung von Messgeräten auf dem Markt, ihre Verwendung und Eichung sowie über Fertigpackungen (Mess- und Eichgesetz) vom 25. Juli 2013 (BGBl. I S. 2723), zuletzt geändert durch Artikel 1 des Gesetzes vom 11. April 2016 (BGBl. I S. 718)
MessEV	Verordnung über das Inverkehrbringen und die Bereitstellung von Messgeräten auf dem Markt sowie über ihre Verwendung und Eichung (Mess- und Eichverordnung) vom 11. Dezember 2014 (BGBl. I S. 2010), zuletzt geändert durch Artikel 3 der Verordnung vom 30. April 2019 (BGBl. I S. 579)
MNNV	Musternetznutzungsvertrag
Mrd.	Milliarde(n)
MsbG	Gesetz über den Messstellenbetrieb und die Datenkommunikation in intelligenten Energienetzen (Messstellenbetriebsgesetz) vom 29. August 2016 (BGBl. I S. 2034), zuletzt geändert durch Artikel 15 des Gesetzes vom 13. Mai 2019 (BGBl. I S. 706)
MWh	Megawattstunde(n)
N&R	Netzwirtschaften & Recht (Zeitschrift)
NEMoG	Gesetz zur Modernisierung der Netzentgeltstruktur (Netzentgeltmodernisierungsgesetz) vom 17. Juli 2017 (BGBl. I S. 2503) – Art. 1 Nr. 19 berichtigt am 31. August 2017 (BGBl. I S. 3343)
NJW	Neue Juristische Wochenschrift
NNV	Netznutzungsvertrag
Nr.	Nummer
NuR	Natur und Recht (Zeitschrift)
NVwZ	Neue Zeitschrift für Verwaltungsrecht
NVwZ-RR	Neue Zeitschrift für Verwaltungsrecht – Rechtsprechungs-Report
o.	oder
o. g.	oben genannt
o. S.	ohne Seite
OHG	Offene Handelsgesellschaft
OLG	Oberlandesgericht
p.a.	per annum

ProdGewStatG	Gesetz über die Statistik im Produzierenden Gewerbe vom 21. März 2002 (BGBl. I S. 1181), zuletzt geändert durch Artikel 271 der Verordnung vom 31. August 2015 (BGBl. 2015 I S. 1474)
RAnz.	Reichsanzeiger
RdE	Recht der Energiewirtschaft
RegE	Regierungsentwurf
Rn.	Randnummer(n)
RuU-LL	Leitlinien für staatliche Beihilfen zur Rettung und Umstrukturierung nichtfinanzieller Unternehmen in Schwierigkeiten (ABl. C 249 vom 31. Juli 2014, S. 1)
S.	Seite(n), auch Satz/Sätze
SGB IX	Sozialgesetzbuch Neuntes Buch - Rehabilitation und Teilhabe von Menschen mit Behinderungen vom 23. Dezember 2016 (BGBl. I S. 3234), zuletzt geändert durch Artikel 4 des Gesetzes vom 18. April 2019 (BGBl. I S. 473)
SKI	Stromkostenintensität gem. § 64 Abs. 6 Nr. 3 Hs. 1 EEG 2017
SpaEfV	Spitzenausgleich-Effizienzsystemverordnung vom 31. Juli 2013 (BGBl. I 2013, S. 2858), zuletzt geändert durch Artikel 1 des Gesetzes vom 31. Oktober 2014 (BGBl. I S. 1656)
StroMaG	Gesetz zur Weiterentwicklung des Strommarktes (Strommarktgesetz) vom 26. Juli 2016 (BGBl. I S. 1786)
StromNEV	Stromnetzentgeltverordnung vom 25. Juli 2005 (BGBl. I S. 2225), zuletzt geändert durch Artikel 10 des Gesetzes vom 13. Mai 2019 (BGBl. I S. 706)
StromNZV	Verordnung über den Zugang zu Elektrizitätsversorgungsnetzen (Stromnetzzugangsverordnung) vom 25. Juli 2005 (BGBl. I S. 2243), zuletzt geändert durch Artikel 1 der Verordnung vom 19. Dezember 2017 (BGBl. I S. 3988)
StromStG	Stromsteuergesetz vom 24. März 1999 (BGBl. I S. 378), zuletzt geändert durch Artikel 1 des Gesetzes vom 22. Juni 2019 (BGBl. I S. 856)
StromStV	Stromsteuer-Durchführungsverordnung vom 31. Mai 2000 (BGBl. I S. 794), zuletzt geändert durch Artikel 4 der Verordnung vom 2. Januar 2018 (BGBl. I S. 84)
StuB	Unternehmenssteuern und Bilanzen
SV	Stromverbrauch

TEHG	Treibhausgas-Emissionshandelsgesetz vom 21. Juli 2011 (BGBl. I S. 1475), zuletzt geändert durch Artikel 1 des Gesetzes vom 18. Januar 2019 (BGBl. I S. 37)
Tz.	Textziffer(n)
u.	und
u. a.	und andere, unter anderem
UAbs.	Unterabsatz
UEBLL	Leitlinien für staatliche Umweltschutz- und Energiebeihilfen 2014 – 2020 (ABl. C 200 vom 28. Juni 2014, S. 1)
UiS	Unternehmen in Schwierigkeiten
ÜNB	Übertragungsnetzbetreiber
Ur-StromNEV	Stromnetzentgeltverordnung in der Urfassung vom 28. Juli 2005 (BGBl. I S. 2225)
Ur-StromStG	Stromsteuergesetz in der Urfassung vom 24. März 1999 (BGBl. I S. 378)
UStG	Umsatzsteuergesetz vom 21. Februar 2005 (BGBl. I S. 386, zuletzt geändert durch Artikel 9 des Gesetzes vom 11. Dezember 2018 (BGBl. I S. 2338)
v.	von / vom
Var.	Variante
VdN	Vorbehalt der Nachprüfung
VGH	Verwaltungsgerichtshof
vgl.	vergleiche
VKU	Verband kommunaler Unternehmen e.V.
VNB	Verteilnetzbetreiber
VO	Verordnung
VwVfG	Verwaltungsverfahrensgesetz vom 23. Januar 2003 (BGBl. I S. 102), zuletzt geändert durch Artikel 7 des Gesetzes vom 18. Dezember 2018 (BGBl. I S. 2639)
WP Praxis	NWB Wirtschaftsprüfung – WP Praxis
WPg	Die Wirtschaftsprüfung (Zeitschrift)
WPK	Wirtschaftsprüferkammer
WPK-Magazin	Mitteilungen der WPK (Zeitschrift)
WPO	Gesetz über die Berufsordnung der Wirtschaftsprüfer (Wirtschaftsprüferordnung) vom 5. November 1975 (BGBl. I S. 2803), zuletzt geändert durch Artikel 9 des Gesetzes vom 30. Oktober 2017 (BGBl. I S. 3618)

WP-Prüfungsver-merk	Prüfungsvermerk eines je nach Entlastung zugelassenen Prüfers bzw. Prüferin
WZ 2003	Klassifikation der Wirtschaftszweige, Ausgabe 2003, des Statistischen Bundesamtes
WZ 2008	Klassifikation der Wirtschaftszweige, Ausgabe 2008, des Statistischen Bundesamtes
WZ 93	Klassifikation der Wirtschaftszweige, Ausgabe 1993, des Statistischen Bundesamtes
X	Kalenderjahr
X+1	Folgejahr
X+2	übernächstes Jahr
X-1	Vorjahr
X-2	vorletzte(s) Kalenderjahr
X-3	vorvorletzte(s) Kalenderjahr
z. B.	zum Beispiel
ZfZ	Zeitschrift für Zölle und Verbrauchssteuern
ZNER	Zeitschrift für neues Energierecht
ZUR	Zeitschrift für Umweltrecht

1 Einleitung

1.1 Ausgangslage

1.1.1 Überblick

Die Entlastungen für stromkostenintensive Unternehmen, allgemein „Industrierabatte"[2] genannt, betrugen im Kalenderjahr 2015 rund 16 Milliarden Euro.[3] Damit wurden von den 32,1 Milliarden Euro an Umlagen und Abgaben etwa 50 % umverteilt.[4] Eine exakte Angabe ist unmöglich, da für die Konzessionsabgabe eine Annahme notwendig war und Daten für die Entlastungen der Letztverbraucher der Kategorie B von der KWKG-, StromNEV- und Offshore-Haftungsumlage fehlen.[5] Für die Folgejahre liegen selbst der Bundesregierung keine vollständigen Daten vor.[6] Für Unternehmen sind die Entlastungen oftmals Kernbestandteil der Ertrags- und Finanzplanung.[7] Anstelle eines einheitlichen Entlastungssystems, existiert für fast jede Stromabgabe oder -umlage eine Einzelregelung.[8] Ausnahmen sind das Entgelt für Messung und Messstellenbetrieb nach dem Messstellenbetriebsgesetz[9] und seit Änderung durch das KWKStrRÄndG[10] die Um-

---

2 Vgl. *IWR*, Industrierabatte erreichen 17 Milliarden Euro, Internetquelle; *FAZ*, Industrierabatt kostet Verbraucher Milliarden, Internetquelle.

3 Vgl. *Freericks; Fiedler*, Industrieausnahmen bei Energie- u. Strompreisen, S. 3 u. 5.

4 Vgl. *BDEW*, BDEW-Strompreisanalyse Januar 2019, S. 40.

5 Vgl. *Freericks; Fiedler*, Industrieausnahmen bei Energie- u. Strompreisen, S. 8, 10-12.

6 *BReg*, Strompreise und Vergünstigungen der energieintensiven Industrie in Deutschland, S. 10.

7 Vgl. *Schwalge; Faßbender*, Energierechtliche Kostenprivilegierungen, IR 2017, S. 266 (266).

8 Vgl. *Schwalge; Faßbender*, Energierechtliche Kostenprivilegierungen, IR 2017, S. 266 (266).

9 Gesetz über den Messstellenbetrieb und die Datenkommunikation in intelligenten Energienetzen (Messstellenbetriebsgesetz) vom 29. August 2016 (BGBl. I S. 2034), zuletzt geändert durch Artikel 15 des Gesetzes vom 13. Mai 2019 (BGBl. I S. 706), im Weiteren nur noch MsbG.

10 Gesetz zur Änderung der Bestimmungen zur Stromerzeugung aus Kraft-Wärme-Kopplung und zur Eigenversorgung vom 22. Dezember 2016 (BGBl. I S. 3106), im Weiteren nur noch KWKStrRÄndG.

lage für abschaltbare Lasten nach der Verordnung zu abschaltbaren Lasten[11].[12] Jede Einzelregelung hat individuelle
- Begriffe bzw. Definitionen,
- Voraussetzungen, Rechtsfolgen sowie
- Verfahrensbeteiligte und -bestimmungen.[13]

Folge ist ein „normativer Flickenteppich"[14] mit „zunehmender Novellierungsfrequenz"[15].

---

11 Verordnung zu abschaltbaren Lasten vom 16. August 2016 (BGBl. I S. 1984), zuletzt geändert durch Artikel 9 des Gesetzes vom 22. Dezember 2016 (BGBl. I S. 3106), im Weiteren nur noch AbLaV.
12 Vgl. *Weingarten*, Änderungen Begrenzung KWKG-Umlage, WPg 2017, S. 328 (333); *Kindler*, in *Säcker*, BerlKommEnR, Band 3, § 18 AbLaV, Tz. 3.
13 Vgl. ähnlich: *Küper; Callejon*, Verbraucher, S. 425–426.
14 *Küper; Callejon*, Verbraucher, S. 425.
15 *Weingarten*, Neuerungen EEG 2017, WPg 2017, S. 91-96 (96).

Tabelle 1: Übersicht über direkte Entlastungsmöglichkeiten bei Abgaben, Umlagen und Netzkosten

	Stromkosten-bestandteil	Grund-lage	Entlastungsregelung(en)
außersteuerliche Entlastungsregelungen	Erzeugung, Vertrieb, Gewinn	Vertrag	-
	Konzessionsabgabe	KAV[16]	• § 2 Abs. 4 KAV (Sondervertragskunden)
	EEG-Umlage	EEG 2017[17]	• §§ 61a bis 61g und 61l EEG 2017 (Entfall oder Verringerung bei Eigenversorgern/-verbrauch) • § 63 EEG 2017 (Stromkostenintensive Unternehmen und Schienenbahnen)
	KWKG-Umlage	KWKG[18]	• § 8d KWKG (Entfall oder Verringerung bei Eigenversorgern/-verbrauch) • § 27 KWKG (Stromkostenintensive Unternehmen) • § 27a KWKG (Verstromung von Kuppelgasen) • § 27b KWKG (Stromspeicher) • § 27c KWKG (Schienenbahnen)
	Offshore-Netzumlage	§ 17f EnWG[19]	• § 17f Abs. 5 S. 2 EnWG i. V. m. Verweis auf §§ 27 bis 27c KWKG)

---

16 Konzessionsabgabenverordnung vom 9. Januar 1992 (BGBl. I S. 12, 407), zuletzt geändert durch Artikel 3 Absatz 4 der Verordnung vom 1. November 2006 (BGBl. I S. 2477).

17 Gesetz für den Ausbau erneuerbarer Energien vom 21. Juli 2014 (BGBl. I S. 1066), zuletzt geändert durch Artikel 1 des Gesetzes vom 13. Mai 2019 (BGBl. I S. 706), im Weiteren nur noch EEG 2017.

18 Kraft-Wärme-Kopplungsgesetz vom 21. Dezember 2015 (BGBl. I S. 2498), zuletzt geändert durch Artikel 2 des Gesetzes vom 13. Mai 2019 (BGBl. I S. 706) geändert wurde, im Weiteren nur noch KWKG.

19 Energiewirtschaftsgesetz vom 7. Juli 2005 (BGBl. I S. 1970, 3621), das zuletzt durch Artikel 1 des Gesetzes vom 13. Mai 2019 (BGBl. I S. 706) geändert wurde, im Weiteren nur noch EnWG.

Stromkosten-bestandteil	Grund-lage	Entlastungsregelung(en)
außersteuerliche Entlastungsregelungen		
Netznutzungsentgelt	StromNEV[20]	• § 19 Abs. 1 oder 2 S. 1 StromNEV (atypische Nutzung) • § 19 Abs. 2 S. 2 bis 4 StromNEV (Großverbraucher) • § 19 Abs. 3 StromNEV (singulär genutzte Betriebsmittel) • § 19 Abs. 4 StromNEV (Stromspeicher)
§ 19-StromNEV-Umlage	StromNEV	• § 19 Abs. 2 S. 15 StromNEV (Unternehmen des produzierenden Gewerbes)
Umlage für abschaltbare Lasten	AbLaV	-
Entgelt für Messung und Messstellenbetrieb	MsbG	-
steuerliche Entlastungsregelungen		
Stromsteuer	StromStG[21]	• § 9 StromStG (Entfall oder Ermäßigung bei Eigenerzeuger/-verbrauch, Oberleitungsbussen, Schienenbahnverkehr, Wasserfahrzeugen) • § 9a StromStG (Begünstigte Prozesse) • § 9b StromStG (Unternehmen des produzierenden Gewerbes und der Land- und Forstwirtschaft) • § 9c StromStG (Öffentlicher Personennahverkehr) • § 10 StromStG („Spitzenausgleich" für Unternehmen des produzierenden Gewerbes)

(Quelle: eigene Darstellung)

Es existieren direkte und indirekte Entlastungsregelungen. Direkte Entlastungsregelungen knüpfen unmittelbar an die jeweilige Abgabe oder Umlage an. Sie lassen sich in allgemeine und spezielle direkte Entlastungsregelungen unterscheiden.

---

20 Stromnetzentgeltverordnung vom 25. Juli 2005 (BGBl. I S. 2225), zuletzt geändert durch Artikel 10 des Gesetzes vom 13. Mai 2019 (BGBl. I S. 706), im Weiteren nur noch StromNEV.
21 Stromsteuergesetz vom 24. März 1999 (BGBl. I 1999 S. 378), zuletzt geändert durch Artikel 1 des Gesetzes vom 22. Juni 2019 (BGBl. I S. 3299), im Weiteren nur noch StromStG.

Tabelle 2: Direkte allgemeine und spezielle Entlastungsregelungen

allgemeine direkte Entlastungsregelungen für	
Sondervertragskunden (§ 2 Abs. 4 KAV)	Großverbraucher (§ 19 Abs. 2 S. 2 bis 4 StromNEV)
Stromkostenintensive Unternehmen • § 63 Nr. 1 i. V. m. § 64 EEG 2017 • § 27 KWKG • § 17f Abs. 5 S. 2 EnWG i. V. m. § 27 KWKG	Letztverbraucher (§ 19 Abs. 2 S. 15 StromNEV)
	Unternehmen des produzierenden Gewerbes: • § 9b StromStG • § 10 StromStG ("Spitzenausgleich")
Eigenversorger: • §§ 61a bis 61g und 61l EEG 2017 • § 8d KWKG • § 9 StromStG	Stromspeicher • § 27b KWKG • § 17f Abs. 5 S. 2 EnWG i. V. m. § 27a KWKG
	atypische Nutzer (§ 19 Abs. 1 oder 2 S. 1 StromNEV)
spezielle direkte Entlastungsregelungen für	
Schienenbahnen: • § 63 Abs. 1 Nr. 2 i. V. m. § 65 EEG 2017 • § 27c KWKG • § 17f Abs. 5 S. 2 EnWG i. V. m. § 27c KWKG • § 9 Abs. 1 Nr. 5 StromStG	singulär genutzte Betriebsmittel (§ 19 Abs. 3 StromNEV)
	Stromspeicher (§ 19 Abs. 4 StromNEV)
	Oberleitungsbusse, Wasserfahrzeuge (§ 9 StromStG)
	Begünstigte Prozesse (§ 9a StromStG)
Verstromung von Kuppelgasen • § 27a KWKG • § 17f Abs. 5 S. 2 EnWG i. V. m. § 27a KWKG	Unternehmen der Land- und Forstwirtschaft (§ 9b StromStG)
	öffentlichen Personennahverkehr (§ 9c StromStG)

(Quelle: eigene Darstellung)

Neben den in Tabelle 2 dargestellten direkten Entlastungen existieren mit der „Beihilfe für indirekte CO_2-Kosten" aus dem Emissionshandel[22] und der kostenlosen Zuteilung von Emissionszertifikaten nach § 9 TEHG[23] zwei indirekte Entlastungen.

---

22 Förderrichtlinie für Beihilfen für indirekte CO2-Kosten in der Fassung vom 30. Januar 2013 (BAnz AT 6. August 2013 B2) zuletzt geändert durch die Bekanntmachung vom 21. August 2017 (BAnz AT 28. August 2017 B1).

23 Treibhausgas-Emissionshandelsgesetz vom 21. Juli 2011 (BGBl. I S. 1475), zuletzt geändert durch Artikel 1 des Gesetzes vom 18. Januar 2019 (BGBl. I S. 37), im Weiteren nur noch TEHG.

1.1.2 Finanzielle Auswirkungen

Die Entlastungen für stromkostenintensive Unternehmen haben aufgrund ihres Volumens eine wichtige ökonomische Bedeutung.[24] Die allgemeinen direkten Entlastungen sind hierbei mit einem Anteil von ca. 74 % (ca. 11,9 Mrd. Euro von ca. 16 Milliarden Euro) hervorzuheben.[25]

Tabelle 3: Volumen der direkten allgemeinen Entlastungen 2015

Regelung	Entlastung in Mio. €
Sondervertragskunden nach § 2 Abs. 4 KAV[26]	3.900
Stromkostenintensive Unternehmen nach § 63 Nr. 1 i. V. m. § 64 EEG 2017	4.290
Stromkostenintensive Unternehmen KWKG (hier noch Kategorie C Unternehmen)[27]	89
Großverbraucher nach § 19 Abs. 2 S. 2 bis 4 StromNEV	454
Stromkostenintensive Unternehmen nach § 19 Abs. 2 S. 15 (Kategorie C Unternehmen nach KWKG 2016[28])[29]	97
Offshore-Haftungsumlage nach § 17f Abs. 5 S. 3 EnWG[30]	120
Unternehmen des produzierenden Gewerbes nach § 9b StromStG	1.100
Unternehmen des produzierenden Gewerbes nach § 10 StromStG („Spitzenausgleich")	1.885
Gesamt	**11.935**

(Quelle: eigene Darstellung – zur Berechnung siehe Fn. 25)

---

24 Vgl. vertiefend: *Grave; Bader; Blücher u. a.*, Politisch induzierte Strompreiskomponenten und Ausnahmeregelungen für die Industrie.
25 Eigene Berechnung auf Basis von: *Freericks; Fiedler*, Industrieausnahmen bei Energie- u. Strompreisen, S. 5, 9, 10, 11, 12. Ohne Entlastungen von der KWKG-, § 19-StromNEV- u. Offshore-Haftungsumlage für Letztverbraucher der Kategorie B.
26 Vgl. *Freericks; Fiedler*, Industrieausnahmen bei Energie- u. Strompreisen, S. 8. Mangels Statistik wurde mit einer Annahme gearbeitet.
27 Vgl. *Freericks; Fiedler*, Industrieausnahmen bei Energie- u. Strompreisen, S. 10. Mangels Datenverfügbarkeit fehlen die Entlastungen für Letztverbraucher der Kategorie B.
28 Kraft-Wärme-Kopplungsgesetz vom 21. Dezember 2015 (BGBl. I S. 2498), zuletzt geändert durch Artikel 14 des Gesetzes vom 29. August 2016 (BGBl. I S. 2034).
29 Vgl. *Freericks; Fiedler*, Industrieausnahmen bei Energie- u. Strompreisen, S. 11–12. Es fehlen die Entlastungen für Letztverbraucher der Kategorie B.
30 Vgl. *Freericks; Fiedler*, Industrieausnahmen bei Energie- u. Strompreisen, S. 11. Es fehlen die Entlastungen für Letztverbraucher der Kategorie B.

1.1.3 Wissenschaftlicher Diskurs

Trotz der großen ökonomischen Bedeutung konzentriert sich die Wissenschaft in erster Linie auf (ökonomische) Reformvorschläge und Kostendarstellungen.[31] In diesen erfolgt regelmäßig eine Darstellung der rechtlichen Regelungen, anders als beispielsweise im Ertrag- oder Umsatzsteuerrecht fehlt aber eine ausführliche und kontinuierliche Beschäftigung mit Voraussetzungen und Antragsverfahren.[32] Außerhalb einschlägiger Kommentare werden die Entlastungen in der Regel nur bei Gesetzesänderungen oder wichtigen Urteilen in wissenschaftlichen Aufsätzen behandelt.[33] Dieses verwundert, da die Schadensfälle im Zusammenhang mit dem Erneuerbaren-Energien-Gesetz stark zunehmen.[34] Ursache soll oft das Fehlen allgemeingültiger Meinungen für neue Fragestellungen sein.[35] In der Praxis haben sich Unternehmen und deren Berater regelmäßig auf die Antragsformulare und -hinweise der unterschiedlichen Antragsbearbeiter zu verlassen. Sehr ausführlich ist beispielsweise das jährlich erscheinende Merkblatt des BAFA.[36] Informationen zu den Entlastungen nach den §§ 9b und 10 StromStG sind auf der Internetseite der Generalzolldirektion erhältlich.[37] Zudem hat das BDEW Anwendungshilfen erstellt, die für Nichtmitglieder nur teilweise zugänglich sind.[38]

---

31 Vgl. u.a. *Freericks; Fiedler*, Industrieausnahmen bei Energie- u. Strompreisen, *Grave; Bader; Blücher u. a.*, Politisch induzierte Strompreiskomponenten und Ausnahmeregelungen für die Industrie, *Reuster; Fiedler; Graichen u. a.*, Reformvorschlag. Letztere mit Bezug auf EU-Recht und Grundgesetz.

32 Vgl. ähnlich zur Energie-, Stromsteuer- und Biokraftstoffquotenrecht: *Stein; Thoms*, Vorwort, S. 7.

33 Aktuell beispielsweise zum EnSaG und zum EuGH-Urteil: *Viehweger*, EnSaG und besAR, WPg S. 222; *Kahles; Nysten*, Fehlende Beihilfeeigenschaft EEG 2012, EnWZ S. 147.

34 Vgl. vertiefend *WPK*, Mitteilungen der Wirtschaftsprüferkammer, S. 36 mit Beispielen.

35 Vgl. *WPK*, Mitteilungen der Wirtschaftsprüferkammer, S. 36.

36 Vgl. zuletzt *BAFA*, Merkblatt für stromkostenintensive Unternehmen 2019.

37 Vgl. *Generalzolldirektion*, Stromsteuer, Internetquelle.

38 Vgl. *BDEW*, Anwendungshilfen, Internetquelle.

Tabelle 4: Für Nichtmitglieder verfügbare Anwendungshilfen des BDEW

Anwendungshilfen BDEW
Umsetzungshilfe zum EEG 2014 aus Oktober 2015
Umsetzungshilfe zum Kraft-Wärme-Kopplungsgesetz – KWKG 2016 vom 1 Juni 2018
Leitfaden zum § 19 Abs. 2 StromNEV-Umlagemechanismus vom 4. August 2017

(Quelle: eigene Darstellung)

Informationen stellen zudem die Industrie- und Handelskammern Lippe zu Detmold und Schwaben zur Verfügung. Bei der Industrie- und Handelskammer (IHK) Lippe zu Detmold ist ein kostenloser Rechner zur Berechnung möglicher Entlastungsansprüche erhältlich.[39] Eine Übersicht mit Angaben zu den Voraussetzungen, Vergünstigungen, Antragsfristen und -stellungen hat die IHK Schwaben erstellt.[40] Eine ähnliche Übersicht stellt auch der Deutsche Industrie- und Handelskammertag (DIHK) zur Verfügung.[41] Dieser hat zudem ein Faktenpapier für mehr Transparenz in der Strompreisdebatte erstellt.[42] Sieht eine Entlastungsregelung einen Prüfungsvermerk von Wirtschaftsprüfer_innen, Wirtschaftsprüfungsgesellschaften, vereidigten Buchprüfer_innen, Buchprüfungsgesellschaften oder genossenschaftlichen Prüfungsverbänden (WP-Prüfungsvermerk) vor, können der IDW EPS 970 n. F.[43] und zugehörige IDW Prüfungshinweise (IDW PH) herangezogen werden.

---

39 Vgl. *IHK Lippe zu Detmold*, Berechnung Stromsteuer, Internetquelle.
40 Vgl. *IHK Schwaben*, Vergünstigungen Steuern und Abgaben - Energie – 2019.
41 Vgl. *DIHK*, Entlastungsmöglichkeiten bei Steuern und Abgaben im Energiebereich.
42 Vgl. *DIHK*, Faktenpapier Strompreise in Deutschland 2017.
43 *IDW*, Entwurf einer Neufassung des IDW Prüfungsstandards: Sonstige betriebswirtschaftliche Prüfungen und ähnliche Leistungen im Zusammenhang mit energierechtlichen Vorschriften (IDW EPS 970 n.F.).

Tabelle 5: Übersicht über die IDW Prüfungshinweise zu allgemeinen direkten Entlastungen

IDW PH	Bezeichnung
9.970.10	Besonderheiten der Prüfung im Zusammenhang mit der Antragstellung stromkostenintensiver Unternehmen auf Besondere Ausgleichsregelung nach dem EEG 2017 im Antragsjahr 2019 vom 17. April 2019
9.970.12	Besonderheiten der Prüfungen nach § 75 Satz 2 EEG 2017 und § 30 Abs. 1 Nr. 5 KWKG der Abrechnungen von Elektrizitätsversorgungsunternehmen, stromkostenintensiven Unternehmen, Letztverbrauchern und Eigenversorgern für das Kalenderjahr 2018 vom 19. März 2019
9.970.15	Besonderheiten der Prüfung eines Abschlusses für einen selbstständigen Unternehmensteil i.S. des § 64 Abs. 5 EEG 2017 für Zwecke der Antragstellung auf Besondere Ausgleichsregelung nach dem EEG 2017 vom 13. Mai 2019
9.970.35	Besonderheiten der Prüfung nach § 19 Abs. 2 Satz 15 StromNEV bzw. nach § 17f Abs. 1 Satz 3 EnWG, jeweils i. V. m. § 30 Abs. 1 Nr. 5 KWKG 2016 im Zusammenhang mit der Begrenzung der StromNEV-Umlage bzw. der Offshore-Haftungsumlage vom 30. Oktober 2017
9.970.60	Besonderheiten der Prüfung nach § 2 Abs. 6 Satz 3 i. V. m. Abs. 4 KAV des Grenzpreisvergleichs Strom auf Ebene des Letztverbrauchers (Sondervertragskunde) vom 30. Oktober 2018

(Quelle: eigene Darstellung)

Mit Ausnahme eines kürzlich erschienenen Reformvorschlags[44] fehlt eine aktuelle systematische Darstellung der allgemeinen direkten Entlastungsregelungen. In Anbetracht der ökonomischen Bedeutung ist dieses verwunderlich.

---

44 *Reuster; Fiedler; Graichen u. a.*, Reformvorschlag.

1.2 Ziel und Eingrenzung der Arbeit

Meine Forschungsfrage lautet auf Basis der dargestellten Regelungen zur Entlastung stromkostenintensiver Unternehmen:

> Welche Zusammenhänge bestehen zwischen den allgemeinen direkten Entlastungsregelungen für stromkostenintensive Unternehmen bei Voraussetzungen und Antragsverfahren?

Konkretisierend hierzu sollen die Fragen beantwortet werden:
- Warum wurden die jeweiligen Entlastungen eingeführt?
- Welche europäischen Vorgaben sind zu beachten?
- Welche Gemeinsamkeiten oder Widersprüchlichkeiten gibt es bei den Voraussetzungen bzw. bei den Antragsverfahren?
- Wie könnte eine Vereinheitlichung der Voraussetzungen und/oder des Antragsverfahrens aussehen?

Keine Gegenstände der Untersuchung sind:
- im Bereich der allgemeinen direkten Entlastungsregelungen
  - Übergangs- bzw. Härtefallregelungen,
  - Regelungen für Neugründungen und Umwandlungen,
  - Regelungen für selbständige Unternehmensteile,
  - Regelungen zur Eigenerzeugung oder -versorgung, insbesondere die Option nach § 64 Abs. 5a EEG 2017,
  - Regelungen für vom Kalenderjahr abweichende Geschäftsjahre,
  - Rechtschutzmöglichkeiten,
- die speziellen direkten Entlastungsregelungen sowie
- die indirekten Entlastungsregelungen.

Zudem wird unterstellt, dass zwischen Netzbetreibern und Letztverbrauchern ein Vertrag in Form des Musternetznutzungsvertrages der BNetzA besteht.[45]

---

45 *BNetzA*, Netznutzungsvertrag / Lieferantenrahmenvertrag gültig seit 1. April 2018.

1.3 Methodik

Relevant wird die anzuwendende Methodik besonders im Gliederungspunkt 3 *Gemeinsamkeiten und Widersprüche der allgemeinen direkten Entlastungsregelungen*. Im Rahmen des Vergleichs der Entlastungsregelungen sind Rechtsbegriffe anhand der in Tabelle 6 dargestellten juristischen Methoden auszulegen.

Tabelle 6: Anzuwendende juristische Methoden

Die Auslegung erfolgt auf Basis ...	
• ... des Wortlauts (grammatische Auslegung),	• ... des zugrundeliegenden EU-Rechts (richtlinienkonforme Auslegung) und
• ... des Willens des Gesetzgebers (historische Auslegung),	
• ... des Normkontextes (systematische Auslegung),	• ... der Vereinbarung mit dem Verfassungsrecht soweit erforderlich (verfassungskonforme Auslegung).
• ... des Normzwecks (teleologische Auslegung),	
Die Rechtsfortbildung erfolgt soweit erforderlich durch ...	
• Analogieschluss (entsprechende Anwendung),	• Erst-Recht-Schluss (argumentum a fortiori), sowie
• Umkehrschluss (argumentum e contrario),	• teleologische Reduktion oder Erweiterung
Bei der Kollision von Rechtsnormen werden folgende Regeln angewandt:	
• jung vor alt (lex posterior derogat legem),	• oben vor unten (lex superior derogat legem inferiorem)
• speziell vor allgemein (lex specialis derogat legem generalem) und	

(Quelle: eigene Darstellung)

1.4 Gang der Untersuchung

Zunächst werden im Gliederungspunkt *2 Die allgemeinen direkten Entlastungen* die Voraussetzungen und Verfahren der acht allgemeinen direkten Entlastungsregelungen ausführlich dargestellt. Hierbei werden die Verfahren unterteilt in

– Antragsverfahren (Verfahren vor dem Entlastungsjahr),
– Erhebungsverfahren (Verfahren im Entlastungsjahr) und
– Abrechnungsverfahren (Verfahren nach Abschluss des Entlastungsjahres).

Im Gliederungspunkt *3 Gemeinsamkeiten und Widersprüche der allgemeinen direkten Entlastungsregelungen* werden die Hintergründe zur Einführung der jeweiligen Entlastungsregelung und das europäisches Sekundärrecht dargestellt. Anschließend werden Gemeinsamkeiten und Widersprüche der Voraussetzungen und der Antragsverfahren ausführlich untersucht. Die Ergebnisse werden im Gliederungspunkt *4 Diskussion der Ergebnisse* erörtert.

2 Die allgemeinen direkten Entlastungen

2.1 Entlastung für Sondervertragskunden nach § 2 Absatz 4 KAV

Für Stromlieferungen an Sondervertragskunden dürfen Konzessionsabgaben nicht vereinbart oder gezahlt werden (Befreiung), wenn der Durchschnittspreis je Kilowattstunde im Kalenderjahr unter einem definierten Grenzpreis liegt (§ 2 Abs. 4 KAV).[46] Konzessionsabgaben sind Entgelte, die Energieversorgungsunternehmen i. S. d. § 3 Nr. 18 EnWG für die Einräumung des Rechts zur Benutzung öffentlicher Verkehrswege für die Verlegung und den Betrieb von Leitungen, die der unmittelbaren Versorgung von Letztverbrauchern im Gemeindegebiet mit Energie dienen, entrichten (§ 48 Abs. 1 S. 1 EnWG bzw. § 1 Abs. 1 u. 2 KAV).[47] Sie sind privatrechtliche Entgelte.[48]

---

46 Vgl. *IDW*, IDW PH 9.970.60, Tz. 2.
47 Vgl. zu den abweichenden Wortlauten: *Kermel*, in *Säcker*, BerlKommEnR, Band 3, § 1 KAV, Tz. 6 f.
48 *BReg*, Entwurf eines Gesetzes zur Neuregelung des Energiewirtschaftsrechts, S. 21.

2.1.1 Antragsvoraussetzungen

Für die Befreiung nach § 2 Abs. 4 KAV gelten folgende Voraussetzungen:

Tabelle 7: Antragsvoraussetzungen § 2 Abs. 4 KAV

1.	Erfüllung der Definition Sondervertragskunde (§ 1 Abs. 4 i. V. m. Abs. 3 KAV)	Keine Lieferung aufgrund von Verträgen nach • § 36 EnWG (Grundversorgung) und § 38 EnWG (Ersatzversorgung) sowie • § 115 Abs. 2 EnWG (Altverträge im Rahmen der allgemeinen Versorgung) und • § 116 EnWG (bisherige Tarifkundenverträge)
2.	bei Bezug aus dem Niederspannungsnetz (bis 1 kV)	Überschreitung der Grenzen nach § 2 Abs. 7 KAV: • gemessene Kundenleistung > 30 kW in mindestens zwei Kalendermonaten des Abrechnungsjahres und • > 30.000 kWh Jahresverbrauch pro Betriebsstätte o. Abnahmestelle
3.	Grenzpreisvergleich für die Liefermenge jedes Lieferanten an jeder Betriebsstätte oder Abnahmestelle gesondert unter Einschluss des Netznutzungsentgelts	Ø-Preis im Kalenderjahr pro kWh für antragstellenden Sondervertragskunden < Ø-Preis p.a./kWh für alle Sondervertragskunden ─────────────────────────── Definition: < Ø-Preis p.a./kWh für alle Sondervertragskunden • gesetzlicher Regelfall (§ 2 Abs. 4 S. 2 KAV) In der amtlichen Statistik des Bundes jeweils für das vorletzte Kalenderjahr veröffentlichte Wert ohne Umsatzsteuer. • gesetzlicher Ausnahmefall (§ 2 Abs. 4 S. 3 KAV) vereinbarter höherer Grenzpreis zwischen Versorgungsunternehmen - Gemeinde
4.	Prüfungsvermerk einer Wirtschaftsprüferin / eines Wirtschaftsprüfers oder einer vereidigten Buchprüferin / eines vereidigten Buchprüfers (§ 2 Abs. 6 S. 3 KAV)	
5.	fristgerechter Antrag	Grundlage: Vertrag zwischen Sondervertragskunde und Netzbetreiber.[49]

(Quelle: eigene Darstellung)

---

49 Vgl. *IDW*, IDW PH 9.970.60, Tz. 3.

zu 1. Sondervertragskunde i. S. v. § 1 Abs. 4 KAV

Sondervertragskunden sind Kunden, die keine Tarifkunden i. S. v. § 1 Abs. 3 Hs. 1 KAV sind (§ 1 Abs. 4 KAV). Vertraglich belieferte Tarifkunden i. S. v. § 1 Abs. 3 Hs. 1 KAV sind

- grundversorgte Haushaltskunden[50] (§ 36 EnWG),
- ersatzversorgte Letztverbraucher[51] (§ 38 EnWG),
- übergangsweise Haushaltskunden mit bestehendem Tarifkundenliefervertrag (§ 115 Abs. 2 EnWG) sowie
- übergangsweise „Nicht-Haushaltskunden"[52] mit bestehendem Tarifkundenvertrag (§ 116 EnWG).[53]

Hierbei ist unerheblich, dass die Ersatzversorgung nach § 38 EnWG ein gesetzliches Schuldverhältnis darstellt.[54] Für die Zuordnung entscheidend ist nicht das tatsächliche Abnahmeverhalten sondern die vertragliche Gestaltung der Lieferverhältnisse.[55]

zu 2.: Überschreitung der Grenzen nach § 2 Abs. 7 KAV

Stromlieferungen an Sondervertragskunden aus dem Niederspannungsnetz (bis 1 Kilovolt) an Letztverbraucher (Tarif- und Sondervertragskunden) gelten konzessionsabgabenrechtlich als Tarifkundenlieferungen (§ 2 Abs. 7 S. 1 Hs. 1 KAV). Diese Fiktion gilt nicht, wenn beim Sondervertragskunden die gemessene Leistung in mindestens zwei Monaten eines Abrechnungsjahres 30 kW überschreitet und der Jahresverbrauch mehr als 30.000 kWh beträgt (§ 2 Abs. 7 S. 1 Hs. 2 KAV).[56] Die Grenzwerte gelten pro Betriebsstätte oder Abnahmestelle (§ 2 Abs. 7 S. 2 KAV). Abweichend von den gesetzlichen Grenzwerten können Netzbetreiber und Gemeinden niedrigere Leistungswerte und Jahresverbrauchsmengen vereinbaren (§ 2 Abs. 7 S. 4 KAV).

---

50 Definiert in § 3 Nr. 22 EnWG als „Letztverbraucher, die die Energie überwiegend für den Eigenverbrauch im Haushalt oder max. 10.000 Kilowattstunden für den beruflichen, landwirtschaftlichen oder gewerblichen Eigenverbrauch kaufen".
51 Definiert in § 3 Nr. 25 EnWG als „Natürliche oder juristische Personen, die Energie für den eigenen Verbrauch kaufen; auch der Strombezug der Ladepunkte für Elektromobile steht dem Letztverbrauch im Sinne dieses Gesetzes und den auf Grund dieses Gesetzes erlassenen Verordnungen gleich,".
52 Vgl. *Kermel*, in *Säcker*, BerlKommEnR, Band 3, § 1 KAV, Tz. 15.
53 Vgl. *Kermel*, in *Säcker*, BerlKommEnR, Band 3, § 1 KAV, Tz. 14 f.
54 Vgl. *Kermel*, in *Säcker*, BerlKommEnR, Band 3, § 1 KAV, Tz. 14.
55 *BGH*, Beschluss vom 6. November 2012 – KVR 54/11, NVwZ-RR 2013, S. 604 (1. Leitsatz).
56 Vgl. *Kermel*, in *Säcker*, BerlKommEnR, Band 3, § 2 KAV, Tz. 71.

Bei der Ermittlung des Jahresverbrauchs bleiben Stromlieferungen nach § 7 KAV „Wärmepumpen und andere unterbrechbare Verbrauchseinrichtungen" und § 9 KAV „Schwachlastregelung" der Bundestarifordnung Elektrizität[57] (BTOElt) sowie im Rahmen von Sonderabkommen für Lieferungen in lastschwachen Zeiten unberücksichtigt, da für diese Lieferungen die Höchstgrenzen nach § 2 Abs. 2 Nr. 1a und Abs. 3 KAV gelten (§ 2 Abs. 7 S. 3 KAV). Trotz Außerkrafttreten der BTOElt am 1. Juli 2007 gilt der vorhandene Verweis insoweit fort.[58]

zu 3.: Grenzpreisvergleich

Der Grenzpreisvergleich nach § 2 Abs. 4 KAV ist auf den ersten Blick trivial.

Abbildung 1: Grenzpreisvergleich nach § 2 Abs. 4 KAV

Ø-Preis pro kWh im Kalenderjahr für Lieferungen an Sondervertragskunden		Grenzpreis pro kWh
Istwerte im Kalenderjahr	<	Wert des vorletzten Kalenderjahres aus amtlicher Statistik oder höherer vertraglicher Wert

(Quelle: eigene Darstellung)

Ist der vom Sondervertragskunden an seinen Lieferanten zu zahlende Preis pro Kilowattstunde im Kalenderjahr (Entlastungsjahr) niedriger als der maßgebliche Grenzpreis pro Kilowattstunde, kann eine Befreiung von der Konzessionsabgabe erfolgen.[59] Der Grenzpreisvergleich erfolgt aus Vereinfachungs- und Wettbewerbsgründen für jeden Lieferanten an jeder Betriebsstätte oder Abnahmestelle gesondert.[60] Theoretisch wäre eine Befreiung von 50 % der Sondervertragskunden möglich.[61] Aufgrund unterschiedlicher Ermittlungszeiträume für die zu vergleichenden Werte führen Änderungen des Preisniveaus oder von staatlich veranlassten Preiszuschlä-

---

57 Bundestarifordnung Elektrizität vom 18. Dezember 1989 (BGBl. I 1989 S. 2255), die am 1. Juli 2007 durch Art. 5 des 2. EnWNG (BGBl. I 2007 S. 1970) aufgehoben wurde, im Weiteren nur noch BTOElt.
58 Vgl. dazu ausführlich: *Kermel*, in *Säcker*, BerlKommEnR, Band 3, § 2 KAV, Tz. 73 ff. m.w.N.
59 Vgl. *IDW*, IDW PH 9.970.60, Tz. 2.
60 *BReg*, Erste Verordnung zur Änderung der Konzessionsabgabenverordnung, S. 4.
61 Vgl. *Albrecht*, § 9, Tz. 207.

gen zur Verschiebung der Befreiungsgrenze.[62] Maßgeblicher Grenzpreis ist der vom Statistischen Bundesamt (Destatis) für das vorletzte Kalenderjahr veröffentlichte Durchschnittserlös je Kilowattstunde aus der Lieferung von Strom an alle Sondervertragskunden ohne Umsatzsteuer (§ 2 Abs. 4 S. 2 KAV). Unberücksichtigt lässt Destatis hierbei eventuelle Stromsteuererstattungen.[63] Enthalten sind dagegen Netznutzungsentgelte, Stromsteuer, Konzessionsabgaben und Umlagen nach § 19 Abs. 2 StromNEV, EEG und KWKG.[64]

Alternativ kann ein zwischen Gemeinde und Versorgungsunternehmen vereinbarter höherer Grenzpreis zu beachten sein (§ 2 Abs. 4 S. 3 KAV). Dieser ist dem Preisblatt des zuständigen Netzbetreibers entnehmbar.[65] Er ermöglicht gegenüber dem statistischen Grenzpreis mehr Sondervertragskunden eine Befreiung.[66]

Die Ermittlung des individuellen Durchschnittspreises ist in der KAV unvollständig geregelt. Lediglich der Berechnungszeitraum (Kalenderjahr) und die Berücksichtigung des „Netznutzungsentgelts" sind in § 2 Abs. 4 KAV ausdrücklich vorgegeben. Indirekt gibt § 2 Abs. 4 S. 2 KAV vor, dass der Durchschnittspreis des Sondervertragskunden ohne Umsatzsteuer anzusetzen ist.[67] Die vorhandene Regelungslücke muss der Sondervertragskunde füllen.[68] Für die in der KAV undefinierten Begriffe Abnahmestelle, Betriebsstätte, Durchschnittspreis je Kilowattstunde, Lieferant und Liefermenge stellt das IDW Definitionen zur Verfügung.[69] So ist der Durchschnittspreis je Kilowattstunde das Verhältnis der Strombezugskosten zur Liefermenge eines Lieferanten an der jeweiligen Betriebsstätte bzw. Abnahmestelle.[70] In die Strombezugskosten sind folgende Bestandteile einzubeziehen:

---

62 Vgl. *Albrecht*, § 9, Tz. 207.
63 Vgl. *DESTATIS*, Stromabsatz und Erlöse der EVU, Internetquelle.
64 Vgl. *DESTATIS*, Stromabsatz und Erlöse der EVU, Internetquelle.
65 Vgl. *IDW*, IDW PH 9.970.60, Tz. 30.
66 Vgl. *Feuerborn; Riechmann*, Verordnung über Konzessionsabgaben für Strom und Gas, § 2 Tz. 36.
67 Vgl. *Kermel*, in *Säcker*, BerlKommEnR, Band 3, § 2 KAV, Tz. 31.
68 Vgl. *IDW*, IDW PH 9.970.60, Tz. 8.
69 Vgl. *IDW*, IDW PH 9.970.60, Tz. 12.
70 Vgl. *IDW*, IDW PH 9.970.60, Tz. 12 lit. c.

Tabelle 8: Strombezugskosten gemäß IDW PH 9.970.60 Tz. 12 lit. g

	Strombeschaffungskosten
+	Netzentgelte
+	Systemdienstleistungskosten
+	Kosten für Messung und Abrechnung
+	Umlagen (zurzeit: KWKG-Umlage, Umlage nach § 19 Abs. 2 StromNEV, Offshore-Haftungsumlage nach § 17f EnWG, Umlage nach § 18 Abs. 1 AbLaV und EEG-Umlage)
+	Stromsteuer in der gesetzlichen Höhe von zurzeit 2,05 ct/kWh ohne Berücksichtigung von Stromsteuerermäßigungen
+	Konzessionsabgaben in voller Höhe von zurzeit 0,11 ct/kWh, soweit nach § 2 Abs. 3 Nr. 1 KAV keine niedrigere Konzessionsabgabe im Konzessionsvertrag vereinbart wurde.
=	Strombezugskosten

(Quelle: eigene Darstellung)

Hinsichtlich der Berücksichtigung von Entlastungen für stromkostenintensive Unternehmen besteht Unklarheit, ob die tatsächlichen oder fiktiven Entlastungen zu berücksichtigen sind.[71] Diese Unklarheit ist aufgrund des Alters der KAV erstaunlich.

2.1.2 Antragsverfahren

Ausführungen zur Antragstellung fehlen in der KAV. Ein Antragsverfahren vor dem Entlastungsjahr ist faktisch unmöglich. Zu Beginn des Entlastungsjahres steht zwar der maßgebliche Grenzpreis fest, die individuellen Durchschnittsstromkosten des Sondervertragskunden pro Lieferanten je Betriebstätte bzw. Abnahmestelle jedoch nicht.[72]

2.1.3 Erhebungsverfahren

Die Rechte und Pflichten zwischen dem Netzbetreiber als Energieversorgungsunternehmen i. S. d. § 3 Nr. 18 EnWG[73] und Netznutzer ergeben sich aus dem Netznutzungsvertrag (NNV) (§ 20 Abs. 1a EnWG). Konkreti-

---

71 Vgl. *IDW*, IDW PH 9.970.60, Tz. 12.
72 Vgl. *Feuerborn; Riechmann*, Verordnung über Konzessionsabgaben für Strom und Gas, § 2 Tz. 33.
73 Vgl. zur Abgrenzung ausführlich: *Säcker*, in *Säcker*, BerlKommEnR, Band 1, § 20, Tz. 71; *Kment*, in *Kment*, EnWG, § 20, Tz. 37.

sierungen der generellen Anforderungen an den NNV sind in den §§ 3 und 23 bis 26 StromNZV[74] enthalten.[75] Netznutzer ist nach § 3 Nr. 28 EnWG eine natürliche oder juristische Person, die Energie in ein Elektrizitätsnetz einspeist (Lieferant i. S. v. § 2 Nr. 5 StromNZV)[76] oder daraus bezieht (Letztverbraucher i. S. v. § 3 Nr. 25 EnWG). Zwischen einem Lieferanten und einem Netzbetreiber werden für eine unbestimmte Anzahl von Entnahmestellen abgeschlossene NNV als „Lieferantenrahmenverträge" bezeichnet (§ 20 Abs. 1a S. 2 EnWG). In diesen Fällen besteht keine vertragliche Beziehung zwischen Netzbetreiber und Letztverbraucher; der Lieferant erbringt die Lieferungen an den Letztverbraucher in Form eines integrierten Liefervertrags („all-inclusive-Vertrag").[77]

Die Bundesnetzagentur (BNetzA) schreibt die konkreten Inhalte des NNV vor.[78] Sie sollen dem Netznutzer einen rechtlichen Standard zusichern.[79] Ein Musternetznutzungsvertrag (MNNV) ist bei der BNetzA erhältlich.[80] Im Rahmen dieser Arbeit wird von einem NNV in Form des MNNV zwischen Netzbetreiber und Letztverbraucher ausgegangen. Eine Analyse der Stromlieferverträge der ca. 1.300 Stromlieferanten in Deutschland[81] ist nicht bekannt. Hier bedarf es gesonderter Primärforschung.

Gemäß § 7 Nr. 9 S. 1 u. 2 MNNV gibt der Netzbetreiber die an die jeweilige Gemeinde zu zahlende Konzessionsabgabe an den Netznutzer weiter. Maßgeblich sind die Preisblätter des Netzbetreibers. Konzessionsabgaben sind in den Entgelten für den Netzzugang und allgemeinen Tarifen auszuweisen (§ 4 Abs. 1 KAV). Üblich ist die Vereinbarung des gesetzlich maximal zulässigen Konzessionsabgabesatzes.[82] Für Sondervertragskunden be-

---

74 Verordnung über den Zugang zu Elektrizitätsversorgungsnetzen (Stromnetzzugangsverordnung) vom 25. Juli 2005 (BGBl. I S. 2243), zuletzt geändert durch Artikel 1 der Verordnung vom 19. Dezember 2017 (BGBl. I S. 3988), im Weiteren nur noch StromNZV.

75 Vgl. *Säcker*, in *Säcker*, BerlKommEnR, Band 1, § 20, Tz. 68.

76 Vgl. zum Verweis auf die StromNZV: *Säcker*, in *Säcker*, BerlKommEnR, Band 1, § 20, Tz. 76; *Kment*, in *Kment*, EnWG, § 20, Tz. 37.

77 Vgl. *Säcker*, in *Säcker*, BerlKommEnR, Band 1, § 20, Tz. 69; *Britz; Herzmann; Arndt*, in *Britz; Hellermann; Hermes u. a.*, EnWG, § 20, Tz. 82; *Kment*, in *Kment*, EnWG, § 20, Tz. 38.

78 *BNetzA*, Beschluss vom 16. April 2015 – BK6-13-042 (2–3); zuletzt geändert durch *BNetzA*, Beschluss vom 20. Dezember 2017 – BK6-17-168.

79 Vgl. *BNetzA*, Beschluss vom 16. April 2015 – BK6-13-042 (17).

80 *BNetzA*, Netznutzungsvertrag / Lieferantenrahmenvertrag gültig seit 1. April 2018.

81 *BDEW*, Energiemarkt Deutschland 2019, S. 14.

82 Vgl. *Albrecht*, § 9, Tz. 195.

trägt dieser 0,11 Ct/kWh (§ 2 Abs. 3 Nr. 1 KAV). Der Anspruch auf Befreiung von der Konzessionsabgabe kann erst mit Feststellung der Stromverbrauchsmenge am Ende des Entlastungsjahres beurteilt werden. Erst dann kann die Verteilung der fixen Preisbestandteile auf die variable Stromverbrauchsmenge erfolgen.[83] In der Praxis wird der Netzbetreiber daher zunächst die Belieferung oberhalb des Grenzpreises annehmen, d. h. die Konzessionsabgabe berechnen.[84]

2.1.4 Abrechnungsverfahren

Den Befreiungsanspruch hat der Sondervertragskunde gegenüber dem Netzbetreiber nachzuweisen (§ 2 Nr. 9 S. 3 MNNV). Er ist für jede Abnahmestelle oder Betriebsstätte je Lieferanten und je Kalenderjahr geltend zu machen und nachzuweisen.[85] Die Erklärung wird vom IDW als „Erklärung zur Unterschreitung des Grenzpreises nach § 2 Abs. 4 KAV" bezeichnet.[86] Ein Muster enthält der IDW PH 9.970.60. Der Nachweis kann durch Prüfungsvermerk einer Wirtschaftsprüferin/eines Wirtschaftsprüfers oder einer vereidigten Buchprüferin/eines vereidigten Buchprüfers nach § 2 Abs. 6 S. 3 KAV erfolgen.[87] Da diese Berufsträger_innen zeichnungsberechtigte Angestellte einer Berufsgesellschaft oder eines genossenschaftlichen Prüfungsverbandes sein dürfen (§ 43a Abs. 1 Nr. 3 WPO[88]), sollte die Erbringung des WP-Prüfungsvermerks in dieser Funktion zulässig sein. Zur Vermeidung von Rechtstreitigkeiten empfiehlt sich eine vorherige Abstimmung mit dem Netzbetreiber.

Nach § 2 Nr. 9 S. 4 MNNV hat der Netzbetreiber dem Netznutzer zu viel gezahlte Konzessionsabgaben zu erstatten. Eine Frist ist dem MNNV nicht entnehmbar. Die Frist zur Geltendmachung der Befreiung und eines

---

83 Vgl. *Feuerborn; Riechmann*, Verordnung über Konzessionsabgaben für Strom und Gas, § 2 Tz. 33.
84 Vgl. *Albrecht*, § 9, Tz. 211.
85 Vgl. *IDW*, IDW PH 9.970.60, Tz. 3.
86 Vgl. *IDW*, IDW PH 9.970.60, Tz. 3.
87 Vgl. *IDW*, IDW PH 9.970.60, Tz. 3.
88 Gesetz über die Berufsordnung der Wirtschaftsprüfer (Wirtschaftsprüferordnung) vom 5. November 1975 (BGBl. I S. 2803), zuletzt geändert durch Artikel 9 des Gesetzes vom 30. Oktober 2017 (BGBl. I S. 3618), im Weiteren nur noch WPO.

etwaigen Rückzahlungsanspruchs soll sich laut IDW aber aus dem Vertrag mit dem jeweils zuständigen Netzbetreiber ergeben.[89]

---

89 Vgl. *IDW*, IDW PH 9.970.60, Tz. 3.

2.2 Entlastung für stromkostenintensive Unternehmen nach § 63 Nr. 1 i. V. m. § 64 EEG 2017

Stromkostenintensive Unternehmen können im Rahmen der Besonderen Ausgleichsregelung (besAR) eine Begrenzung der EEG-Umlage für selbst verbrauchten Strom beim Bundesamt für Wirtschaft und Ausfuhrkontrolle (BAFA) beantragen. Die Begrenzung wird im geschlossenen Umlagesystem durch nichtbegrenzte Letztverbraucher (private Haushalte, öffentliche Einrichtungen, Landwirte usw.) finanziert.[90] Sie ist als Ausnahmevorschrift an strenge und auf Basis von Ist-Daten zu erfüllende Voraussetzungen gebunden.[91] Die Begrenzung an einer Abnahmestelle erfolgt in drei Schritten nachdem die volle EEG-Umlage für die erste Gigawattstunde (Selbstbehalt) je Abnahmestelle bezahlt wurde (§ 64 Abs. 2 Nr. 1 EEG 2017).[92]

1. Schritt: Begrenzung der Höhe des EEG-Umlagesatzes je Kilowattstunde

Abbildung 2: Begrenzung je Abnahmestelle bei Stromverbräuchen > 1 GWh (§ 64 Abs. 2 Nr. 2 EEG 2017)

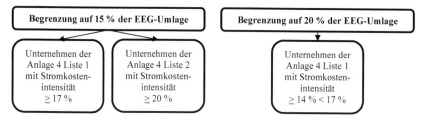

(Quelle: eigene Darstellung)

---

90 Vgl. u. a.: *BAFA*, Merkblatt für stromkostenintensive Unternehmen 2019, S. 1.
91 Vgl. *BAFA*, Merkblatt für stromkostenintensive Unternehmen 2019, S. 2.
92 Vgl. zum EEG 2017: *Küper; Denk*, in *Säcker*, BerlKommEnR, Band 6, § 64 EEG, Tz. 90. m.w.N.

2. Schritt: Begrenzung der zu zahlenden EEG-Umlage für alle auf 15 % begrenzten Ab-nahmestellen zusammen[93]

Abbildung 3: Cap und Super-Cap *(§ 64 Abs. 2 Nr. 3 EEG 2017)*

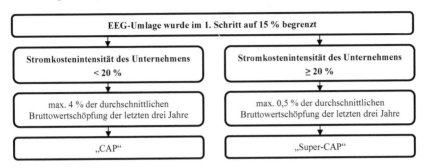

(Quelle: eigene Darstellung)

3. Schritt: Festlegung der mindestens zu zahlenden EEG-Umlage

Abbildung 4: Mindesthöhe der begrenzten EEG-Umlage je Abnahmestelle *(§ 64 Abs. 2 Nr. 4 EEG 2017)*

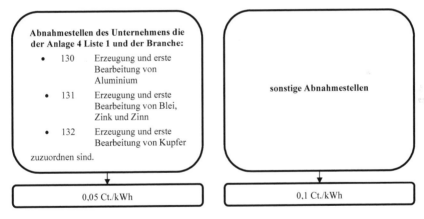

(Quelle: eigene Darstellung)

---

93 *Ausschuss für Wirtschaft und Energie*, Beschlussempfehlung zum EEG 2014, S. 211.

2.2.1 Antragsvoraussetzungen

Die Antragsvoraussetzungen sind zu unterscheiden in die „Erwägungs-gründe"[94] nach § 63 EEG 2017 und in die vom Antragssteller zu beachten-den Voraussetzungen nach § 64 Abs. 1 EEG 2017, auf die im Folgenden weiter eingegangen wird. Hiernach muss ein Unternehmen u. a. abhängig von der Branchenzuordnung eine bestimmte Stromkostenintensität auf-weisen.

Tabelle 9: Antragsmöglichkeiten nach dem EEG 2017 für das Antragsjahr 2019 ohne Härtefallregelungen, selbständige Unternehmensteile und Opti-on nach § 64 Abs. 5a EEG 2017

Branchenzuordnung des Unternehmens nach Anlage 4 EEG 2017	Stromkostenintensität (SKI) für die Begrenzung im Kalenderjahr 2019	Rechtsgrundlagen
Liste 1	SKI ≥ 14 %	§ 64 Abs. 1 EEG 2017
Liste 2	SKI ≥ 20 %	§ 64 Abs. 1 EEG 2017

(Quelle: BAFA, Merkblatt für stromkostenintensive Unternehmen 2019, S. 7)

Zur zielgenauen Begrenzung von im internationalen Wettbewerb stehen-den Unternehmensbereichen müssen neben dem Unternehmen auch die zu begrenzenden Abnahmestellen einer Branche nach Anlage 4 EEG 2017 angehören (§ 64 Abs. 1 Nr. 1 EEG 2017).[95] Anlage 4 EEG 2017 basiert auf den Leitlinien für staatliche Umweltschutz- und Energiebeihilfen 2014-2020[96] (UEBLL) der Europäischen Kommission.[97]

Die für den Grundfall[98] „stromkostenintensives Unternehmen" zu be-achtenden materiellen Voraussetzungen sind, wie das nachfolgende Fluss-diagramm verdeutlicht, sehr komplex.

---

94 *Salje,* EEG 2017, § 63 Tz. 18.
95 *Ausschuss für Wirtschaft und Energie,* Beschlussempfehlung zum EEG 2014, S. 209.
96 Leitlinien für staatliche Umweltschutz- und Energiebeihilfen 2014 – 2020 (ABl. C 200 vom 28. Juni 2014, S. 1), im Weiteren nur noch UEBLL.
97 *Ausschuss für Wirtschaft und Energie,* Beschlussempfehlung zum EEG 2014, S. 209.
98 Auf weitere Begrenzungsfälle kann im Rahmen dieser Arbeit nicht eingegangen werden.

Abbildung 5: Materielle Voraussetzungen zur Begrenzung der EEG-Umlage nach § 64 Abs. 1 EEG 2017

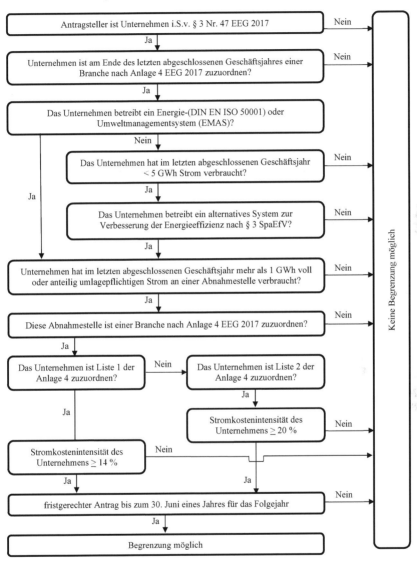

(Quelle: eigene Darstellung)

Der Antragsteller hat zum Nachweis der Voraussetzungen die in Tabelle *10* dargestellten Unterlagen vorzulegen und Erklärungen bzw. Anträge abzugeben.

Tabelle 10: Nachweise sowie Erklärungen und Anträge für die Antragstellung auf besAR nach dem EEG 2017

Nachweise	Rechts-grundlagen
Stromlieferungsverträge und -rechnungen für das letzte abgeschlossene Geschäftsjahr	§ 64 Abs. 3 Nr. 1 lit. a) EEG 2017
jeweils der Angabe der in den letzten drei Geschäftsjahren • von einem EVU gelieferte Strommengen, • selbst erzeugte Strommengen und • selbst verbrauchten Strommengen sowie • weitergeleiteten Strommengen	§ 64 Abs. 3 Nr. 1 lit. b) EEG 2017
Prüfungsvermerk von Wirtschaftsprüfer_innen, Wirtschaftsprüfungsgesellschaften vereidigte Buchprüfer_innen, Buchprüfungsgesellschaften oder genossenschaftlichen Prüfungsverbänden auf Grundlage geprüfter Jahresabschlüsse über • die Angaben zum Betriebszweck und Betriebstätigkeit des Unternehmens • die Angaben Strommengen nach § 64 Abs. 3 Nr. 1 lit. b) EEG 2017 • die Angaben in welche Höhe ohne Begrenzung für die angegebenen Strommengen EEG-Umlage zu zahlen gewesen wäre • sämtliche Bestandteile der Bruttowertschöpfung	§ 64 Abs. 3 Nr. 1 lit. c) EEG 2017
Nachweis der Klassifikation nach WZ 2008 des zuständigen statistischen Landesamtes	§ 64 Abs. 3 Nr. 1 lit. d) EEG 2017
gültiger Nachweis über den Betrieb eines Energie- oder Umweltmanagementsystems (DIN EN ISO 50001-Zertifikat oder Eintrags- oder Verlängerungsbescheids der EMAS-Registrierungsstelle) oder bei weniger als 5 GWh Stromverbrauch im letzten abgeschlossen Geschäftsjahr: eines alternativen Systems zur Verbesserung der Energieeffizienz nach § 3 Spitzenausgleich-Effizienzverordnung[99] (SpaEfV)	§ 64 Abs. 3 Nr. 2 EEG 2017
Erklärungen und Anträge	
Einwilligung zur Übermittlung der Wirtschaftszweigverzeichniszuordnung durch das zuständige statistische Landesamt auf Aufforderung des BAFA	§ 64 Abs. 3 Nr. 1 lit. d) EEG 2017
Erklärung, dass kein Unternehmen in Schwierigkeiten vorliegt	-
Antragstellung grundsätzlich bis zum 30. Juni eines Jahres für das Folgejahr (**materielle Ausschlussfrist**)	§ 66 Abs. 1 S. 1 EEG 2017

(Quelle: eigene Darstellung)

---

99 Spitzenausgleich-Effizienzsystemverordnung vom 31. Juli 2013 (BGBl. I 2013, S. 2858), zuletzt geändert durch Artikel 1 des Gesetzes vom 31. Oktober 2014 (BGBl. I 2014, S. 1656).

Daneben sind die zusätzlichen Anforderungen nach § 6 DSPV[100] zu beachten. Neben den kodifizierten Vorgaben prüft das BAFA zudem, dass der Antragsteller kein Unternehmen in Schwierigkeiten (UiS) ist. Hierbei beruft es sich auf Nummer 2.2 der RuU-LL[101].[102]

2.2.2 Antragsverfahren

Das Antragsverfahren ist ein allgemeines Verwaltungsverfahren nach § 9 VwVfG[103].[104] Die Antragstellung erfolgt elektronisch über das ELAN-K2-Portal des BAFA (§ 66 Abs. 2 S. 1 EEG 2017). Unzulässig ist die Übersendung der Antragsunterlagen per E-Mail, Fax oder Post.[105] Im Antrag müssen Antragsart (Gesamtunternehmen oder selbständiger Unternehmensteil) und zu begrenzende Abnahmestellen klar erkennbar sein.[106]

Der Begrenzungsantrag ist bis zum 30. Juni eines Jahres (Antragsjahr) für das Folgejahr (Begrenzungsjahr) beim BAFA zu stellen (§ 66 Abs. 1 S. 1 EEG 2017). Im Antragsjahr 2019 ist der 30. Juni ein Sonntag, so dass sich die Antragsfrist gemäß § 31 Abs. 3 VwVfG auf den 1. Juli 2019 verlängert.[107] Es ist eine materielle Ausschlussfrist, bei der eine Fristverlängerung oder Wiedereinsetzung in den vorherigen Stand bei Fristversäumnis unmöglich ist.[108] Laut BAFA ist die rechtzeitige und ordnungsgemäße Antragstellung „Chefsache".[109] Zur Fristwahrung sind gem. § 66 Abs. 1 S. 1 EEG 2017

---

100 Verordnung zur Berechnung der durchschnittlichen Strompreise für die Besondere Ausgleichsregelung nach dem Erneuerbare-Energien-Gesetz (Besondere-Ausgleichsregelung-Durchschnittsstrompreis-Verordnung – DSPV) vom 17. Februar 2016 (BGBl. I S. 241, zuletzt geändert durch Art. 12 des Gesetzes vom 22. Dezember 2016 (BGBl. I S. 3106), im Weiteren nur noch DSPV.
101 Leitlinien für staatliche Beihilfen zur Rettung und Umstrukturierung nichtfinanzieller Unternehmen in Schwierigkeiten (ABl. C 249 vom 31. Juli 2014, S. 1), im Weiteren nur noch RuU-LL.
102 Vgl. *BAFA*, Merkblatt für stromkostenintensive Unternehmen 2019, S. 4.
103 Verwaltungsverfahrensgesetz vom 23. Januar 2003 (BGBl. I S. 102), zuletzt geändert durch Artikel 7 des Gesetzes vom 18. Dezember 2018 (BGBl. I S. 2639), im Weiteren nur noch VwVfG.
104 Vgl. zum EEG 2014: *Posser; Altenschmidt*, in *Frenz*, EEG II, Vor Anlage 4 EEG 2017 Verfahrensablauf, Tz. 2.
105 Vgl. *BAFA*, Merkblatt für stromkostenintensive Unternehmen 2019, S. 24.
106 Vgl. *BAFA*, Merkblatt für stromkostenintensive Unternehmen 2019, S. 24.
107 Vgl. auch: *BAFA*, Merkblatt für stromkostenintensive Unternehmen 2019, S. 23.
108 Vgl. *BAFA*, Merkblatt für stromkostenintensive Unternehmen 2019, S. 2.
109 Vgl. *BAFA*, Merkblatt für stromkostenintensive Unternehmen 2019, S. 24.

- der Antrag selbst,
- die Zertifizierungsnachweise für das Energie- oder Umweltmanagementsystem und
- der WP-Prüfungsvermerk einschließlich der in § 64 Abs. 3 Nr. 1 lit. c) EEG 2017 i. V. m. § 6 Abs. 2 DSPV geforderten Angaben

vollständig einzureichen (fristrelevante Unterlagen).[110]

Das BAFA ist zur generellen Vorprüfung vor Ende der Ablauffrist eingegangener Antragsunterlagen nach § 25 VwVfG nicht verpflichtet.[111] Stellt es bei kursorischer Durchsicht der Antragsunterlagen die offensichtliche Fehlerhaftigkeit des Antrags fest, hat es den Antragsteller regelmäßig auf die notwendige Beseitigung hinzuweisen.[112]

Das BAFA bietet folgende Handreichungen:

Tabelle 11: BAFA-Handreichungen im Rahmen der Antragstellung

1.	bei Antragsabgabe bis 15. Mai eines Jahres	Prüfung der Antragsvollständigkeit und Möglichkeit der Heilung bis zum 30. Juni eines Jahres
2.	bei Antragsabgabe bis 31. Mai eines Jahres	Erteilung einer unverbindlichen Vorabauskunft über Antragsbescheidung

(Quelle: eigene Darstellung auf Basis des BAFA Merkblatts für stromkostenintensive Unternehmen 2019, S. 23)

Ist die erste Möglichkeit eine echte Hilfestellung zur Vermeidung fehlerhafter Anträge, ermöglicht die Zweite lediglich eine bessere Planungssicherheit für den Antragsteller.

Fehlende nichtfristrelevante Unterlagen sind schnellstmöglich nachzureichen.[113] Erfolgt nach angemessener Fristsetzung des BAFAs keine Nachreichung, wird der Antrag wegen mangelnder Mitwirkung und Prüfmöglichkeit abgelehnt.[114] Nicht eindeutig ist die Fristrelevanz der zum Ende des elektronischen Verfahrens abzugebenden persönlichen Erklärung im

---

110 Vgl. *BAFA*, Merkblatt für stromkostenintensive Unternehmen 2019, S. 24.
111 Vgl. *BVerwG*, Urteil vom 10. November 2016 – 8 C 11.15, https://www.bverwg.de/101116U8C11.15.0 (3. Leitsatz); a. A. *Posser; Altenschmidt*, in *Frenz; Müggenborg; Cosack u. a.*, EEG, § 66 EEG, Tz. 40. m.w.N.
112 Vgl. *BVerwG*, Urteil vom 10. November 2016 – 8 C 11.15, https://www.bverwg.de/101116U8C11.15.0 (3. Leitsatz).
113 Vgl. *BAFA*, Merkblatt für stromkostenintensive Unternehmen 2019, S. 25.
114 Vgl. *BAFA*, Merkblatt für stromkostenintensive Unternehmen 2019, S. 25.

BAFA-Merkblatt dargestellt.[115] Hierzu sollte das BAFA im Antragsverfahren befragt werden. Daneben kann das BAFA Informationen zur Bruttowertschöpfung bei den Zollbehörden anfordern (§ 69a EEG 2017).

Tabelle 12: Beim BAFA einzureichenden nicht fristrelevante Unterlagen

Vorzulegende Unterlage	Vorzulegender Zeitraum	Zweck
• Stromrechnungen • Netznutzungsrechnungen • Stromlieferungsverträge	letztes abgeschlossenes Geschäftsjahr des Antragstellers	Bestimmung zukünftiger Durchschnittsstrompreise und Prüfung der Strommengen
• handelsrechtlich geprüfte Jahresabschlüsse	letzte drei abgeschlossene Geschäftsjahre des Antragstellers	Gewährleistung vollständige Dokumentation und eindeutige Branchenzuordnung
Nachweis über statistische Klassifizierung nach WZ 2008 durch die statistischen Landesämter • des Unternehmens und • der beantragten Abnahmestellen einschließlich Einwilligung zur Übermittlung der Angaben durch das statistische Landesamt an das BAFA	k. A.	k. A.
Überleitungsrechnung für die Überleitung des Jahresabschlusses auf die Bruttowertschöpfung nach BAFA-Vorlage	letzte drei abgeschlossene Geschäftsjahre des Antragstellers	Transparente und nachvollziehbare Darstellung der Überleitung

(Quelle: eigene Darstellung auf Basis des BAFA Merkblatts für stromkostenintensive Unternehmen 2019, S. 25 u. S. 41)

Das IDW empfiehlt zudem eine vom Antragsteller erstellte Anlage mit den Grundsätzen zur Ermittlung des Letztverbrauchers und für die Zurechnung der Stromverbräuche Dritter dem Prüfungsvermerk beizufügen.[116]

Der Begrenzungsbescheid (gebundener Verwaltungsakt) ergeht für das dem Antragsjahr folgende Begrenzungsjahr (§ 66 Abs. 4 S. 2 EEG 2017).[117] Er ergeht mit Wirkung gegenüber dem stromkostenintensiven Unternehmen (Antragsteller) sowie seinem beliefernden Elektrizitätsversorgungsunternehmen und regelverantwortlichen ÜNB (§ 66 Abs. 4 S. 2 EEG 2017). Der Antragsteller erhält den Originalbescheid und die weiteren Akteure er-

---

115 Vgl. *BAFA*, Merkblatt für stromkostenintensive Unternehmen 2019, S. 26.
116 Vgl. *IDW*, IDW PH 9.970.10 (2019), Tz. 9.
117 Vgl. *BAFA*, Merkblatt für stromkostenintensive Unternehmen 2019, S. 75.

halten jeweils eine Zweitschrift.[118] Für das Verwaltungsverfahren sind Gebühren nach der Besondere-Ausgleichsregelung-Gebührenverordnung[119] (BAGebV) zu entrichten. Ein trotz Nichtvorlage der Voraussetzungen nach § 64 EEG 2017 bekanntgegebener Begrenzungsbescheid kann mit Wirkung für die Vergangenheit zurückgenommen werden (§ 68 Abs. 1 EEG 2017). Das BAFA behält sich vor, das Vorliegen der Voraussetzungen und die rechtmäßige Umsetzung zu überprüfen.[120] Hierfür bestehen in § 68 Abs. 2 EEG 2017 gesetzliche Auskunfts- und Betretungsrechte. Mitwirkungs- und Auskunftspflichten bestehen zudem für alle Antragsteller für die Evaluierung und Fortschreibung der §§ 63 bis 68 EEG 2017 (§ 69 EEG 2017).

2.2.3 Erhebungsverfahren

Zur Erhebung der EEG-Umlage für Stromlieferungen von EVU an begrenzten Abnahmestellen ist der zuständige ÜNB berechtigt und verpflichtet (§ 60a S. 1 EEG 2017). Auf die Zahlung der EEG-Umlage sind angemessene monatliche Abschläge zu entrichten (§ 60a S. 2 i. V. m. § 60 Abs. 1 S. 4 EEG 2017). Verfügt der Begünstigte über mehrere begrenzte Abnahmestellen mit verschiedenen zuständigen ÜNB, besteht für diese zusätzlicher Abstimmungsbedarf.[121] Diese Abstimmungen haben spätestens im Abrechnungsverfahren zu erfolgen.[122]

---

118 Vgl. *BAFA*, Merkblatt für stromkostenintensive Unternehmen 2019, S. 2; *BAFA*, Merkblatt für stromkostenintensive Unternehmen 2019, S. 75.
119 Verordnung über Gebühren und Auslagen des Bundesamtes für Wirtschaft und Ausfuhrkontrolle im Zusammenhang mit der Begrenzung der EEG-Umlage (Besondere-Ausgleichsregelung-Gebührenverordnung – BAGebV) vom 5 März 2013 (BGBl. I 2013, S. 448), die zuletzt durch die Verordnung vom 17. Dezember 2018 (BGBl. I 2018, S. 2500) geändert wurde, im Weiteren nur noch BAGebV.
120 Vgl. *BAFA*, Merkblatt für stromkostenintensive Unternehmen 2019, S. 75.
121 Vgl. *Ahnsehl*, in *Säcker*, BerlKommEnR, Band 6, § 60a EEG, Tz. 5.
122 Vgl. *Ahnsehl*, in *Säcker*, BerlKommEnR, Band 6, § 60a EEG, Tz. 5.

Die Erhebung der EEG-Umlage für selbsterzeugten Strom (Eigenversorgung) erfolgt bei begrenzten Abnahmestellen durch den zuständigen ÜNB (§ 61j Abs. 1 Nr. 2 EEG 2017). Bei nicht begrenzten Abnahmestellen verbleibt die Zuständigkeit, sofern keine andere Ausnahme des § 61j gilt, bei dem Netzbetreiber, an dessen Netz die Stromerzeugungsanlage angeschlossen ist (§ 61j Abs. 2 Nr. 1 EEG 2017).[123]

2.2.4 Abrechnungsverfahren

Nach § 70 EEG 2017 müssen sich Anlagenbetreiber, Betreiber von Stromerzeugungsanlagen, Netzbetreiber, Letztverbraucher und EVU untereinander die Daten für den bundesweiten Ausgleich (§§ 56 bis 62 EEG 2017) zur Verfügung stellen. Nur so ist die Ermittlung der EEG-Umlage durch die ÜNB möglich.[124] Hierfür haben stromkostenintensive Unternehmen bis zum 31. Mai des auf das Begrenzungsjahr folgenden Jahres (Abrechnungsjahr) verschiedene Informationen elektronisch zur Verfügung zu stellen.

Tabelle 13: Meldepflichten an den ÜNB im Abrechnungsjahr

Rechtsgrundlage	Information
§ 60a S. 2 i. V. m. § 74 Abs. 2 EEG 2017	Meldung der an die begrenzte(n) Abnahmestelle(n) gelieferten Strommengen
§ 60a S. 4 EEG 2017	Meldung der an die begrenzte(n) Abnahmestelle(n) liefernden EVU
§ 74a Abs. 2 EEG 2017 i. V. m. § 61j Abs. 1 Nr. 2 EEG 2017	*bei Eigenversorgern:* Meldung der an begrenzte(n) Abnahmestelle(n) produzierten und verbrauchten Strommengen

(Quelle: eigene Darstellung)

Die ÜNB stellen hierfür elektronische Portale und Informationsmaterial zur Verfügung.

---

123 Vgl. *IDW*, IDW PH 9.970.12 (2019), Tz. 5.
124 Vgl. *IDW*, IDW PH 9.970.12 (2019), Tz. 3.

Tabelle 14: Internetadressen der Übertragungsnetzbetreiber für die Abrechnung der EEG-Umlage

Übertragungsnetzbetreiber	Internetadresse
50Hertz Transmission GmbH	https://energy-extranet.50hertz.com/
AMPRION GmbH	https://www.amprion.net/Strommarkt/Abgaben-und-Umlage n/EEG/Registrierung-EEG-Umlage.html
TenneT TSO GmbH	https://www.tennet.eu/de/strommarkt/strommarkt-in-deutsch land/eeg-kwkg/erneuerbare-energien-gesetz/abwicklung-evu-le tztverbraucher/
TransnetBW GmbH	https://www.transnetbw.de/de/eeg-kwkg/kwkg/unternehmen-nach-der-besonderen-ausgleichsregelung

(Quelle: eigene Darstellung – Die angegebenen Internetadressen wurden letztmals am 12. Juli 2019 geprüft.)

Die übrigen umlagepflichtigen Eigenversorgungsmengen bzw. alle Mengen bei Stromspeichern sind grundsätzlich an den Netzbetreiber, an dessen Netz die betroffene Stromerzeugungsanlage angeschlossen ist, zu melden (§ 74a Abs. 2 i. V. m. § 61j Abs. 2 EEG 2017).[125] Bei Verteilnetzbetreibern (VNB) endet die Frist am 28. Februar und bei ÜNB am 31. Mai (§ 74a Abs. 2 S. 4 u. 5 EEG 2017). Soweit möglich sollten fristgleiche Endabrechnungen bei Vorhandensein verschiedener Marktrollen in einer gemeinsamen Aufstellung erfolgen.[126] Ein Muster für die Abrechnung findet sich in Anlage 1 des IDW PH 9.970.12.

---

125 Vgl. *IDW*, IDW PH 9.970.12 (2019), Tz. 5.
126 Vgl. *IDW*, IDW PH 9.970.12 (2019), Tz. 7.

Abbildung 6: Einordnung der EEG-umlagepflichtigen Sachverhalte zu den verschiedenen EEG-Endabrechnungen

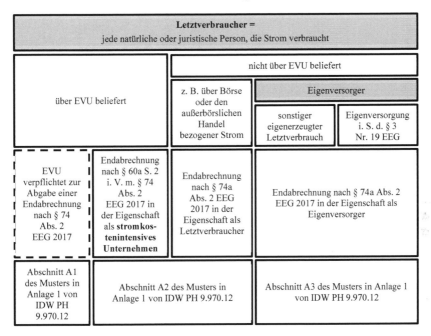

(Quelle: IDW PH 9.970.12 (2019), Abb. 2)

Bei Eigenversorgern ist darauf zu achten, dass Endabrechnungen gegenüber VNB und ÜNB nicht zusammengefasst werden können.[127] Zudem können die Netzbetreiber die Prüfung durch Wirtschaftsprüfer_innen, Wirtschaftsprüfungsgesellschaften, vereidigte Buchprüfer_innen, Buchprüfungsgesellschaften oder genossenschaftliche Prüfungsverbände verlangen (§ 75 S. 2 EEG 2017). Die Kosten trägt das stromkostenintensive Unternehmen.[128]

---

127 Vgl. *IDW*, IDW PH 9.970.12 (2019), Tz. 8.

128 *BReg*, Entwurf eines Gesetzes zur Neuregelung des Rechts der Erneuerbaren Energien im Strombereich und zur Änderung damit zusammenhängender Vorschriften, S. 70.

2.3 Entlastung für stromkostenintensive Unternehmen nach § 27 Abs. 1 KWKG

Die KWKG-Umlage kann für stromkostenintensive Unternehmen in Kalenderjahren begrenzt werden, in denen für sie die EEG-Umlage nach § 63 Nr. 1 i. V. m. § 64 EEG 2017 begrenzt ist (§ 27 Abs. 1 S. 1 i. V. m. Abs. 3 KWKG). Durch die Akzessorietät[129] sollten unter anderem das KWKG und das EEG 2017 im Interesse eines konsistenten Energierechts stärker aneinander angepasst werden.[130]

Die Begrenzung der KWKG-Umlage erfolgt in entsprechender Anwendung des § 64 Abs. 2 EEG 2017 (§ 27 Abs. 1 S. 2 KWKG). Je begrenzter Abnahmestelle wird die KWKG-Umlage erst für die eine Gigawattstunden überschreitende selbstverbrauchte Strommenge begrenzt. Voraussetzung ist, dass die volle KWKG-Umlage für die selbstverbrauchte Strommenge bis einschließlich einer Gigawattstunde bezahlt wurde (Selbstbehalt). Fraglich ist, ob zur Ermittlung des Selbstbehalts die umlagepflichtige selbstverbrauchte Strommenge nach EEG 2017 oder nach KWKG maßgeblich ist. Da § 27 KWKG die Begrenzung der KWKG-Umlage bezweckt, sind nach KWKG umlagepflichtige selbstverbrauchte Strommengen zu berücksichtigen.[131]

---

129 Vgl. *Lohmann*, in *Assmann; Pfeiffer*, KWKG, § 27 KWKG, Tz. 17.

130 *BReg*, Entwurf KWKStrRÄndG, S. 2.

131 Vgl. *Lohmann*, in *Assmann; Pfeiffer*, KWKG, § 27 KWKG, Tz. 69; *Küper; Goldberg*, in *Säcker*, BerlKommEnR, Band 5, § 27 KWKG, Tz. 39., die die KWKG-Umlage ohne Problematisierung als Bezugsgröße benennen; *BDEW*, Umsetzungshilfe zum Kraft-Wärme-Kopplungsgesetz - KWKG 2016, S. 78.

Die Begrenzung selbst erfolgt in drei Schritten (§ 27 Abs. 1 S. 2 KWKG i. V. m. § 64 EEG 2017).

1. Schritt: Begrenzung der Höhe des KWKG-Umlagesatzes je Kilowattstunde.

Abbildung 7: Begrenzung der KWKG-Umlage je Abnahmestelle oberhalb des Selbstbehalts i. H. v. 1 GWh (§ 27 Abs. 1 S. 2 KWKG i. V. m. § 64 Abs. 2 Nr. 2 EEG 2017)

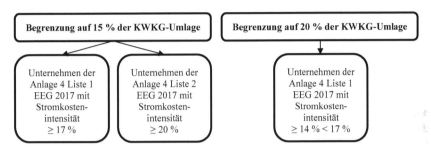

(Quelle: eigene Darstellung)

2. Schritt: Begrenzung der zu zahlenden KWKG-Umlage für alle auf 15 % begrenzten Abnahmestellen zusammen[132]

Abbildung 8: Cap und Super-Cap (§ 27 Abs. 1 S. 2 KWKG i. V. m. § 64 Abs. 2 Nr. 3 EEG 2017)

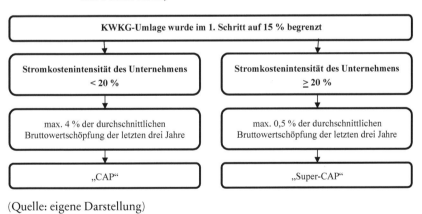

(Quelle: eigene Darstellung)

---

132 *Ausschuss für Wirtschaft und Energie,* Beschlussempfehlung zum EEG 2014, S. 211.

Fraglich ist, ob hinsichtlich der Berechnung des „Caps" und des „Super-Caps" die KWKG-Umlage allein oder zusammen mit der EEG-Umlage zu berücksichtigen ist. Es wird vertreten, dass eine getrennte Berechnung je Umlageart aufgrund des Verweiswortlauts in § 27 Abs. 1 S. 2 KWKG und der fehlenden eigenständigen Bezugsgrößen in § 27 KWKG ausgeschlossen ist.[133] Ansonsten käme es durch die geringere Höhe der KWKG-Umlage zum deutlichen Auseinanderfallen der Begrenzungen nach KWKG und EEG 2017.[134] Diese Argumentation ist meines Erachtens überzeugend und folgerichtig. Hätte der Gesetzgeber eine andere Berechnung gewünscht, hätte er eine entsprechende Regelung eingeführt.

3. Schritt: Festlegung mindestens zu zahlender KWKG-Umlage

Die Mindesthöhe der zu entrichtenden KWKG-Umlage des begrenzten Unternehmens beträgt 0,03 Ct/kWh für den 1 GWh überschreitenden Stromanteil je Abnahmestelle (§ 27 Abs. 1 S. 2 Nr. 2 KWKG). Abweichend von § 64 Abs. 2 Nr. 4 EEG 2017 wird bei der Mindesthöhe der zu zahlenden KWKG-Umlage je Abnahmestelle kein Unterschied nach der Branchenzuordnung der Abnahmestelle vorgenommen.

2.3.1 Antragsvoraussetzungen

Zur Erfüllung der Antragsvoraussetzungen müssen die im Gliederungspunkt *2.2.1 Antragsvoraussetzungen* dargestellten Voraussetzungen des § 63 Nr. 1 i. V. m. § 64 EEG 2017 zur Begrenzung der EEG-Umlage erfüllt sein und ein Begrenzungsbescheid des BAFA vorliegen.[135] Hierfür sind die nach EEG 2017 umlagepflichtigen selbstverbrauchten Strommengen maßgeblich.[136] Nach § 2 Nr. 28 KWKG ist ein stromkostenintensives Unternehmen ein Unternehmen oder ein selbständiger Unternehmensteil, für die das BAFA abnahmestellenbezogen die EEG-Umlage für selbstverbrauchten Strom nach § 63 Nr. 1 i. V. m. § 64 EEG 2017 für das jeweilige Kalenderjahr begrenzt hat. Ein Unternehmen ist ein Rechtsträger, der unter Beteiligung am allgemeinen wirtschaftlichen Verkehr einen nach Art und Umfang in kaufmännischer Weise eingerichteten Geschäftsbetrieb nachhaltig mit eigener Gewinnerzielungsabsicht betreibt (§ 2 Nr. 29a KWKG i. V. m.

---

133 Vgl. *Lohmann*, in *Assmann; Pfeiffer*, KWKG, § 27 KWKG, Tz. 76.
134 Vgl. *Lohmann*, in *Assmann; Pfeiffer*, KWKG, § 27 KWKG, Tz. 76.
135 *BReg*, Entwurf KWKStrRÄndG, S. 87.
136 Vgl. *Lohmann*, in *Assmann; Pfeiffer*, KWKG, § 27 KWKG, Tz. 55.

§ 3 Nr. 47 EEG 2017).[137] Das Vorliegen des Begrenzungsbescheides ist notwendig, da die Erfüllung der Voraussetzungen nach § 64 EEG 2017 nicht automatisch zur Begrenzung der KWKG-Umlage führt.[138] Dieses ergibt sich nicht unmittelbar aus § 27 Abs. 1 S. 1 KWKG sondern aus der Definition nach § 2 Nr. 28 KWKG.[139] Maßgeblich für das Vorliegen des EEG-Begrenzungsbescheids ist die Bekanntgabe, d. h. die Wirksamkeit nach § 43 Abs. 1 VwVfG.[140]

2.3.2 Antragsverfahren

Unternehmen müssen gemäß § 27 Abs. 3 S. 1 Nr. 1 KWKG dem BAFA im Rahmen des Antrags auf Begrenzung der EEG-Umlage folgende Angaben abnahmestellenbezogen und kumulativ für das Begrenzungsjahr mitteilen:

Tabelle 15: Notwendige Antragsangaben gem. § 27 Abs. 3 S. 1 Nr. 1 KWKG zur Begrenzung der KWKG-Umlage

a)	für das folgende Kalenderjahr prognostizierte Strommengen, für die die KWKG-Umlage begrenzt wird, aufgeschlüsselt nach Kalendermonaten und Abnahmestellen
b)	für das folgende Kalenderjahr prognostizierte Strommengen, die an den unter Buchstabe a genannten Abnahmestellen an Dritte weitergeleitet werden
c)	für das folgende Kalenderjahr prognostizierter Höchstbetrag nach § 64 Abs. 2 Nr. 3 lit. a) oder b) EEG 2017
d)	Netzbetreiber, an deren Netz die unter Buchstabe a genannten Abnahmestellen unmittelbar oder mittelbar angeschlossen sind

(Quelle: Weingarten, WPg 2017, S. 328 Übersicht 4)

Anders als bei der Begrenzung der EEG-Umlage erfolgt keine Begrenzungsentscheidung des BAFAs.[141] Die gesammelten Daten leitet es lediglich nach Ablauf der Antragsfrist unverzüglich an die ÜNB weiter (§ 26a Abs. 2 Nr. 2 lit. b) KWKG).

---

137 *BReg*, Entwurf KWKStrRÄndG, S. 88.
138 Vgl. *Küper; Goldberg*, in *Säcker*, BerlKommEnR, Band 5, § 27 KWKG, Tz. 20.
139 Vgl. *Küper; Goldberg*, in *Säcker*, BerlKommEnR, Band 5, § 27 KWKG, Tz. 20.
140 Vgl. *Küper; Goldberg*, in *Säcker*, BerlKommEnR, Band 5, § 27 KWKG, Tz. 21.
141 Vgl. *BAFA*, Hinweise zum Antragsverfahren der Besonderen Ausgleichsregelung und der KWKG-Umlage und Offshore-Netzumlage, S. 4; a.A. *Lohmann*, in *Assmann; Pfeiffer*, KWKG, § 27 KWKG, Tz. 18. mit Verweis auf das BAFA-Merkblatt für stromkostenintensive Unternehmen 2017, S. 51.

Fraglich ist, ob fehlende Antragsangaben nach § 27 Abs. 3 S. 1 Nr. 1 KWKG einen möglichen Anspruch des Antragsstellers auf Begrenzung der KWKG-Umlage verwirken.[142] Hierzu wird vertreten, dass das BAFA bei nicht oder nicht fristgerecht erfolgten Angaben die Daten schätzen darf.[143] Ursächlich hierfür soll der Verweis auf die Schätzungsbefugnis in § 26a Abs. 4 KWKG sein (§ 27 Abs. 3 S. 2).[144] Eine mögliche Schätzung wird vom BAFA sowohl im Merkblatt zur Begrenzung der EEG-Umlage als auch in den erstmals im Antragsjahr 2019 veröffentlichten Hinweisen zur Begrenzung der KWKG-Umlage und Offshore-Netzumlage nicht thematisiert. Es weist im Gegenteil daraufhin, dass eine Begrenzung der KWKG-Umlage u. a. nur bei Einreichung der Daten nach § 27 Abs. 3 S. 1 Nr. 1 KWKG im Rahmen der Antragstellung zur Begrenzung der EEG-Umlage erfolgen kann.[145] Das BAFA wird nach Ablauf der materiellen Ausschlussfrist keine nachträglichen Meldungen über Prognosemengen annehmen und an die ÜNB weiterleiten.[146]

In der im Jahr 2018 verabschiedeten BDEW-Umsetzungshilfe wird ausgeführt, dass der Antragsteller die Daten nach § 27 Abs. 3 S. 1 Nr. 1 KWKG an das BAFA übermitteln müsse, sofern er eine Begrenzung der KWKG-Umlage wünsche.[147] Es führt jedoch aus, dass nicht oder nicht fristgerecht mitgeteilte Daten, von den ÜNB zur Festlegung der unterjährig zu leistenden Umlagezahlungen auf Basis von § 27 Abs. 3 S. 2 i. V. m. § 26 Abs. 4 KWKG geschätzt werden dürfen.[148]

Regelungsziel von § 27 Abs. 3 S. 1 Nr. 1 KWKG ist die Zurverfügungstellung von Datengrundlagen für die Prognose der KWKG-Umlage und der Festlegung von Abschlagzahlungen.[149] Meines Erachtens ist zwischen der Datenmeldung zur unterjährigen Begrenzung und der endgültigen Begrenzung mittels Abrechnung zu unterscheiden. Schließlich ist eine separate Antragstellung zur Begrenzung der KWKG-Umlage nicht erforder-

---

142 Vgl. *Küper; Goldberg*, in *Säcker*, BerlKommEnR, Band 5, § 27 KWKG, Tz. 40.

143 Vgl. *Küper; Goldberg*, in *Säcker*, BerlKommEnR, Band 5, § 27 KWKG, Tz. 41; *Lohmann*, in *Assmann; Pfeiffer*, KWKG, § 27 KWKG, Tz. 103.

144 Vgl. *Küper; Goldberg*, in *Säcker*, BerlKommEnR, Band 5, § 27 KWKG, Tz. 41.

145 Vgl. *BAFA*, Merkblatt für stromkostenintensive Unternehmen 2019, S. 46.

146 Vgl. *BAFA*, Hinweise zum Antragsverfahren der Besonderen Ausgleichsregelung und der KWKG-Umlage und Offshore-Netzumlage, S. 2–3.

147 Vgl. *BDEW*, Umsetzungshilfe zum Kraft-Wärme-Kopplungsgesetz - KWKG 2016, S. 72.

148 Vgl. *BDEW*, Umsetzungshilfe zum Kraft-Wärme-Kopplungsgesetz - KWKG 2016, S. 72.

149 *BReg*, Entwurf KWKStrRÄndG, S. 89.

lich.[150] Es gibt lediglich Mitteilungspflichten gegenüber dem zuständigen ÜNB.[151] Diese Differenzierung wurde schon für den Übergang auf das neue Entlastungsregime im Kalenderjahr 2017 vorgenommen (§ 36 Abs. 4 KWKG).[152] Maßgeblich für den Erhalt der endgültigen Begrenzung ist das Abrechnungsverfahren. Hierfür wurde mit § 27 Abs. 3 S. 1 Nr. 2 KWKG eine eigene Meldepflicht eingeführt.[153] Folglich können durch die fehlende Datenmeldung gegenüber dem BAFA oder Schätzung durch die ÜNB nur vorübergehende Liquiditätsnachteile entstehen. Ein Ausgleich erfolgt im Rahmen des Abrechnungsverfahrens zwischen ÜNB und begünstigtem Unternehmen.

Zur Vermeidung von Rechtsstreitigkeiten mit den ÜNB sollte der Antragsteller aber aus eigenem Interesse die entsprechenden Daten fristgerecht dem BAFA melden.

2.3.3 Erhebungsverfahren

Die begrenzte KWKG-Umlage wird durch die zuständigen ÜNB erhoben (§ 27 Abs. 2 KWKG). Die Erhebung als eigenständige von den übrigen Netzentgelten entkoppelte Umlage erfolgt auf Basis eines gesetzlichen Anspruchs.[154] § 27 Abs. 2 KWKG ist das Pendant zu § 60a EEG 2017;[155] sein Anwendungsbereich ist jedoch weiter gefasst.[156]

---

150 Vgl. *Viehweger*, KWKG-, StromNEV- u. Offshore-Haftungsumlage, WPg 2018, S. 141 (142). ohne das die Problematik dort diskutiert wird.

151 Vgl. *Viehweger*, KWKG-, StromNEV- u. Offshore-Haftungsumlage, WPg 2018, S. 141 (142). ohne das die Problematik dort diskutiert wird.

152 Vgl. hierzu auch die Begründung in: *BReg*, Entwurf KWKStrRÄndG, S. 105.

153 *BReg*, Entwurf KWKStrRÄndG, S. 89.

154 *BReg*, Entwurf KWKStrRÄndG, S. 88; vgl. auch: *Günther*, KWKG 2017 und Überarbeitung EEG-Eigenversorgung, ER 2017, S. 3 (5); *Lohmann*, in *Assmann; Pfeiffer*, KWKG, § 27 KWKG, Tz. 96., mit Aussage zum gesetzlichen Anspruch; *Weingarten*, Änderungen Begrenzung KWKG-Umlage, WPg 2017, S. 328 (331).

155 *BReg*, Entwurf KWKStrRÄndG, S. 88.

156 Vgl. *Faßbender; Riggert*, KWKG-Umlage für privilegierte Letztverbraucher (Teil 2), IR S. 74 (76).

Tabelle 16: Erhebungsberechtigungen für Übertragungsnetzbetreiber

Erhebungsberechtigung	Höhe der KWKG-Umlage	Bezeichnung
§ 27 Abs. 2 KWKG	begrenzt	Standardfall
§ 27 Abs. 2a Nr. 1 KWKG	unbegrenzt	Weiterleitungsfall
§ 27 Abs. 2a Nr. 2 KWKG	unbegrenzt	Antragsfall

(Quelle: eigene Darstellung)

Zum einen können ÜNB gemäß § 27 Abs. 2a Nr. 1 KWKG für sogenannte „Weiterleitungsfälle" zuständig sein.[157] Weiterleitungsfälle liegen vor, wenn hinter einem Netzanschluss mehrere Abnahmestellen vorhanden sind.[158] Die nicht am Netzanschluss angeschlossenen Abnahmestellen sind dabei für den Netzbetreiber unsichtbar.[159] Ist die KWKG-Umlage an der Abnahmestelle mit Netzanschluss begrenzt und an mindestens einer nachfolgenden Abnahmestelle nicht, ist der jeweils zuständige ÜNB zur Erhebung der KWKG-Umlage für die nachfolgenden Abnahmestellen zuständig (§ 27 Abs. 2a Nr. 1 KWKG). Hierdurch soll nur ein Gläubiger für die Erhebung der KWKG-Umlage zuständig sein.[160] Sofern eine nicht begrenzte Abnahmestelle über den Netzanschluss verfügt, ist diese Vereinfachung dagegen nicht anwendbar. In diesen Fällen bleibt der Netzbetreiber zur Erhebung der unbegrenzten KWKG-Umlage berechtigt (§ 26 Abs. 1 KWKG). Lediglich für die begrenzte Abnahmestelle ohne Netzanschluss erfolgt die Erhebung durch den zuständigen ÜNB nach § 27 Abs. 2 KWKG.[161] Die Erhebung durch den ÜNB bzw. Nichterhebung durch den Verteilnetzbetreiber soll anhand der Prognosedaten aus dem Antragsverfahren erfolgen.[162] Erst im Abrechnungsverfahren erfolgt eine genaue Aufteilung.[163]

Zum anderen ist der jeweils zuständige ÜNB für die Erhebung an den Abnahmestellen zuständig, für die lediglich ein Antrag auf Begrenzung der EEG-Umlage nach § 66 EEG 2017 gestellt wurde („Antragsfälle") (§ 27 Abs. 2a Nr. 2 KWKG). Die Entscheidung des BAFA ist für die Erhebungs-

---

157 *BReg*, Entwurf KWKStrRÄndG, S. 88.
158 *BReg*, Entwurf KWKStrRÄndG, S. 88.
159 *BReg*, Entwurf KWKStrRÄndG, S. 88.
160 *BReg*, Entwurf KWKStrRÄndG, S. 88.
161 Vgl. *Lohmann*, in *Assmann; Pfeiffer*, KWKG, § 27 KWKG, Tz. 96; *Faßbender; Riggert*, KWKG-Umlage für privilegierte Letztverbraucher (Teil 2), IR S. 74 (76).
162 *BReg*, Entwurf KWKStrRÄndG, S. 88.
163 *BReg*, Entwurf KWKStrRÄndG, S. 88.

kompetenz irrelevant.[164] Hiermit sollen erhebliche buchhalterische Probleme in der Praxis vermieden werden.[165]

Die zuständigen ÜNB sind zur Erhebung von unterjährigen Abschlagszahlungen auf Basis der dem BAFA nach § 27 Abs. 3 KWKG mitgeteilten Prognosedaten berechtigt (§ 27 Abs. 4 S. 1 u. 2 EEG 2017).

2.3.4 Abrechnungsverfahren

Nach Ablauf des Begrenzungsjahres erfolgt eine Endabrechnung zwischen Antragsteller und dem für die jeweilige begrenzte oder beantragte Abnahmestelle zuständigem ÜNB. Bis zum 31. Mai hat der Antragsteller den im Begrenzungsjahr aus dem Netz bezogenen und selbstverbrauchten Strom sowie an Dritte weitergeleiteten Strom elektronisch mitzuteilen (§ 27 Abs. 3 S. 1 Nr. 2 KWKG). Ansonsten ist der ÜNB zur Schätzung berechtigt (§ 27 Abs. 3 S. 2 i. V. m. § 26 Abs. 4 KWKG). Die Schätzung führt nicht zum Erlöschen der Meldepflicht.[166] Der 31. Mai ist keine Ausschlussfrist.[167]

Der ÜNB darf die Prüfung der Abrechnung durch Wirtschaftsprüfer_innen, Wirtschaftsprüfungsgesellschaften, vereidigte Buchprüfer_innen, Buchprüfungsgesellschaften oder genossenschaftliche Prüfungsverbände auf Kosten des Antragstellers verlangen (§ 30 Abs. 1 Nr. 5 KWKG).[168] Die BDEW Umsetzungshilfe geht abweichend vom Wortlaut von einer Prüfungspflicht aus, sofern die aus dem Netz bezogene Strommenge im betreffenden Jahr „pro KWKG-basierter Umlage und die EEG-umlagepflichtige Strommenge pro Regelzone" nicht weniger als 1 GWh beträgt.[169]

---

164 *Ausschuss für Wirtschaft und Energie*, Beschlussempfehlung und Bericht zum KWKStrRÄndG, S. 135.

165 *Ausschuss für Wirtschaft und Energie*, Beschlussempfehlung und Bericht zum KWKStrRÄndG, S. 135.

166 Vgl. *BDEW*, Umsetzungshilfe zum Kraft-Wärme-Kopplungsgesetz - KWKG 2016, S. 73.

167 Vgl. *BDEW*, Umsetzungshilfe zum Kraft-Wärme-Kopplungsgesetz - KWKG 2016, S. 73.

168 Vgl. *Groneberg*, in *Assmann; Pfeiffer*, KWKG, § 30 KWKG, Tz. 30; *Küper; Locher*, in *Säcker*, BerlKommEnR, Band 5, § 30 KWKG, Tz. 49; *Weingarten*, Änderungen Begrenzung KWKG-Umlage, WPg 2017, S. 328 (331).

169 Vgl. *BDEW*, Umsetzungshilfe zum Kraft-Wärme-Kopplungsgesetz - KWKG 2016, S. 88.

Die Jahresendabrechnung erfolgt durch den ÜNB bis zum 31. Juli (§ 27 Abs. 4 S. 3 KWKG). Der Zahlungsausgleich hat innerhalb von zwei Monaten nach Rechnungsstellung zu erfolgen (§ 27 Abs. 4 S. 4 KWKG).

2.4 Entlastung für stromkostenintensive Unternehmen nach § 17f EnWG

Mit Art. 1 Nr. 7 und 8 des Netzentgeltmodernisierungsgesetzes vom 17. Juli 2017[170] (NEMoG) erfolgte die Ausweitung des Anwendungsbereichs von § 17f EnWG. Durch die Ausweitung wurden die Investitionskosten für die Anbindung von Offshore-Windparks in der Ost- und Nordsee, die bisher in den Kosten der Übertragungsnetzbetreiber enthalten waren, in dem Belastungsausgleich aufgenommen.[171] Zuvor waren diese nur nach § 17d Abs. 6 EnWG unter den Übertragungsnetzbetreibern auszugleichen. Die Änderung trat gemäß Art. 6 Abs. 1 Nr. 1 NEMoG am 1. Januar 2019 in Kraft. Als Folge der Gesetzesänderung wird mittlerweile nicht mehr von Offshore-Haftungsumlage sondern von Offshore-Netzumlage gesprochen.[172] Für die Entlastung von der Offshore-Netzumlage sind gem. Art. 15 EnSaG ab dem Antragsjahr 2019 die §§ 26a bis 28 und 30 KWKG entsprechend anzuwenden.

Aufgrund des langen Vorlaufes der Gesetzesänderung ist es zwischenzeitlich zu einem Versehen des Gesetzgebers gekommen.[173] Durch Art. 1 Nr. 8 lit. c) lit. bb) NEMoG sollten § 17f Abs. 5 S. 2 u. 3 mit Wirkung zum 1. Januar 2019 durch einen neuen S. 2 ersetzt werden.

---

170 Gesetz zur Modernisierung der Netzentgeltstruktur (Netzentgeltmodernisierungsgesetz) vom 17. Juli 2017 (BGBl. I S. 2503) – Art. 1 Nr. 19 berichtigt am 31. August 2017 (BGBl. I S. 3343), im Weiteren NEMoG.

171 *Ausschuss für Wirtschaft und Energie*, Entwurf NEMoG, S. 18.

172 Vgl. u. a. *BNetzA*, Offshore-Netzumlage, Internetquelle.

173 Vgl. *Liebig*, Fehler in § 17f Abs. 5 EnWG, Internetquelle.

Tabelle 17: § 17 Abs. 5 S. 2 u. 3 in der Fassung vor und nach NEMoG

§ 17 Abs. 5 S. 2 u. 3 EnWG i. d. F. vom 23. Juli 2017 (vor NEMoG)	§ 17 Abs. 5 S. 2 EnWG i. d. F. des NEMoG
„²Für Strombezüge aus dem Netz für die allgemeine Versorgung an einer Abnahmestelle bis 1.000.000 Kilowattstunden im Jahr darf sich das Netzentgelt für Letztverbraucher durch die Umlage höchstens um 0,25 Cent pro Kilowattstunde, für darüber hinausgehende Strombezüge um höchstens 0,05 Cent pro Kilowattstunde erhöhen. ³Sind Letztverbraucher Unternehmen des Produzierenden Gewerbes, deren Stromkosten im vorangegangenen Kalenderjahr 4 Prozent des Umsatzes überstiegen, darf sich das Netzentgelt durch die Umlage für über 1.000.000 Kilowattstunden hinausgehende Lieferungen höchstens um die Hälfte des Betrages nach Satz 2 erhöhen."	„²Für den Aufschlag nach Satz 1 sind die §§ 27 bis 28 und § 30 des Kraft-Wärme-Kopplungsgesetzes anzuwenden."

(Quelle: eigene Darstellung)

Dieser Gesetzesbefehl wurde durch Art. 14 EnSaG[174] aufgehoben. Stattdessen sah Art. 3 Nr. 10 lit b) EnSaG in der Fassung der Beschlussfassung des Ausschusses für Wirtschaft und Energie die Ersetzung von § 17 Abs. 5 S. 2 und 3 EnWG vor.[175] Die Fassung im Bundesgesetzblatt befiehlt in Art. 3 Nr. 10 lit c) EnSaG lediglich die Ersetzung von § 17f Abs. 5 S. 2 EnWG.[176] Folglich blieb § 17f Abs. 5 S. 3 EnWG in der Vor-NEMoG-Fassung stehen. Hier liegt ein Redaktionsversehen vor, da gemäß Beschluss des Ausschusses für Wirtschaft und Energie § 17f Abs. 5 S. 2 und 3 weiterhin ersetzt werden sollten.[177] Der Verweis auf das KWKG nach NEMoG sollte lediglich um § 26a und 26b KWKG ergänzt werden.[178] Diese Fassung wurde laut Plenarprotokoll in zweiter und dritter Lesung verabschiedet.[179] Der verab-

---

174 Gesetz zur Änderung des Erneuerbare-Energien-Gesetzes, des Kraft-Wärme-Kopplungsgesetzes, des Energiewirtschaftsgesetzes und weiterer energierechtlicher Vorschriften vom 17. Dezember 2018 (BGBl. I 2018 S. 2549), im Weiteren nur noch EnSaG.

175 Vgl. *Ausschuss für Wirtschaft und Energie*, Beschlussempfehlung und Bericht zum EnSaG, 65 f.

176 Siehe BGBl. 2018 I S. 2564.

177 *Ausschuss für Wirtschaft und Energie*, Beschlussempfehlung und Bericht zum EnSaG, S. 106.

178 *Ausschuss für Wirtschaft und Energie*, Beschlussempfehlung und Bericht zum EnSaG, S. 106.

179 *Deutscher Bundestag*, Stenografischer Bericht 69. Sitzung, 8058D u. 8059A.

schiedete Wortlaut ist in der Unterrichtung des Bundesrates enthalten.[180] Demnach muss es in der Gesetzesausfertigung zum Fehler gekommen sein. So ist Satz 3 nicht in der Fassung des Bundesministeriums der Justiz und für Verbraucherschutz sowie des Bundesamts für Justiz enthalten.[181]

2.4.1 Antragsvoraussetzungen

Aufgrund des Gesetzesverweises auf § 27 und § 30 KWKG wird auf die Ausführungen zu den Antragsvoraussetzungen im Gliederungspunkt *2.3.1* verwiesen.

2.4.2 Antragsverfahren

Aufgrund des Gesetzesverweises auf § 27 und § 30 KWKG wird auf die Ausführungen zum Antragsverfahren im Gliederungspunkt *2.3.2* verwiesen.

2.4.3 Erhebungsverfahren

Aufgrund des Gesetzesverweises auf § 27 und § 30 KWKG wird auf die Ausführungen zum Erhebungsverfahren im Gliederungspunkt *2.3.3* verwiesen.

2.4.4 Abrechnungsverfahren

Aufgrund des Gesetzesverweises auf § 27 und § 30 KWKG wird auf die Ausführungen zum Abrechnungsverfahren im Gliederungspunkt *2.3.4* verwiesen.

---

180 *Deutscher Bundestag,* Gesetzesbeschluss, S. 24.
181 Vgl. *BMJV, BfJ (Hrsg.),* Gesetze im Internet - EnWG, § 17f Abs. 5, Internetquelle.

2.5 Entlastung für Großverbraucher nach § 19 Abs. 2 S. 2 bis 4 StromNEV

In § 19 StromNEV finden sich wohl die rechtspolitisch strittigsten Regelungen der StromNEV.[182] Zweck der Sonderfälle ist die Bildung individueller Netzentgelte bei deutlich von den Annahmen in § 17 StromNEV abweichenden Lastverläufen bzw. Leistungsaufnahmen.[183]

Tabelle 18: Sonderfälle gem. § 19 StromNEV

Sonderfall		Fundstelle
Sonderfall 1:	Zeitlich begrenzte hohe Leistungsaufnahme	§ 19 Abs. 1 StromNEV
Sonderfall 2:	Erhebliche Abweichung von der zeitgleichen Jahreshöchstlast	§ 19 Abs. 2 S. 1 StromNEV
Sonderfall 3:	Hohe Benutzungsstundenzahl und hoher Stromverbrauch	§ 19 Abs. 2 S. 2 bis 4 StromNEV
Sonderfall 4:	Singulär genutzte Betriebsmittel	§ 19 Abs. 3 StromNEV
Sonderfall 5:	Stromspeicher	§ 19 Abs. 4 StromNEV

(Quelle: eigene Darstellung auf Basis der Gliederung von Mohr, in BerlKommEnR, § 19 StromNEV Tz. 13 bis 31)

Einzige allgemeine direkte Entlastungsregelung ist Sonderfall 3 "Hohe Benutzungsstundenzahl und hoher Stromverbrauch".[184] Hiernach ist dem Letztverbraucher ein individuelles Netzentgelt anzubieten, wenn seine für den Eigenverbrauch aus dem Netz der allgemeinen Versorgung an einer Abnahmestelle entnommene Strommenge mehr als 10 GWh und die Benutzungsstundenzahl mindestens 7.000 Benutzungsstunden betragen. Der tatsächliche Beitrag zur Netzstabilität ist aufgrund der Schwellenwerte irrelevant.[185]

---

182 Vgl. *Mohr*, in *Säcker*, BerlKommEnR, Band 3, § 19 StromNEV, Tz. 4.
183 *BReg*, Verordnung über die Entgelte für den Zugang zu Elektrizitätsversorgungsnetzen (Stromnetzentgeltverordnung - StromNEV), S. 40.
184 Siehe Gliederungspunkt 1.2: Ziel und Eingrenzung der Arbeit.
185 Vgl. *Fabritius; Goldberg*, Individuelle Netzentgelte, S. 374.

Tabelle 19 Mindestnetzentgelte bei hoher Benutzungsstundenzahl und hohem Stromverbrauch

Benutzungsstundenzahl	Mindestpreis
≥ 7.000 h p.a.	20 % des veröffentlichten Netzentgeltes
≥ 7.500 h p.a.	15 % des veröffentlichten Netzentgeltes
≥ 8.000 h p.a.	10 % des veröffentlichten Netzentgeltes

(Quelle: eigene Darstellung)

Das individuelle Netzentgelt soll den Großverbraucher für seinen Beitrag zur Netzstabilität belohnen und seinen nachhaltigen Beitrag zu den Netzentgelten erhalten.[186] Für Letzteres muss der Verbleib im Netz der allgemeinen Versorgung wirtschaftlich günstiger als die Herstellung einer Direktleitung zu einer höheren Netzebene sein.[187] Jedoch dürfen die Mindestpreise gem. § 19 Abs. 2 S. 3 StromNEV nicht unterschritten werden.

2.5.1 Antragsvoraussetzungen

Netzbetreiber haben einem Großverbraucher, der die Voraussetzungen des § 19 Abs. 2 S. 2 StromNEV erfüllt, ein individuelles Netzentgelt anzubieten.

Tabelle 20: Voraussetzungen nach § 19 Abs. 2 S. 2 StromNEV

1. Stromentnahme aus Netz der allgemeinen Versorgung
2. für den eigenen Verbrauch
3. an einer Abnahmestelle
4. erreicht p.a.:   > 10.000 GWh Verbrauch ≥ 7.000 Benutzungsstunden (Benutzungsdauer)

(Quelle: eigene Darstellung)

Definitionen der Abnahmestelle und der Benutzungsstunden erfolgen in § 2 StromNEV. Zur sachgerechten Ermittlung individueller Netzentgelte nach § 19 Abs. 2 S. 2 bis 4 StromNEV ist zusätzlich der Beschluss nach § 29 Abs. 1 EnWG der vierten Beschlusskammer der BNetzA zu beachten.[188]

---

186 *BGH*, Beschluss vom 13. Dezember 2016 – EnVR 38/15 (Tz. 17).
187 *BGH*, Beschluss vom 13. Dezember 2016 – EnVR 38/15 (Tz. 17).
188 *BNetzA*, Beschluss vom 11. Dezember 2013 – BK4-13-739; zuletzt geändert durch *BNetzA*, Beschluss vom 29. November 2017 – BK4-13-739A02. S. 1.

Tabelle 21: Definitionen in § 2 StromNEV für die Voraussetzungen nach § 19
Abs. 2 S. 2 bis 4 StromNEV

Voraussetzung	Definition
Abnahmestelle (§ 2 Nr. 1)	Summe aller räumlich und physikalisch zusammenhängenden elektrischen Einrichtungen eines Letztverbrauchers, die sich auf einem sich abgeschlossenen Betriebsgelände befinden und über einen oder mehrere Entnahmepunkte mit dem Netz des Netzbetreibers verbunden sind
Entnahmestelle (§ 2 Nr. 6)	Ort der Entnahme elektrischer Energie aus einer Netz- oder Umspannebene durch Letztverbraucher, Weiterverteiler oder die jeweils nachgelagerte Netz- oder Umspannebene
Benutzungsdauer (§ 2 Nr. 3)	Quotient aus pro Jahr entnommener oder eingespeister elektrischer Arbeit und der in diesem Jahr höchsten Last der Entnahme oder Einspeisung
Jahreshöchstlast (§ 2 Nr. 7)	höchster Leistungswert einer oder mehrerer Entnahmen aus einer Netz- oder Umspannebene oder einer oder mehrerer Einspeisungen im Verlauf eines Jahres

(Quelle: eigene Darstellung)

Die Bestimmung der Stromkennzahlen kann kaufmännisch-bilanziell erfolgen.[189] Hierbei werden auch selbst produzierte und verbrauchte Strommengen, die physikalisch nicht in das Netz der allgemeinen Versorgung eingespeist aber kaufmännisch veräußert werden, berücksichtigt.[190] Sind die Voraussetzungen des § 19 Abs. 2 S. 2 StromNEV erfüllt, kann der Letztverbraucher vom Netzbetreiber die Berechnung seines Letztverbraucherbeitrags verlangen.[191]

Die Berechnung des Letztverbraucherbeitrags hat auf physikalischem Pfad zu erfolgen.[192] Hierbei wird ausgehend vom Netzanschlusspunkt des Letztverbrauchers eine fiktive Leitungsnutzung bis zur geeigneten Stromerzeugungsanlage bzw. zum geeigneten Netzknotenpunkt auf bereits existierenden Trassen ermittelt.[193] Das Delta zwischen den Kosten der fiktiven Leitungsnutzung und den grundsätzlich zu zahlenden allgemeinen Netzentgelten ergibt den Letztverbraucherbeitrag zur Senkung oder Vermeidung der Erhöhung der Netzkosten für die jeweilige Netzebene.[194] Diese

---

189 *BNetzA*, Beschluss vom 29. November 2017 – BK4-13-739A02. S. 1 (1).
190 Vgl. *Lübke*, Netzentgeltbefreiung nach § 19 Abs. 2 S. 2 StromNEV, EWeRK 2012, S. 226 (228–229); mit Beispiel: *Voß; Wagner; Hartmann*, Ermittlung individueller Netzengelte, IR 2014, S. 76 (80); *Meyer; Kneuper*, kaufmännisch-bilanzielle Verrechnung, N&R 2015, S. 136 (136).
191 *BNetzA*, Beschluss vom 11. Dezember 2013 – BK4-13-739 (6).
192 *BNetzA*, Beschluss vom 11. Dezember 2013 – BK4-13-739 (6).
193 *BNetzA*, Beschluss vom 11. Dezember 2013 – BK4-13-739 (6).
194 *BNetzA*, Beschluss vom 11. Dezember 2013 – BK4-13-739 (6).

Berechnungsmethode wurde durch den Bundesgerichtshof (BGH) bestätigt.[195]

Bei positivem Letztverbraucherbeitrag hat der Netzbetreiber dem Letztverbraucher ein individuelles Netzentgelt anzubieten.[196]

2.5.2 Antragsverfahren

Das „Antragsverfahren" besteht aus vier Schritten.

1. Schritt: Ermittlung der Überschreitung der Schwellenwerte
Der Letztverbraucher prüft das Vorliegen der Voraussetzungen nach § 19 Abs. 2 S. 2 StromNEV. Im in der Beschlussbegründung genannten Beispiel werden hierzu die Vorjahresdaten verwendet.[197]

2. Schritt: Antrag auf Berechnung des Letztverbraucherbeitrags
Sind die Voraussetzungen nach § 19 Abs. 2 S. 2 StromNEV erfüllt, hat der Letztverbraucher beim Netzbetreiber die Berechnung seines Letztverbraucherbeitrags zu beantragen. Für die Berechnung stellt die BNetzA eine Vorlage zur Verfügung.[198]

3. Schritt: Vereinbarung über ein individuelles Netzentgelt
Ergibt die Berechnung einen positiven Letztverbraucherbeitrag, hat der Netzbetreiber dem Letztverbraucher eine Vereinbarung über ein individuelles Netzentgelt anzubieten (§ 19 Abs. 2 S. 4 StromNEV). Gegenstand der Vereinbarung ist insbesondere die Erhebung des individuellen Netzentgelts.[199]

4. Schritt: Anzeige der Vereinbarung bei der BNetzA
Die Vereinbarung über das individuelle Netzentgelt ist durch den Letztverbraucher unter Beifügung aller zur Beurteilung der Voraussetzung notwendigen Unterlagen bei der BNetzA schriftlich anzuzeigen (§ 19 Abs. 2 S. 7, 11 u. 12 Hs. 1 StromNEV). Die Anzeige durch den Letztverbraucher

---

195 *BGH*, Beschluss vom 13. Dezember 2016 – EnVR 34/15 (Tz. 13).
196 *BNetzA*, Beschluss vom 11. Dezember 2013 – BK4-13-739 (6).
197 *BNetzA*, Beschluss vom 11. Dezember 2013 – BK4-13-739 (36).
198 *BNetzA*, Berechnungstool § 19 Abs. 2 S. 2 StromNEV, Internetquelle.
199 *BNetzA*, Beschluss vom 11. Dezember 2013 – BK4-13-739 (36).

ist auch bei einem all-inclusive-Vertrag zulässig.[200] Die für die Anzeige notwendigen Unterlagen sind ihm vom Netzbetreiber unverzüglich zur Verfügung zu stellen (§ 19 Abs. 2 S. 12 Hs. 2 StromNEV). Die Anzeige muss bis zum 30. September des Entlastungsjahres bei der BNetzA erfolgen.[201] Eine Eingangsbestätigung wird auf Wunsch erteilt.[202] Unvollständige oder nicht fristgerecht eingereichte Anzeigen werden abgelehnt und können erst wieder für das Folgejahr eingereicht werden.[203]

Die BNetzA stellt Letztverbrauchern für die Anzeige allgemeine Informationen einschließlich Checkliste[204] sowie ein FAQ[205] zur Verfügung. Für die Anzeige hält sie eine EXCEL-Vorlage bereit.[206] Pro beantragter Abnahmestelle ist eine Anzeige zu erstellen.[207] Die Anzeige ist der BNetzA elektronisch per E-Mail und schriftlich zu übermitteln.[208] Die Zusammensetzung des E-Mail-Betreffs und die E-Mail-Adresse sind von der BNetzA vorgegeben.[209] Das per E-Mail versandte Dokument ist im Anschluss auszudrucken, zu unterschreiben und per Post an die von der BNetzA vorgegebene Anschrift zu senden.[210] Der postalische Eingang ist für die Fristwahrung maßgeblich.[211]

Aufgrund der Festlegung der Kriterien zur sachgerechten Ermittlung des individuellen Netzentgeltes der BNetzA bedarf die Vereinbarung keiner Genehmigung (§ 19 Abs. 2 S. 7 StromNEV). Angezeigte rechtswidrige Vereinbarungen können von der BNetzA untersagt werden (§ 19 Abs. 2 S. 8 StromNEV). Rechtswidrig sind insbesondere Vereinbarungen, bei denen die Voraussetzungen nach § 19 Abs. 2 S. 2 StromNEV und die Festlegung zur sachgerechten Ermittlung der BNetzA nicht beachtet werden

---

200 *BNetzA*, Beschluss vom 11. Dezember 2013 – BK4-13-739 (51).
201 *BNetzA*, Beschluss vom 11. Dezember 2013 – BK4-13-739 (47–48).
202 Vgl. *BNetzA*, FAQ - Häufig gestellte Fragen zur Festlegung hinsichtlich der sachgerechten Ermittlung individueller Entgelte nach § 19 Abs. 2 StromNEV (BK4-13-739) vom 11. Dezember 2013, Frage 3.
203 *BNetzA*, Beschluss vom 11. Dezember 2013 – BK4-13-739 (47–48); vgl. kritisch hierzu *Voß; Wagner; Hartmann*, Ermittlung individueller Netzengelte, IR 2014, S. 76 (77–78).
204 *BNetzA*, Ergänzende Informationen für die Anzeige.
205 *BNetzA*, FAQ - Häufig gestellte Fragen zur Festlegung hinsichtlich der sachgerechten Ermittlung individueller Entgelte nach § 19 Abs. 2 StromNEV (BK4-13-739) vom 11. Dezember 2013.
206 Vgl. *BNetzA*, Anzeige gem. § 19 Abs. 2 S. 2 StromNEV (Stand: Februar 2019).
207 Vgl. *BNetzA*, Ergänzende Informationen für die Anzeige, S. 1.
208 Vgl. *BNetzA*, Ergänzende Informationen für die Anzeige, S. 1.
209 Vgl. *BNetzA*, Ergänzende Informationen für die Anzeige, S. 1.
210 Vgl. *BNetzA*, Ergänzende Informationen für die Anzeige, S. 1.
211 Vgl. *BNetzA*, Ergänzende Informationen für die Anzeige, S. 1.

oder bei denen Abweichungen von den Rechtsfolgen nach § 19 Abs. 2 S. 2 bis 4 StromNEV bestehen (§ 19 Abs. 2 S. 8 StromNEV). Zur wirksamen Abstellung festgestellter Zuwiderhandlungen kann die BNetzA den Vertragspartnern alle erforderlichen Maßnahmen aufgeben (§ 19 Abs. 2 S. 9 StromNEV). Zulässig ist auch eine Vermögensabschöpfung (§ 19 Abs. 2 S. 10 StromNEV i. V. m. § 33 EnWG).

2.5.3 Erhebungsverfahren

Der Zeitpunkt zur Abrechnung der individuellen Netzentgelte bleibt der Vereinbarung zwischen Netzbetreiber und Letztverbraucher vorbehalten.[212] Sie ist kein Gegenstand des MNNV (§ 7 Nr. 3 MNNV). Es obliegt der Parteivereinbarung, ob zunächst das allgemeine Netzentgelt oder das individuelle Netzentgelt erhoben wird.[213] Widersprüchlich hierzu ist die Vorgabe, dass der „Netzbetreiber ab dem Zeitpunkt der Wirksamkeit der Vereinbarung seine Leistungserbringung nicht mehr von vorherigen Abschlagszahlungen oder sonstigen liquiditätswirksamen Sicherheitsleistungen abhängig machen darf und bereits erhaltene Abschlagszahlungen unverzüglich an den Letztverbraucher zurückzahlen muss"[214].[215] Die Widersprüchlichkeit zwingt den Netzbetreiber und den Letztverbraucher zu einer eigenständigen Lösung.

2.5.4 Abrechnungsverfahren

Vorgaben zum Abrechnungsverfahren finden sich nur in den Sätzen 18 und 19 des § 19 Abs. 2 StromNEV. Demnach steht die Vereinbarung zwischen Großverbraucher und Netzbetreiber unter dem Vorbehalt des tatsächlichen Eintritts der Voraussetzungen (S. 18). Sofern diese nicht eintreten, erfolgt die Abrechnung mit den für den tatsächlichen Verbrauch zulässigen Netzentgelten (S. 19).

---

212 *BNetzA*, Beschluss vom 11. Dezember 2013 – BK4-13-739 (36).
213 *BNetzA*, Beschluss vom 11. Dezember 2013 – BK4-13-739 (36).
214 *BNetzA*, Beschluss vom 11. Dezember 2013 – BK4-13-739 (49).
215 Vgl. *Voß; Wagner; Hartmann*, Ermittlung individueller Netzengelte, IR 2014, S. 76 (77).

Die Einhaltung der in § 19 Abs. 2 S. 2 StromNEV festgelegten Kriterien hat der Letztverbraucher bis zum 30. Juni des Abrechnungsjahres der BNetzA mitzuteilen.[216] Hierfür stellt die BNetzA eine entsprechende EXCEL-Vorlage bereit, die ihr nach Bearbeitung per E-Mail zuzusenden ist.[217] Dieser ist die Jahresabrechnung des Stromlieferanten beizufügen.[218]

---

216 *BNetzA*, Beschluss vom 11. Dezember 2013 – BK4-13-739 (48).
217 *BNetzA*, Meldung_IST_Daten_§_19 Abs._2_S._2StromNEV (stromintensive Netznutzung).
218 *BNetzA*, Meldung_IST_Daten_§_19 Abs._2_S._2StromNEV (stromintensive Netznutzung).

2.6 Entlastung für Letztverbraucher nach § 19 Abs. 2 S. 15 StromNEV

Statt der Entlastung von unmittelbaren Netzkosten, wie in den sonstigen Fällen des § 19 StromNEV, erfolgt nach § 19 Abs. 2 S. 15 StromNEV die Entlastung von der § 19-StromNEV-Umlage. Diese Umlage dient zur Finanzierung der Entlastungen nach § 19 Abs. 2 S. 1 StromNEV „atypischer Verbraucher" und S. 2 bis 4 StromNEV „Großverbraucher". Diese wird gemäß § 19 Abs. 2 S. 15 Hs. 1 StromNEV als Aufschlag auf die Netzentgelte auf die Letztverbraucher umgelegt und somit sozialisiert.[219]

Gemäß statischem Verweis in § 19 Abs. 2 S. 15 Hs. 2 StromNEV ist für die Entlastung von der § 19-StromNEV-Umlage das „alte" Verfahren zur Entlastung von der KWKG-Umlage nach §§ 26, 28 und 30 KWKG 2016 entsprechend anzuwenden.[220] Es kann damit eine Begrenzung aber keine Ermäßigung der § 19-StromNEV-Umlage erfolgen.

2.6.1 Antragsvoraussetzungen

Die Antragsvoraussetzungen sind übersichtlich. In Variante 1 darf die § 19-StromNEV-Umlage für an einer Abnahmestelle selbst verbrauchte Strombezüge über 1 GWh maximal 0,05 Ct/kWh betragen (Letztverbrauchergruppe B).[221] Eine Begrenzung auf 0,025 Ct/kWh erfolgt in Variante 2, sofern die Voraussetzungen der Variante 1 bei einem Unternehmen des produzierenden Gewerbes vorliegen und die Stromkosten für den selbstverbrauchten Strom im vorangegangenen Geschäftsjahr mehr als 4 % der Umsatzerlöse i. S. v. § 277 HGB[222] betrugen (Letztverbrauchergruppe C).[223]

---

219 Vgl. *Lübke*, Netzentgeltbefreiung nach § 19 Abs. 2 S. 2 StromNEV, EWeRK 2012, S. 226 (226).

220 Vgl. *Viehweger*, KWKG-, StromNEV- u. Offshore-Haftungsumlage, WPg 2018, S. 141 (143); *Schwalge; Faßbender*, Energierechtliche Kostenprivilegierungen, IR 2017, S. 266 (268).

221 Vgl. *Viehweger*, KWKG-, StromNEV- u. Offshore-Haftungsumlage, WPg 2018, S. 141 (143); *Faßbender; Weiss*, Deckelung KWKG-Umlage, IR 2016, S. 50 (50); *Kachel*, KWKG 2016, EnWZ 2016, S. 51 (57).

222 Handelsgesetzbuch vom 10. Mai 1897 (RGBl. S. 219), dass zuletzt durch Artikel 3 des Gesetzes vom 10. Juli 2018 (BGBl. I S. 1102) geändert wurde, im Weiteren nur noch HGB.

223 Vgl. *Viehweger*, KWKG-, StromNEV- u. Offshore-Haftungsumlage, WPg 2018, S. 141 (143); *Kachel*, KWKG 2016, EnWZ 2016, S. 51 (57).

Die Entlastung der Letztverbrauchergruppe C erfordert zusätzlich einen WP-Prüfungsvermerk über den Anteil der Stromkosten am Umsatz und der Eigenschaft als Unternehmen des produzierenden Gewerbes (§ 19 Abs. 2 S. 15 i. V. m. § 30 Abs. 1 Nr. 5 KWKG 2016).

Tabelle 22: Voraussetzungen § 19 Abs. 2 S. 15 StromNEV

§ 19 Abs. 2 S. 15 StromNEV i. V. m. § 26 Abs. 2 KWKG 2016	Letztverbrauchgruppe B (§ 26 Abs. 2 S. 1 KWKG 2016)	Letztverbraucher-gruppe C (§ 26 Abs. 2 S. 2 KWKG 2016)
1. Letztverbraucher	X	X
2. Jahresverbrauch an einer Abnahme-stelle > 1 GWh	X	X
3. Einhaltung der Messvorgaben nach den §§ 62a und 62b EEG 2017	X	X
4. Unternehmen des produzierenden Gewerbes		X
5. Stromkosten für selbstverbrauchten Strom > 4 % des Umsatzes i. S. d. § 277 HGB im vorangegangenen Geschäftsjahr		X
6. Meldung an zuständigen Netzbe-treiber bis zum 31.3. des Folgejahres (§ 26 Abs. 2 S. 3 KWKG 2016)	X	X
7. Prüfungsvermerk (§ 30 Abs. 1 Nr. 5 KWKG 2016)		X

(Quelle: eigene Darstellung)

2.6.2 Antragsverfahren

Ein Antragsverfahren vor Beginn des Entlastungsjahres ist gesetzlich nicht vorgesehen.

2.6.3 Erhebungsverfahren

Die Netzbetreiber sind berechtigt die § 19-StromNEV-Umlage als Auf-schlag zu den Netzentgelten anteilig an die Letztverbraucher umzulegen (§ 19 Abs. 2 S. 15 Hs. 1 StromNEV). Eine Berücksichtigung der möglichen Entlastung im Erhebungsverfahren ist weder dem Gesetz noch dem Verbände-Leitfaden[224] zu entnehmen. Sie wäre theoretisch für eine Abnahmestelle möglich, sobald der Mindestselbstverbrauch von 1 GWh überschritten wurde.[225] Fraglich ist nur, ob der Abnehmer auch der Letztverbraucher ist.[226]

2.6.4 Abrechnungsverfahren

Letztverbraucher haben zur Inanspruchnahme der Begrenzung der § 19-StromNEV-Umlage dem zuständigen Netzbetreiber bis zum 31. März des Abrechnungsjahres, den aus dem Netz bezogenen und selbstverbrauchten Strom zu melden (§ 19 Abs. 2 S. 15 Hs. 2 StromNEV i. V. m. § 26 Abs. 2 S. 3 KWKG 2016). Hierbei kann es vorkommen, dass der Letztverbraucher dem Netzbetreiber nicht bekannt ist.[227] Sofern die Begünstigung für Unternehmen des produzierenden Gewerbes in Anspruch genommen werden soll, ist das Verhältnis der Stromkosten zum handelsrechtlichen Umsatz zu melden (§ 19 Abs. 2 S. 15 Hs. 2 StromNEV i. V. m. § 26 Abs. 2 S. 4 KWKG 2016). Der Nachweis des Letztverbrauchers zu seiner Eigenschaft als Unternehmen des produzierenden Gewerbes sowie zum Verhältnis der Stromkosten zu den Umsatzerlösen hat gemäß § 30 Abs. 1 Nr. 5 KWKG 2016 durch einen Prüfungsvermerk einer Wirtschaftsprüferin, eines Wirtschaftsprüfers, einer vereidigten Buchprüferin, eines vereidigten Buchprüfers oder deren Berufsgesellschaften zu erfolgen.

Fraglich ist, ob auch genossenschaftliche Prüfungsverbände einen Prüfungsvermerk erteilen dürfen. Das KWKG 2016 war bei Einfügung der genossenschaftlichen Prüfungsverbände in § 64 Abs. 3 Nr. 1 lit. c) EEG 2017, § 75 S. 1 u. 2 EEG 2017 durch Art. 1 Nr. 23 u. 24 Mieterstromgesetz[228] sowie § 30 Abs. 1 KWKG durch Art. 2 Nr. 2 EnSaG nicht mehr in Kraft. Daher ist fraglich, ob die fehlende Gleichstellung bei der § 19-StromNEV-Umlage ein gesetzgeberisches Versehen darstellt. Die vergleichbare Situation zur Anwendung der §§ 62a und 62b EEG 2017 löste der Gesetzgeber im

---

224 Vgl. *BDEW; VKU*, Leitfaden zum § 19 Abs. 2 StromNEV-Umlagemechanismus, S. 1.

225 Vgl. *Kachel*, KWKG 2016, EnWZ 2016, S. 51 (57).

226 Vgl. zu den Möglichkeiten aber ohne Problematisierung: *Kachel*, KWKG 2016, EnWZ 2016, S. 51 (57).

227 Vgl. *Kachel*, KWKG 2016, EnWZ 2016, S. 51 (57).

228 Gesetz zur Förderung von Mieterstrom und zur Änderung weiterer Vorschriften des Erneuerbaren-Energien-Gesetzes vom 17. Juli 2017 (BGBl. I S. 2532), im Weiteren nur noch Mieterstromgesetz.

selben Gesetzgebungsverfahren durch Ergänzung des § 19 Abs. 2 StromNEV.[229]

Ziel der Einfügung genossenschaftlicher Prüfungsverbände in die §§ 64 und 75 EEG 2017 war die Erweiterung des Kreises der prüfungsberechtigten Personen.[230] Mit der Änderung in § 30 Abs. 1 KWKG sollte ein gleichauf zu den §§ 64 und 75 EEG 2017 hergestellt werden.[231] Aufgrund dieser mehrdeutigen Vorgehensweise ist der Wille des Gesetzgebers nicht klar erkennbar. Grundsätzlich wollte der Gesetzgeber genossenschaftliche Prüfungsverbände mit den übrigen Prüfungsanbietern gleichstellen. Im Fall der § 19-StromNEV-Umlage hat er dieses aber unterlassen, obwohl im selben Gesetz die Gleichstellung für das derzeit gültige KWKG erfolgte. Hier bedarf es einer Klärung durch den Gesetzgeber. Eine ähnliche Situation bestand schon einmal für Wirtschaftsprüfungsgesellschaften und Buchprüfungsgesellschaften und wurde vom Gesetzgeber im EEG 2012 klargestellt.[232]

---

229 *Fraktionen der CDU/CSU und SPD*, Entwurf EnSaG, S. 121.
230 *Fraktionen der CDU/CSU und SPD*, Entwurf eines Gesetzes zur Förderung von Mieterstrom und zur Änderung weiterer Vorschriften des Erneuerbare-Energien-Gesetzes, S. 22.
231 *Fraktionen der CDU/CSU und SPD*, Entwurf EnSaG, S. 105.
232 Vgl. hierzu: *Küper; Locher*, in *Säcker*, BerlKommEnR, Band 5, § 30 KWKG, Tz. 8. m.w.N; *Salje*, EEG 2017, § 75 Tz. 5. mit Verweis auf Art. 3 u. 12 GG.

2.7 Entlastung für Unternehmen des Produzierenden Gewerbes nach § 9b StromStG

Unternehmen des Produzierenden Gewerbes können eine Entlastung i. H. v. 5,13 €/MWh von der Stromsteuer erhalten (§ 9b Abs. 2 S. 1 StromStG).[233] Hierdurch reduziert sich der Regelsteuersatz i. H. v. 20,50 €/MWh (§ 3 StromStG) um ca. 25 %.[234] Tatsächlich ist die Entlastung wegen des Selbstbehalts i. H. v. 250 € (§ 9b Abs. 2 S. 2 StromStG) geringer. Entlastet wird nur der ca. 49 MWh übersteigende Jahresverbrauch.[235] Der Selbstbehalt soll die Anzahl der Entlasteten begrenzen und Steuerentlastungen mit Kleinstbeträgen vermeiden.[236] Entlastung ist Oberbegriff für die Begriffe „Erlass", „Erstattung" und „Vergütung".[237] Adressat eines Erlasses oder Erstattung ist der Steuerschuldner; einer Vergütung ist der Steuerlastträger.[238]

2.7.1 Antragsvoraussetzungen

Für die Steuerentlastung nach § 9b StromStG bestehen folgende Voraussetzungen:

---

233 Vgl. *Bongartz*, Gemeinsame Voraussetzungen, Tz. H 360.

234 Vgl. *Schröer-Schallenberg*, Steuer auf elektrischen Strom, Tz. J 114. m. w. N.

235 Vgl. *Schröer-Schallenberg*, Steuer auf elektrischen Strom, Tz. J 141; *Thoms*, Stromsteuerrecht, S. 287–288; *Wundrack*, in *Bongartz; Jatzke; Schröer-Schallenberg*, EnergieStG/StromStG, § 9b StromStG, Tz. 56; *Reuster; Fiedler; Graichen u. a.*, Reformvorschlag, Tabelle 3.

236 Vgl. *Möhlenkamp*, in *Möhlenkamp; Milewski*, EnergieStG/StromStG, § 9b StromStG, Tz. 7; *Schröer-Schallenberg*, Steuer auf elektrischen Strom, Tz. J 139 ff. m. w. N. zur historischen Entwicklung.

237 Vgl. *Thoms*, Stromsteuerrecht, S. 276; *Wundrack*, in *Bongartz; Jatzke; Schröer-Schallenberg*, EnergieStG/StromStG, § 9b StromStG, Tz. 4.

238 Vgl. *Bongartz*, Gemeinsame Voraussetzungen, Tz. H 360; *Wundrack*, in *Bongartz; Jatzke; Schröer-Schallenberg*, EnergieStG/StromStG, § 9b StromStG, Tz. 4.

2 Die allgemeinen direkten Entlastungen

Tabelle 23: Antragsvoraussetzungen nach § 9b StromStG für Unternehmen des Produzierenden Gewerbes

1.	Fristgerechter Antrag (Anmeldung)	§ 9b Abs. 1 S. 1 StromStG
	a. für den innerhalb eines Entlastungsabschnittes entnommenen Strom	§ 17b Abs. 1 S. 1 StromStV[239]
	b. nach amtlich vorgeschriebenem Vordruck	§ 17b Abs. 1 S. 1 StromStV
	c. bis zum 31. Dezember des auf die Stromentnahme folgenden Jahres	§ 17b Abs. 1 S. 1 StromStV
2.	Antragsteller ist Stromentnehmer	§ 9b Abs. 3 StromStG
3.	Antragsteller ist Unternehmen des Produzierenden Gewerbes	§ 9b Abs. 1 S. 1 StromStG
4.	zu begünstigender Strom	
	a. ist nachweislich nach § 3 StromStG (20,50 €/MWh) versteuert,	§ 9b Abs. 1 S. 1 StromStG
	b. ist für betriebliche Zwecke entnommen worden,	§ 9b Abs. 1 S. 1 StromStG
	c. ist nicht von der Steuer nach § 9 Abs. 1 befreit und	§ 9b Abs. 1 S. 1 StromStG
	d. wird nicht für Elektromobilität verwendet	§ 9b Abs. 1 S. 4 StromStG
5.	Entlastungsbetrag beträgt mehr als 250 € (Selbstbehalt) im Kalenderjahr	§ 9b Abs. 2 S. 2 StromStG
6.	Freistellungsanzeige bei der EU-Kommission ist noch nicht ausgelaufen	§ 9b Abs. 4 S. 1 StromStG
7.	Einhaltung der beihilferechtlichen Voraussetzungen	§ 2a StromStG

(Quelle: eigene Darstellung)

Fristgerechter Antrag

Die Steuerentlastung ist bis zum 31. Dezember des auf die Stromentnahme folgenden Kalenderjahres beim nach § 1 StromStV zuständigen Hauptzollamt (HZA) anzumelden (§ 17b Abs. 1 S. 1 u. 3 StromStG). Die Anmeldung hat nach vorgeschriebenem Antragsvordruck zu erfolgen (Anspruchsvoraussetzung),[240] ansonsten ist der Antrag unwirksam.[241] In der Anmeldung hat der Antragsteller alle für die Steuerentlastung wesentli-

---

239 Stromsteuer-Durchführungsverordnung vom 31. Mai 2000 (BGBl. I S. 794), zuletzt geändert durch Artikel 4 der Verordnung vom 2. Januar 2018 (BGBl. I S. 84), im Weiteren StromStV.
240 Vgl. hierzu ausführlich: *Bongartz*, Gemeinsame Voraussetzungen, Tz. H 366. m. w. N.
241 So zu § 47 Abs. 2 S. 1 Mineralölsteuergesetz: *BFH*, Urteil vom 1. Juli 2008 – VII R 37/07, juris (Tz. 12); siehe ausführlich zum Diskussionsstand: *Falkenberg*, Antrag auf Energiesteuervergütung, ZfZ 2015, S. 114 (116–117). m.w.N.

chen Angaben zu machen und die Steuerentlastung zu berechnen (§ 17b Abs. 1 S. 2 StromStV). Die Steueranmeldung steht einer Steuerfestsetzung unter Vorbehalt der Nachprüfung (VdN) gleich (§ 168 AO[242]). Sie bedarf der formlosen Zustimmung des HZAs (§ 17 S. 2 u. 3 StromStV). Zeitgleich mit der Antragsfrist endet die einjährige Festsetzungsfrist (§§ 169 Abs. 2 Nr. 1 i. V. m. § 170 Abs. 1 AO).[243] Für eine Anlaufhemmung nach § 170 Abs. 2 Nr. 1 AO besteht mangels Antragspflicht kein Raum.[244] Der gleichzeitige Fristablauf macht die Einsetzung in den vorherigen Stand unmöglich (§ 110 AO).[245] Folge ist eine faktische Ausschlussfrist.[246]

Eigenschaften Antragsteller

Entlastungsberechtigt ist ein Stromentnehmer der Unternehmen des produzierenden Gewerbes i. S. d. § 2 Nr. 3 StromStG ist (§ 9b Abs. 1 S. 1 u. Abs. 3 StromStG). Unternehmen des produzierenden Gewerbes kann eine anerkannte Werkstätte für behinderte Menschen i. S. d. § 219 SGB IX[247] oder ein Unternehmen i. S. d. § 2 Nr. 4 StromStG sein. Letzteres ist die kleinste rechtlich selbständige Einheit oder der auf Grundlage der Eigenbetriebsgesetze oder -verordnungen der Bundesländer geführte kommunale Eigenbetrieb. Das Unternehmen des Produzierenden Gewerbes muss den Abschnitten C, D, E oder F der Klassifikation der Wirtschaftszweige, Ausgabe 2003 (WZ 2003), des Statistischen Bundesamtes zugeordnet sein (§ 2 Nr. 3 StromStG).[248] Die anerkannte Werkstätte für behinderte Menschen muss überwiegend eine wirtschaftliche Tätigkeit in diesen Abschnitten ausüben (§ 2 Nr. 3 StromStG).

---

242 Abgabenordnung vom 1. Oktober 2002 (BGBl. I 2002 S. 3866), die zuletzt durch Artikel 15 des Gesetzes vom 18. Dezember 2018 (BGBl. I 2018 S. 2639) geändert wurde, im Weiteren nur noch AO.

243 Kritisch hierzu: *Jesse*, Stromsteuervergütungsansprüche, BB 2015, S. 2711.

244 *FG Düsseldorf*, Urteil vom 27. Mai 2015 – 4 K 1961/14 VSt, BeckRS 2015 (3. Leitsatz).

245 *BFH*, Urteil vom 24. Januar 2008 – VII R 3/07, BeckRS 2008.

246 *BFH*, Urteil vom 24. Januar 2008 – VII R 3/07, BeckRS 2008.

247 Sozialgesetzbuch Neuntes Buch - Rehabilitation und Teilhabe von Menschen mit Behinderungen vom 23. Dezember 2016 (BGBl. I S. 3234), zuletzt geändert durch Artikel 4 des Gesetzes vom 18. April 2019 (BGBl. I S. 473), im Weiteren nur noch SGB IX.

248 Vgl. zu § 2 Nr. 3 Ur-StromStG: *BFH*, Urteil vom 23. Februar 2005 – VII R 27/04, DStRE 2005, S. 667 (668). "abschließende Regelung".

Tabelle 24: Begünstigte Branchen nach § 2 Nr. 3 StromStG

1.	Unternehmen i. S. d. § 2 Nr. 4 StromStG, dass den folgenden Abschnitten der Klassifikation der Wirtschaftszweige, Ausgabe 2003 (WZ 2003), zuzuordnen sind:
	a. Abschnitt C: Bergbau und Gewinnung
	b. Abschnitt D: Verarbeitendes Gewerbe
	c. Abschnitt E: Energie- und Wasserversorgung
	d. Abschnitt F: Baugewerbe
2.	anerkannte Werkstätten für behinderte Menschen im Sinne des § 219 SGB IX, wenn sie überwiegend eine wirtschaftliche Tätigkeit ausüben, die den Abschnitten C, D, E oder F der WZ 2003 zuzuordnen ist.

(Quelle: Eigene Darstellung)

Der Verweis auf statistische Vorschriften zur Bestimmung steuerlicher Begriffe war umstritten, wurde aber vom BVerfG zur Urfassung des StromStG nicht beanstandet.[249] Es wurde zudem keine Unzulässigkeit im Hinblick auf verfassungsrechtliche Anforderungen wie dem Rechtsstaatsprinzip (Art. 20 Abs. 3 GG[250]) gesehen.[251]

Laut BVerfG verstößt der Ausschluss von Dienstleistungsunternehmen nicht gegen den allgemeinen Gleichheitsgrundsatz des Art. 3 Abs. 1 GG.[252] Aus einer Steuervergünstigung für eine Gruppe könne kein Anspruch einer anderen Gruppe auf eine andere Steuervergünstigung, die wirtschaftlich zu einer vergleichbaren Entlastung führe, erwachsen.[253] Zudem stehe der Dienstleistungssektor nicht im selben Maße wie das Produzierende Gewerbe im internationalen Wettbewerb.[254] In modernen Volkswirtschaften seien zwar zeitliche und räumliche Entkopplungen von „Produktion" und „Verbrauch" der Dienstleistung zu beobachten.[255] Insbesondere produkti-

---

249 *BVerfG*, Urteil vom 20. April 2004 – 1 BvR 905/00 und 1 BvR 1748/99, BVerfGE 110, S. 274.

250 Grundgesetz der Bundesrepublik Deutschland vom 23. Mai 1949 (BGBl. I S. 1), zuletzt geändert durch Artikel 1 des Gesetzes vom 28. März 2019 (BGBl. I S. 404), im Weiteren nur noch GG.

251 *BFH*, Urteil vom 24. August 2004 – VII R 23/03, BFHE 207, S. 88 (1. Leitsatz).

252 *BVerfG*, Urteil vom 20. April 2004 – 1 BvR 905/00 und 1 BvR 1748/99, BVerfGE 110, S. 274 (2. Leitsatz).

253 *BVerfG*, Urteil vom 20. April 2004 – 1 BvR 905/00 und 1 BvR 1748/99, BVerfGE 110, S. 274 (2. Leitsatz).

254 *BVerfG*, Urteil vom 20. April 2004 – 1 BvR 905/00 und 1 BvR 1748/99, BVerfGE 110, S. 274 (Tz. 82).

255 *BVerfG*, Urteil vom 20. April 2004 – 1 BvR 905/00 und 1 BvR 1748/99, BVerfGE 110, S. 274 (Tz. 82).

ons- und unternehmensbezogene Dienstleistungen, etwa Finanzdienstleistungen und technische Dienstleistungen wie Forschung und Entwicklung, Datenverarbeitung, technische Planungen und Beratung, gewönnen zunehmend an Bedeutung.[256] Diese Entwicklung führe jedoch derzeit für den Dienstleistungssektor nicht zu einer internationalen Wettbewerbslage, die derjenigen des Produzierenden Gewerbes entspreche.[257] Meines Erachtens ist fraglich, ob im Zeitalter der Digitalisierung und Cloudlösungen eine solche Begründung bestand hätte.

Die Zuordnung erfolgt aufgrund der wirtschaftlichen Tätigkeiten des Unternehmens im maßgebenden Zeitraum (§ 15 Abs. 2 StromStV). Maßgebender Zeitraum kann nach § 15 Abs. 3 StromStV das „Verwendungsjahr" oder dessen vorausgehendes Kalenderjahr sein.[258]

Tabelle 25: Maßgebender Zeitraum i. S. v. § 15 Abs. 2 StromStV

Maßgebender Zeitraum i. S. v. § 15 Abs. 2 StromStV	Kalendervorjahr	Verwendungs- jahr
• Grundsatz (§ 15 Abs. 3 S. 1 StromStV)	X	
• Ausnahme 1: Wahl durch den Antragsteller (§ 15 Abs. 3 S. 2 StromStV)		X
• Ausnahme 2: Wiederaufnahme der wirtschaftlichen Tätigkeiten nach § 2 Abs. 3 StromStG im Verwendungsjahr		X

(Quelle eigene Darstellung)

Übt das Unternehmen im maßgebenden Zeitraum mehrere Tätigkeiten aus, die nicht alle dem Produzierenden Gewerbe nach § 2 Nr. 3 StromStG zuzuordnen sind, ist der Schwerpunkt der wirtschaftlichen Tätigkeit maßgeblich (§ 15 Abs. 4 S. 1 StromStV). Entscheidend ist der Bereich auf den der größte Anteil des jeweiligen Kriteriums entfällt („relativer Schwerpunkt").[259] Die Zuordnung erfolgt nach dem Anteil der Bruttowertschöpfung nach Faktorkosten auf Basis der Top-Down-Methode.[260] Hierfür kann

---

256 *BVerfG*, Urteil vom 20. April 2004 – 1 BvR 905/00 und 1 BvR 1748/99, BVerfGE 110, S. 274 (Tz. 82).

257 *BVerfG*, Urteil vom 20. April 2004 – 1 BvR 905/00 und 1 BvR 1748/99, BVerfGE 110, S. 274 (Tz. 82).

258 Vgl. zu den Begriffen "Verwendungsjahr" und "Kalendervorjahr" *Möhlenkamp, in Möhlenkamp; Milewski*, EnergieStG/StromStG, § 9b StromStG, Tz. 4.

259 Vgl. *Thoms*, Stromsteuerrecht, S. 282.

260 Vgl. *DESTATIS*, Klassifikation der Wirtschaftszweige mit Erläuterungen Ausgabe 2003, S. 19.

das Unternehmen eines von vier Kriterien bestimmen (§ 15 Abs. 4 S. 2 StromStV). In der Praxis soll vielfach die Abgrenzung nach der Anzahl der Personen (§ 15 Abs. 3 S. 2 Nr. 3 StromStV) gewählt werden.[261] Ein offensichtlich ungeeignetes Kriterium kann das HZA zurückweisen (§ 15 Abs. 4 S. 3 StromStV).

Tabelle 26: Kriterien zur Einstufung des Schwerpunktes der wirtschaftlichen Tätigkeit nach § 15 Abs. 4 StromStV

	Tätigkeiten des Unternehmens	StromStV
1.	auf die im maßgebenden Zeitraum der größte Anteil der Bruttowertschöpfung zu Herstellungspreisen i. S. d Vorbemerkungen zur Klassifikation der Wirtschaftszweige entfiel,	§ 15 Abs. 4 S. 2 Nr. 1
2.	auf die im maßgebenden Zeitraum der größte Anteil der Wertschöpfung nach § 15 Abs. 6 StromStV entfiel,	§ 15 Abs. 4 S. 2 Nr. 2
3.	in denen im maßgebenden Zeitraum auf Basis der Berechnungsvorgaben in § 15 Abs. 7 StromStV im Durchschnitt die meisten Personen tätig waren, oder	§ 15 Abs. 4 S. 2 Nr. 3
4.	in denen im maßgebenden Zeitraum der höchste steuerbare Umsatz i. S. v. § 1 Abs. 1 Nr. 1 UStG[262] mit Anpassungen nach § 15 Abs. 4 S. 2 Nr. 4 S. 2 u. 3 erzielt wurde.	§ 15 Abs. 4 S. 2 Nr. 4

(Quelle: eigene Darstellung)

Über die Abschnittszuordnung entscheidet das HZA unabhängig von der Entscheidung der Statistikbehörde (§ 15 Abs. 1 S. 1 StromStV).[263] Maßgebend ist die WZ 2003 und deren Vorbemerkungen, soweit die Absätze 2 bis 10 von § 15 StromStV nichts anderes bestimmen (§ 15 Abs. 1 S. 2 StromStV). Teilweise werden die Vorbemerkungen und Anmerkungen der WZ 2003 in § 15 Abs. 8, 8a und 9 StromStV suspendiert.

Beispielsweise sind sogenannte Converter, Unternehmen oder Unternehmensteile im Vertrieb und in der Produktion von Gütern ohne eigene Warenproduktion, nach § 15 Abs. 8 StromStV nicht so zu klassifizieren, als würden sie die Waren selbst herstellen. Dies gilt auch wenn sie die gewerblichen Schutzrechte an den Produkten besitzen. Nach § 15 Abs. 8a StromStV sind Unternehmen oder Unternehmensteile, die zur Verarbei-

---

261 Vgl. ohne statistischen Nachweis: *Thoms*, Stromsteuerrecht, S. 282. "zumeist"; *Wundrack*, in *Bongartz; Jatzke; Schröer-Schallenberg*, EnergieStG/StromStG, § 9b StromStG, Tz. 12. "am häufigsten".
262 Umsatzsteuergesetz vom 21. Februar 2005 (BGBl. I S. 386, zuletzt geändert durch Artikel 9 des Gesetzes vom 11. Dezember 2018 (BGBl. I S. 2338), im Weiteren nur noch UStG.
263 *BFH*, Urteil vom 28. Oktober 2008 – VII R 38/07, BFHE 223, S. 287 (1. Leitsatz).

tung ihrer Stoffe andere Unternehmen beauftragen, abweichend von den Erläuterungen zu Abschnitt D Absatz 3 WZ 2003 nicht im verarbeitenden Gewerbe erfasst. Ebenso sind Arbeiten von Subunternehmen im Baugewerbe, die Investitionen für das zuzuordnende Unternehmen darstellen, nicht als Arbeiten im Baugewerbe zu erfassen (§ 15 Abs. 9 StromStV). Die Regelungen in § 15 Abs. 1 bis 9 StromStV sind sinngemäß auf Unternehmen anzuwenden, die Kraft einer anderen Rechtsvorschrift dem Produzierenden Gewerbe nach § 2 Nr. 3 StromStV zugeordnet sind (§ 15 Abs. 10 StromStV).

Zu begünstigender Strom

Der zu begünstigende Strom muss unter anderem vom Unternehmen des produzierenden Gewerbes als Stromentnehmer für betriebliche Zwecke entnommen worden sein (§ 9b Abs. 1 S. 1 u. Abs. 3 StromStG). Stromentnehmer ist derjenige, der unabhängig von wirtschaftlichen Risiken und Abhängigkeiten, unmittelbar selbst oder mittelbar durch abhängiges Personal die Verfügungsgewalt über den Strom hat und zumindest zeitlich bestimmbar tatsächlich dazu in der Lage ist, diesen zu entnehmen und damit den entsprechenden Realakt tatsächlich vornehmen kann.[264] Potenziell entlastungsfähig ist folglich der gesamte durch das begünstigte Unternehmen entnommene Strom.[265]

Die Stromentnahme zur Erzeugung von Nutzenergie i. S. v. § 17b Abs. 7 StromStV (Licht, Wärme, Kälte, mechanische Energie und Druckluft) ist nur begünstigt, wenn die Nutzenergie nachweislich durch ein Unternehmen des Produzierenden Gewerbes (§ 2 Nr. 3 StromStG) oder der Land- und Forstwirtschaft (§ 2 Nr. 5 StromStG) genutzt wird (§ 9b Abs. 1 S. 2 StromStG). Mit dieser Einschränkung soll die Erlangung der Entlastung im Gestaltungswege verhindert werden.[266] Nicht betroffen ist in Druckflaschen oder anderen Behältern abgegebene Druckluft, da sie keine Nutzenergie i. S. v. § 17b Abs. 7 StromStV ist und nach § 9b Abs. 1 S. 3 StromStG von der Einschränkung nach § 9b Abs. 1 S. 2 StromStG ausgeschlossen ist. Weitergehende Anforderungen für die Verwendung von Nutzenergie durch andere Unternehmen sind in § 17c StromStV kodifiziert.

---

264 Vgl. *Generalzolldirektion*, Stromentnehmer, S. 7, Internetquelle.
265 Vgl. *Wundrack*, in *Bongartz; Jatzke; Schröer-Schallenberg*, EnergieStG/StromStG, Tz. 41.
266 Vgl. hierzu ausführlich: *Wundrack*, in *Bongartz; Jatzke; Schröer-Schallenberg*, EnergieStG/StromStG, § 9b StromStG, Tz. 51 ff.m.w.N.

Ausnahmsweise kann bei Vorliegen der Voraussetzungen von § 17b Abs. 4 StromStV an Dritte weitergeleiteter Strom für betriebliche Zwecke entnommener Strom sein.[267]

Tabelle 27: *Erweiterung des Begriffs „für betriebliche Zwecke entnommenen Stroms" gemäß § 17b Abs. 4 StromStV*

1.	Vom Antragsteller erzeugter oder bezogener Strom wird durch ein anderes Unternehmen		
	a.	im Betrieb des Antragstellers entnommen und	Abs. 4 Nr. 1
	b.	dieses Unternehmen erbringt damit nur zeitweise dort eine Leistung,	
	c.	die ausschließlich auf dem Betriebsgelände des Antragstellers erbracht werden kann,	
2.	solcher Strom wird üblicherweise nicht abgerechnet und		Abs. 4 Nr. 2
3.	der Empfänger der unter Entnahme des Stroms erbrachten Leistung ist der Antragsteller.		Abs. 4 Nr. 3

(Quelle: eigene Darstellung)

Die jeweils selbst oder von einem anderen Unternehmen nach § 2 Nr. 3 oder Nr. 5 StromStG verwendeten Nutzenergiemengen und die für die Erzeugung der Nutzenergie entnommenen Strommengen und dürfen gemäß § 17b Abs. 5 StromStV geschätzt werden, sofern

- eine genaue Mengenermittlung nur mit unvertretbarem Aufwand möglich wäre und
- die Schätzung für nicht sachverständige Dritte jederzeit nachvollzieh- und nachprüfbar ist und nach allgemein anerkannten Regeln der Technik erfolgt.

Im Ergebnis sind alle Stromentnahmen des Unternehmens begünstigt, sofern diese nicht zur Erzeugung von Licht, Wärme, Kälte, Druckluft und mechanischer Energie erfolgen, die nicht von einem Unternehmen des produzierenden Gewerbes oder der Land- und Forstwirtschaft genutzt werden (§ 9b Abs. S. 2 StromStG).[268] Unter Nutzen ist wohl die tatsächliche Nutzung im Sinne des Ver- und Gebrauchs und keine pure ökonomische Nutzung im Sinne eines gewerblichen Verkaufs zu verstehen.[269] Der

---

267 Vgl. *Generalzolldirektion*, Stromentnehmer, S. 7, Internetquelle.
268 Vgl. *Möhlenkamp*, in *Möhlenkamp; Milewski*, EnergieStG/StromStG, § 9b StromStG, Tz. 2.
269 Vgl. *Möhlenkamp*, in *Möhlenkamp; Milewski*, EnergieStG/StromStG, § 9b StromStG, Tz. 3.

Ausschluss für Elektromobilität gilt für die Nutzung nicht schienen- oder leitungsgebunden elektrisch betriebener Fahrzeuge (§ 2 Nr. 8 StromStG).

Beihilferechtliche Voraussetzungen

Neben den vorgenannten Voraussetzungen sind die beihilferechtlichen Voraussetzungen nach § 2a StromStG zu beachten. Laut klarstellender Regelung in § 2a Abs. 3 StromStG gehört die Entlastung nach § 9b StromStG zu den staatlichen Beihilfen i. S. d. Art. 107 AEUV[270].[271]

Tabelle 28: Beihilferechtliche Voraussetzungen nach § 2a StromStG

1.	Keine offenen Rückzahlungsansprüche für Beihilfen auf Grund eines früheren Beschlusses der EU-Kommission	Abs. 1 S. 1
2.	Versicherung des Antragstellers, dass keine offenen Rückzahlungsansprüche bestehen	Abs. 1 S. 3
3.	Antragsteller ist kein Unternehmen in Schwierigkeiten	
	b. i. S. v. Art. 1 Abs. 4 lit. c, des Art. 2 Nr. 18 AGVO[272], oder	Abs. 2 S. 1 Nr. 1
	d. i. S. d UEBLL, soweit die AGVO keine Anwendung findet	Abs. 2 S. 1 Nr. 2
4.	Versicherung des Antragstellers, dass er kein Unternehmen in Schwierigkeiten ist.	Abs. 2 S. 2

(Quelle: eigene Darstellung)

Mit den Absätzen 1 u. 2 des § 2a StromStG sollen zwingende Vorgaben des unionsrechtlichen Beihilfebegriffs umgesetzt werden.[273] Die Auslegung der Begriffe „offene Rückzahlungsansprüche" und „Unternehmen in Schwierigkeiten" hat im Sinne der europarechtlichen Vorschriften zu er-

---

270 Vertrag über die Arbeitsweise der Europäischen Union vom 26. Oktober 2012 (ABl. EU C 326 vom 26. Oktober 2012, S 47), im Weiteren nur noch AEUV.

271 *BReg*, Entwurf zweites Gesetz zur Änderung des Energiesteuer- und des Stromsteuergesetzes, S. 63.

272 Verordnung (EU) 651/2014 der Kommission vom 17. Juni 2014 zur Feststellung der Vereinbarkeit bestimmter Gruppen von Beihilfen mit dem Binnenmarkt in Anwendung der Artikel 107 und 108 AEUV (ABl. EU L 187 vom 26. Juni 2014, S. 1; berichtigt ABl. EU L 283 vom 27. September 2014, S. 65), zuletzt geändert durch Art. 1 ÄndVO (EU) 2017/1084 vom 14. Juni 2017 (ABl. EU L 156, vom 14. Juni 2017, S. 1), im weiteren nur noch AGVO.

273 *BReg*, Entwurf zweites Gesetz zur Änderung des Energiesteuer- und des Stromsteuergesetzes, S. 63.

folgen.[274] § 2a Abs. 3 StromStG hat nur deklaratorischen Charakter.[275] Die Generalzolldirektion hat ein ausführliches Merkblatt zu staatlichen Beihilfen veröffentlicht.[276]

Sonstige steuerrechtliche Voraussetzungen

Neben den speziellen Vorschriften des Stromsteuerrechts sind die allgemeinen steuerlichen Vorschriften wie die der Abgabenordnung einzuhalten.

2.7.2 Antragsverfahren

Ein Antragsverfahren vor dem Begünstigungszeitraum existiert nicht. Der zu entlastende Strom muss nachweislich nach § 3 StromStG (20,50 €/ MWh) versteuert sein (§ 9b Abs. 1 S. 1 StromStG).

2.7.3 Erhebungsverfahren

Das StromStG sieht grundsätzlich drei Möglichkeiten der Steuerentstehung und zwei mögliche Steuerschuldner vor:

Tabelle 29: Grundsätzliche Steuerentstehungen und Steuerschuldner nach § 5 Abs. 1 u. 2 StromStG

Steuerentstehung		Steuerschuldner
1.	Entnahme von im Steuergebiet ansässigen Versorger geleisteter Strom durch den Letztverbraucher aus dem Versorgungsnetz (§ 5 Abs. 1 S. 1 Variante 1 StromStG)	Versorger (§ 5 Abs. 2 Hs. 1 StromStG)
2.	Entnahme von Strom durch den Versorger aus dem Versorgungsnetz zum Selbstverbrauch (§ 5 Abs. 1 S. 1 Variante 2 StromStG)	
3.	Entnahme von Strom zum Selbstverbrauch im Steuergebiet durch Eigenversorger, sofern keine Entstehung nach § 5 Abs. 1 S. 1 StromStG gegeben ist (§ 5 Abs. 1 S. 2 StromStG)	Eigenerzeuger (§ 5 Abs. 2 Hs. 2 StromStG)

(Quelle: eigene Darstellung)

---

274 *BReg*, Entwurf zweites Gesetz zur Änderung des Energiesteuer- und des Stromsteuergesetzes, S. 63.
275 *BReg*, Entwurf zweites Gesetz zur Änderung des Energiesteuer- und des Stromsteuergesetzes, S. 63.
276 *Generalzolldirektion*, Merkblatt - Staatliche Beihilfen, S. 1–6, Internetquelle.

Regelfall der Steuerentstehung ist die Entnahme des Letztverbrauchers nach § 5 Abs. 1 S. 1 Var. 1 StromStG).[277] Der Versorger – derjenige der Strom leistet (§ 2 Nr. 1 StromStG) – ist Steuerschuldner.[278] In der Praxis wälzt er die Stromsteuer über die Stromrechnung an den Letztverbraucher weiter.[279] Als Letztverbraucher und nicht als Versorger gilt grundsätzlich derjenige, der ausschließlich nach § 3 StromStG versteuerten Strom von einem inländischen Versorger bezieht und diesen ausschließlich an seine Mieter, Pächter oder vergleichbare Vertragsparteien als Letztverbraucher leistet (§ 1a Abs. 2 S. 1 StromStV). Die §§ 9b und 10 StromStG bleiben hiervon unberührt (§ 1a Abs. 2 S. 3 StromStV).

Eine Berücksichtigung der Entlastung bei der Erhebung erfolgt aufgrund der Voraussetzung, dass der zu entlastende Strom nachweislich nach § 3 StromStG (20,50 €/MWh) versteuert sein muss (§ 9b Abs. 1 S. 1 StromStG), nicht. Insoweit wird die Liquidität des potenziell begünstigten Unternehmens zunächst mit der vollen Stromsteuer belastet.[280] Eine liquiditätsfreundlichere Lösung wäre nach Art. 6 EnergieSt-RL zulässig.

2.7.4 Abrechnungsverfahren

Für das Abrechnungsverfahren gilt grundsätzlich die Abgabenordnung (§ 1 Abs. 1 AO). Spezielle Vorgaben finden sich zudem in den §§ 2a, 17b und 17c StromStV. Die Steuerentlastung ist beim für den Antragsteller nach § 1 StromStV zuständigen HZA nach amtlich vorgeschriebenem Vordruck für den im Entlastungsabschnitt entnommenen Strom anzumelden (§ 17b Abs. 1 S. 1 StromStV). Die Versicherungen zur Nichtvorlage
– offener Rückzahlungsansprüche (§ 2a Abs. 1 S. 3 StromStG) und
– eines Unternehmens in Schwierigkeiten (§ 2a Abs. 2 S. 3 StromStG)
muss nach amtlich vorgeschriebenem Vordruck erfolgen (§ 1d Abs. 3 S. 1 u. § 1e Abs. 2 S. 1 StromStV). Sofern keine Änderungen vorliegen, genügt die Abgabe der jeweiligen Versicherung im ersten Entlastungsabschnitt eines jeden Kalenderjahres ((§ 1e Abs. 2 S. 2 i. V. m.) § 1d Abs. 3 S. 3 ff. StromStV).

---

277 Vgl. *Thoms*, Stromsteuerrecht, S. 251.
278 Vgl. zur Unterscheidung EVU nach § 3 Nr. 18 EnWG und Versorger nach § 2 Nr. 1 StromStG: *Wundrack*, in *Bongartz; Jatzke; Schröer-Schallenberg*, EnergieStG/ StromStG, § 2 StromStG, Tz. 3.
279 Vgl. *Thoms*, Stromsteuerrecht, S. 251.
280 Vgl. *Wundrack*, in *Bongartz; Jatzke; Schröer-Schallenberg*, EnergieStG/StromStG, § 9b StromStG, Tz. 2.

Entlastungsabschnitt ist gemäß § 17 Abs. 2 S. 1 StromStV grundsätzlich das Kalenderjahr in dem der Strom entnommen wurde (Verwendungsjahr). Ist für die Bestimmung der Zuordnung des Unternehmens als Unternehmen des Produzierenden Gewerbes das dem Verwendungsjahr vorhergehende Kalendervorjahr nach § 15 Abs. 3 S. 1 i. V. m. Abs. 2 StromStV maßgebend, kann der Antragsteller das Kalendervierteljahr oder -halbjahr als Entlastungsabschnitt wählen (§ 17b Abs. 2 S. 2 StromStV). Das HZA kann auf Antrag den Kalendermonat als Entlastungsabschnitt zulassen (§ 17b Abs. 2 S. 3 StromStV). Die Steuerentlastung wird bei unterjährigen Entlastungsabschnitten nur ab dem Entlastungsabschnitt gewährt, in dem der Selbstbehalt überschritten wird (§ 17b Abs. 2 S. 4 StromStV).

Für die Anmeldung gelten folgende allgemeine Vorgaben:

Tabelle 30: Allgemeine Vorgaben für das Abrechnungsverfahren nach § 9b StromStG

1.	Nennung aller für die Bemessung der Steuerentlastung erforderlichen Angaben	§ 17b Abs. 1 S. 2 Hs. 1 StromStV
2.	Berechnung der Steuerentlastung	§ 17b Abs. 1 S. 2 Hs. 2 StromStV
3.	Beschreibung der wirtschaftlichen Tätigkeit im maßgeblichen Zeitraum, die dem HZA die Einstufung in einen Abschnitt oder Klasse des WZ 2003 ermöglicht. Dies gilt nicht, wenn die Beschreibung dem HZA bereits vorliegt.	§ 17b Abs. 3 StromStV

(Quelle: eigene Darstellung)

Zudem muss der Antragsteller buchmäßig für den jeweiligen Entlastungsabschnitt die Menge des selbst verbrauchten Stroms und den genauen Verwendungszweck nachweisen können (§ 17b Abs. 6 Nr. 1 u. 2 StromStV).

Wird eine Steuerentlastung für die Erzeugung von Nutzenergie beantragt, die durch ein anderes Unternehmen des Produzierenden Gewerbes oder der Land- und Forstwirtschaft verwendet wurde, sind dem Antrag gemäß § 17c StromStV zusätzlich beizulegen:

Tabelle 31: Besondere Vorgaben für das Abrechnungsverfahren nach § 9b StromStG

1.	für jedes andere die Nutzenergie verwendende andere Unternehmen i. S. d. § 2 Abs. 2 Nr. 3 u. Nr. 5 StromStG	
	a. Selbsterklärung nach amtlich vorgeschriebenem Vordruck des anderen Unternehmens mit der Beschreibung seiner wirtschaftlichen Tätigkeit, die es dem HZA ermöglich es einem Abschnitt oder einer Klasse des WZ 2003 beizufügen. Die Selbsterklärung gilt als Steuererklärung. Auf die Selbsterklärung insgesamt oder lediglich der Beschreibung kann verzichtet werden, wenn diese dem HZA bereits vorliegt.	§ 17c Abs. 1 S. 1 Nr. 1 i. V. m. Abs. 2 u. § 17b Abs. 3 S. 2 StromStV; § 17c Abs. 1 S. 2 StromStV
	b. Angabe der für die Nutzenergieerzeugung entnommenen Strommengen in einer gemeinsamen Aufstellung	§ 17 c Abs. 1 S. 1 Nr. 2 StromStV
2.	Beschreibung der wirtschaftlichen Tätigkeit im maßgeblichen Zeitraum, die dem HZA die Einstufung in einem Abschnitt oder Klasse des WZ 2003 ermöglich. Dies gilt nicht, wenn die Beschreibung dem HZA bereits vorliegt.	§ 17c Abs. 1 S. 1 Nr. 2 StromStV

(Quelle: eigene Darstellung)

Daneben hat der Antragsteller folgende Nachweise führen:

Tabelle 32: Buchmäßige Nachweispflichten des Antragstellers

1.	für erzeugte Nutzenergie die durch ein anderes Unternehmen nach § 2 Nr. 3 oder Nr. 5 StromStG verwendet wurde	§ 17b Abs. 6 Nr. 3 StromStV
	a. Name und Anschrift des anderen Unternehmens sowie	lit. a)
	b. Nutzenergiemengen, die das andere Unternehmen jeweils verwendet hat, und die für die Erzeugung der Nutzenergie jeweils entnommenen Strommengen	lit. b)
	c. Bestätigungen der anderen Unternehmen nach § 2 Nr. 3 u. 5 StromStG über die jeweils verwendeten Nutzenergiemengen	§ 17c Abs. 3 S. 1
2.	Beschreibung der wirtschaftlichen Tätigkeit im maßgeblichen Zeitraum, die dem HZA die Einstufung in einen Abschnitt oder Klasse des WZ 2003 ermöglicht. Dies gilt nicht, wenn die Beschreibung dem HZA bereits vorliegt.	§ 17c Abs. 1 S. 1 Nr. 2 StromStV

(eigene Darstellung)

Die Aufteilung der Mengen nach § 17c Abs. 3 S. 1 StromStV kann bei vollständiger Selbstverwendung durch das dritte Unternehmen unterbleiben (§ 17c Abs. 3 S. 2 StromStV). Eine vorhandene Mengenaufteilung muss beim Antragsteller leicht und eindeutig aus den vorhanden Belegen nachprüfbar sein.

Auch der Bestätigende hat Nachweise zu führen. Diese müssen die Herleitung der

- insgesamt bezogenen,
- selbst verwendeten und
- an Dritte abgegebenen

Nutzenergiemengen ermöglichen (§ 17c Abs. 4 S. 1 StromStV). Hierbei sind Schätzungen nach Maßgabe von § 17b Abs. 5 StromStV zulässig. Ein sachverständiger Dritter muss die Aufzeichnungen innerhalb angemessener Frist prüfen können (§ 17c Abs. 4 S. 2 StromStV). Hierzu sind durch den Verweis von § 17c Abs. 4 S. 4 StromStV auf § 209 Abs. 3 AO die Regelungen über die Steueraufsicht (§§ 209 ff.) anwendbar.

Die Selbsterklärungen (§ 17c Abs. 1 S. 1 i. V. m. Abs. 2 StromStV) und Bestätigungen (§ 17 Abs. 3 StromStV) sind bei mehrstufigen Lieferketten bei den Unternehmen einzuholen, die die Nutzenergie tatsächlich verwendet haben.[281]

Bei der Verwendung von Nutzenergie durch andere Unternehmen ist § 17c Abs. 5 StromStV zu beachten. Demnach gilt vom Antragsteller erzeugte Nutzenergie nicht als durch ein anderes Unternehmen verwendet, wenn

- dieses andere Unternehmen die Nutzenergie im Betrieb des Antragstellers verwendet,
- solche Nutzenergie üblicherweise nicht gesondert abgerechnet wird und
- Empfänger der unter Verwendung der Nutzenergie erbrachten Leistungen der Antragsteller ist. Es gilt nahezu die gleiche Fiktion wie in § 17b Abs. 4 StromStV.

Das Vergütungsverfahren wird grundsätzlich mit Auszahlung der Vergütung abgeschlossen.[282]

Neben der Abrechnung hat der Begünstigte je Entlastungstatbestand eine Erklärung mit den Inhalten nach § 5 Abs. 2 Energiesteuer- und Strom-

---

281 Vgl. *Möhlenkamp*, in *Möhlenkamp; Milewski,* EnergieStG/StromStG, § 9b StromStG, Tz. 5.
282 Vgl. *Jesse*, Stromsteuervergütungsansprüche, BB 2015, S. 2711 (2716).

steuertransparenzverordnung (EnSTransV[283]) bis zum 30. Juni des Abrechnungsjahres elektronisch abzugeben (§ 3 Abs. 2 Nr. 1 i. V. m. § 5 Abs. 1 u. § 3 Abs. 3 EnSTransV). Voraussetzung ist, dass die einzelne Steuerbegünstigung mehr als 200.000 € im Kalenderjahr beträgt (§ 3 Abs. 1 EnSTransV). Die Nichtbeachtung dieser Pflicht ist eine Ordnungswidrigkeit i. S. v. § 14 Abs. 1 StromStG (§ 15 Abs. 2 i. V. m. Abs. 1 EnStransV). Sie kann mit einem Bußgeld von bis zu 5.000 € geahndet werden (§ 14 Abs. 2 StromStG).

Daten die in einem Steuerverfahren bekanntgeworden sind, können zwischen den HZA, den ÜNB, der BNetzA und dem BAFA ausgetauscht werden, sofern diese die Daten zur Durchführung ihrer Aufgaben nach dem EEG 2017, dem KWKG, dem EnWG oder einer hierauf basierenden Rechtsverordnung benötigen (§ 10a StromStG). ÜNB als nichtstaatliche Stellen sind den staatlichen Stellen gleichgestellt, da sie aufgrund ihrer Rolle im zivilrechtlichen Abwicklungsmechanismus eine besondere Stellung einnehmen.[284] Daneben dürfen zukünftig die Daten hinsichtlich der Energie- und Umweltmanagementsysteme bzw. alternative Systeme ausgetauscht werden. Hierzu müssen die Ermächtigungen nach § 12 Abs. 4 StromStG in die SpaEfV aufgenommen werden.

---

283 Verordnung zur Umsetzung unionsrechtlicher Veröffentlichungs-, Informations- und Transparenzpflichten im Energiesteuer- und im Stromsteuergesetz (Energiesteuer- und Stromsteuer-Transparenzverordnung - EnSTransV) (BGBl. I S. 1158), die zuletzt durch Artikel 6 der Verordnung vom 2. Januar 2018 (BGBl. I S. 84) geändert wurde.

284 *BReg*, Entwurf eines Gesetzes zur Neuregelung von Stromsteuerbefreiungen sowie zur Änderung energiesteuerrechtlicher Vorschriften, S. 36.

2.8 Entlastung für Unternehmen des Produzierenden Gewerbes nach § 10 StromStG

Unternehmen des Produzierenden Gewerbes i. S. v. § 2 Nr. 3 StromStG können eine Entlastung i. H. v. 90 % der Stromsteuer beantragen, höchstens aber 90 % des Betrages, um den die Stromsteuer im Kalenderjahr den Unterschiedsbetrag aus dem Vergleich der ersparten Rentenversicherungsbeiträge übersteigt. Umgangssprachlich wird die Entlastung „Spitzenausgleich" genannt.[285] Sie ist der Zwilling von § 55 EnergieStG.[286] In § 10 StromStG werden die in § 45 EnergieStG genannten Begriffe Erlass, Erstattung und Vergütung statt des Oberbegriffes Steuerentlastung genutzt.[287] Adressat eines Erlasses oder einer Erstattung ist der Steuerschuldner; einer Vergütung ist hingegen ein Dritter, der die Steuerlast getragen hat.[288]

Eine gleichzeitige Begünstigung nach § 9b und § 10 StromStG ist ausgeschlossen, da neben dem Abzug eines Selbstbehalts von 1.000 € (§ 10 Abs. 1 S. 1 StromStG) eine mögliche Steuerentlastung nach § 9b StromStG abgezogen wird (§ 10 Abs. 1 S. 2 StromStG).[289]

Bei den Rentenversicherungsbeiträgen ist zwischen den Beitragssätzen der allgemeinen Rentenversicherung und der knappschaftlichen Rentenversicherung zu unterscheiden. Nachfolgend wird nur die allgemeine Rentenversicherung betrachtet, da die knappschaftliche Rentenversicherung einen Sonderfall darstellt.

2.8.1 Antragsvoraussetzungen

Für die Steuerentlastung nach § 10 StromStG sind folgende Voraussetzungen zu erfüllen.

---

285 Vgl. *Möhlenkamp*, in *Möhlenkamp; Milewski*, EnergieStG/StromStG, § 10 StromStG, Tz. 1; *Schröer-Schallenberg*, Steuer auf elektrischen Strom, Tz. J 145.
286 Vgl. *Möhlenkamp*, in *Möhlenkamp; Milewski*, EnergieStG/StromStG, § 10 StromStG, Tz. 1. mit weiteren Ausführungen zum Stand im Jahr 2012; *Schröer-Schallenberg*, Steuer auf elektrischen Strom, Tz. J 145.
287 Vgl. *Bongartz*, Gemeinsame Voraussetzungen, Tz. H 360; *Jesse*, Stromsteuervergütungsansprüche, BB 2015, S. 2711 (2711).
288 Vgl. *Bongartz*, Gemeinsame Voraussetzungen, Tz. H 360; so auch zu § 9b StromStG: *Wundrack*, in *Bongartz; Jatzke; Schröer-Schallenberg*, EnergieStG/StromStG, § 9b StromStG, Tz. 4.
289 Vgl. *Möhlenkamp*, in *Möhlenkamp; Milewski*, EnergieStG/StromStG, § 10 StromStG, Tz. 1.

Tabelle 33: Voraussetzungen § 10 StromStG "Spitzenausgleich"

1.	Fristgerechter Antrag (Anmeldung)	§ 10 Abs. 1 S. 1 StromStG
	a. bis zum 31. Dezember des Abrechnungsjahres, sofern keine Stromsteuerfestsetzung erfolgte oder	§ 19 Abs. 1 S. 2 StromStV
	b. bis zum 31. Dezember des dem Kalenderjahr der Steuerfestsetzung folgenden Kalenderjahres	§ 19 Abs. 1 S. 3 StromStV
	c. bis zum 31. Juli des Abrechnungsjahres, bei unterjährigen Begünstigungszeiträumen (Kalendermonat, -vierteljahr o. -halbjahr) oder Berücksichtigung der Stromsteuerbegünstigung bei der Festsetzung von Stromsteuervorauszahlungen nach § 6 Abs. 2 StromStG	§ 19 Abs. 3 S. 1 StromStV
2.	Antragstellung nach amtlich vorgeschriebenem Vordruck	§ 19 Abs. 1 S. 1 StromStV
3.	Antragsteller ist Stromentnehmer	§ 10 Abs. 1 S. 5 StromStG
4.	Unternehmen des Produzierenden Gewerbes i. S. v. § 2 Nr. 3 StromStG	§ 10 Abs. 1 S. 1 StromStG
5.	zu begünstigender Strom	
	a. ist nachweislich versteuert,	§ 10 Abs. 1 S. 1 StromStG
	b. ist für betriebliche Zwecke entnommen worden,	§ 10 Abs. 1 S. 1 StromStG
	c. ist nicht im Verkehr mit Oberleitungsomnibussen oder für den Fahrbetrieb im Schienenbahnverkehr, mit Ausnahme der betriebsinternen Werkverkehre und Bergbahnen, entnommen worden und nicht gemäß § 9 Abs. 1 von der Steuer befreit (Eigenversorger / erneuerbarer Strom aus ausschließlich mit diesem gespeisten Netzen),	§ 10 Abs. 1 S. 1 i. V. m. § 9 Abs. 2 StromStG
	d. ist nicht im Fall einer landseitigen Stromversorgung von Wasserfahrzeugen für die Schifffahrt, mit Ausnahme der privaten nichtgewerblichen Schifffahrt, verbraucht worden. Es sei denn die landseitige Versorgung erfolgte bei einem Werftaufenthalt und	§ 10 Abs. 1 S. 1 i. V. m. § 9 Abs. 3 StromStG
	e. wird nicht für Elektromobilität verwendet	§ 10 Abs. 1 S. 6 StromStG
6.	Entlastungsbetrag beträgt mehr als 1.000 € im Kalenderjahr	§ 10 Abs. 1 S. 1 StromStG
7.	Freistellungsanzeige bei der EU-Kommission ist noch nicht ausgelaufen	§ 10 Abs. 8 S. 1 StromStG
8.	Belastung durch Stromsteuer ist höher als Entlastung durch niedrigere Rentenversicherungsbeiträge im Antragsjahr	§ 10 Abs. 2 StromStG

9.	Nachweis des Unternehmens für das Antragsjahr	
	a. über den Betrieb eines Energiemanagementsystems nach DIN EN ISO 50001, Ausgabe Dezember 2011 oder Ausgabe Dezember 2018	§ 10 Abs. 3 S. 1 Nr. 1 lit. a) StromStG
	b. über den Betrieb eines Umweltmanagementsystems nach „EMAS-Verordnung" oder	§ 10 Abs. 3 S. 1 Nr. 1 lit. b) StromStG
	c. bei KMU: über den Betrieb eines alternativen Systems zur Energieeffizienzverbesserung gem. DIN EN 16247-1, Ausgabe Oktober 2012	§ 10 Abs. 3 S. 2 StromStG
10.	Feststellung der Bundesregierung, zum Energiereduzierungszielwert für das Antragsjahr zu mindestens 92 % erreicht wurde	§ 10 Abs. 3 S. 1 Nr. 2 oder Abs. 6 i. V. m. Anlage zu § 10 StromStG
11.	Einhaltung der beihilferechtlichen Voraussetzungen	§ 2a StromStG

(Quelle: eigene Darstellung)

Fristgerechter Antrag

Die Begünstigung wird für das Unternehmen des Produzierenden Gewerbes i. S. v. § 2 Nr. 3 StromStG nur auf fristgerechten Antrag nach amtlich vorgeschriebenem Vordruck beim nach § 1 StromStV zuständigen HZA gewährt. Neben den Fristen zum 31. Dezember eines Jahres (§ 19 Abs. 1 S. 2 u. 3 StromStV) existiert bei unterjährigen Begünstigungszeiträumen nach § 19 Abs. 2 StromStG eine dritte mögliche Frist zum 31. Juli des dem Begünstigungszeitraum folgenden Kalenderjahres (§ 19 Abs. 3 S. 1 StromStV). Wird diese Frist nicht eingehalten, ist die unterjährig festgesetzte Stromsteuerbegünstigung zurückzufordern. Das HZA hat hier kein Ermessen.[290] Im Übrigen wird auf die Ausführungen zu § 9b StromStG (Gliederungspunkt *2.7.1 Antragsvoraussetzungen*) verwiesen.

Eigenschaften Antragsteller

Hinsichtlich der Voraussetzungen zur Vorlage eines Unternehmens des produzierenden Gewerbes wird auf die Ausführungen zu § 9b StromStG (siehe Gliederungspunkt *2.7.1 Antragsvoraussetzungen*) verwiesen.

Zu begünstigender Strom

Die Voraussetzungen nach § 9b und § 10 StromStG sind hinsichtlich des zu begünstigenden Stroms unterschiedlich.

---

290 Vgl. zum vorhergehenden § 18 Abs. 3 StromStV: *Möhlenkamp*, in *Möhlenkamp; Milewski*, EnergieStG/StromStG, § 10 StromStG, Tz. 5.

Tabelle 34: Begünstigender Strom Abweichungen zwischen § 9b u. § 10
StromStG

§ 9b Abs. 1 S. 1 u. 4 StromStG	§ 10 Abs. 1 S. 1 i. V. m. § 9 Abs. 2, § 10 Abs. 1 S. 6 StromStG
ist nachweislich nach § 3 StromStG (20,50 €/MWh) versteuert,	ist nachweislich versteuert,
ist für betriebliche Zwecke entnommen worden,	ist für betriebliche Zwecke entnommen worden,
ist nicht von der Steuer nach § 9 Abs. 1 befreit und	ist nicht im Verkehr mit Oberleitungsomnibussen oder für den Fahrbetrieb im Schienenbahnverkehr mit Ausnahme der betriebsinternen Werkverkehre und Bergbahnen entnommen worden und nicht gemäß § 9 Abs. 1 von der Steuer befreit (Eigenversorger / erneuerbarer Strom aus ausschließlich mit diesem gespeisten Netzen),
-	ist nicht im Fall einer landseitigen Stromversorgung von Wasserfahrzeugen für die Schifffahrt, mit Ausnahme der privaten nichtgewerblichen Schifffahrt, verbraucht worden, es sei denn, die landseitige Versorgung erfolgte bei einem Werftaufenthalt und
wird nicht für Elektromobilität verwendet	wird nicht für Elektromobilität verwendet

(Quelle: eigene Darstellung)

Die Gleichheit des Wortlauts „ist für betriebliche Zwecke entnommen worden" erfreut, ist die Abgrenzung doch eine komplexe Aufgabe. Konsequenterweise gelten gemäß § 19 Abs. 4 S. 1 StromStV die Regelungen in § 17b Abs. 3 bis 7 und § 17c StromStV entsprechend. Folglich kann an dieser Stelle insoweit auf die Ausführungen zu § 9b StromStG (siehe Gliederungspunkt *2.7.1 Antragsvoraussetzungen*) verwiesen werden.

Abweichend zu § 9b StromStG ist nach § 10 StromStG ermäßigt besteuerter „Verkehrsstrom" (§ 10 i. V. m. § 9 Abs. 2 StromStG) und ermäßigt besteuerter Landstrom für Schiffe (§ 10 i. V. m. § 9 Abs. 3 StromStG) bei der Begünstigung ausgeschlossen. Dagegen findet sich in § 10 StromStG kein Ausschluss für nach § 9 Abs. 1 StromStG befreiten Strom. Dies ist meines Erachtens der unterschiedlichen Begünstigung nach § 9b und § 10 StromStG geschuldet. Erhält der Antragsteller nach § 9b Abs. 2 StromStG grundsätzlich einen Festbetrag i. H. v. 5,13 €/MWh erstattet, ist Begünstigungsgrundlage nach § 10 Abs. 2 StromStG seine Steuerlast. Infolgedessen muss hinsichtlich der Voraussetzung des versteuerten Stroms nicht der Verweis auf § 3 StromStG erfolgen.

Energie- oder Umweltmanagementsystem

Die Begünstigung nach § 10 StromStG enthält gegenüber § 9b StromStG zwei zusätzliche Voraussetzungen. Zum einen muss ein Managementsystem im Begünstigungszeitraum unterhalten werden (§ 10 Abs. 3 Nr. 1 StromStG), zum anderen muss die Bundesregierung einen Zielwert zur Reduzierung der Energieintensität feststellen (§ 10 Abs. 3 Nr. 1 StromStG).

Die Anforderung der Unterhaltung eines Managementsystems im Begünstigungszeitraum kann durch

- den Betrieb eines Energiemanagementsystems entsprechend der DIN EN ISO 5001, Ausgabe Dezember 2011 oder 2018 (§ 10 Abs. 4 Nr. 1 lit. a) StromStG) oder
- der Registrierung nach Art. 13 der EMAS-Verordnung der Europäischen Union (Umweltmanagementsystem)

erfüllt werden. Der Betrieb eines Energiemanagementsystems entsprechend der DIN EN ISO 5001, Ausgabe Dezember 2011 oder 2018, muss durch Umweltgutachter i. S. d. Umweltauditgesetzes oder durch akkreditierte Konformitätsbewertungsstellen i. S. v. § 18 StromStV bestätigt werden (§ 10 Abs. 7 StromStG). Die DIN EN ISO 5001, Ausgaben Dezember 2011 und 2018, sind nicht im Bundesgesetzblatt veröffentlicht. Sie sind lediglich in der Nationalbibliothek archivmäßig gesichert und niedergelegt (§ 10 Abs. 9 StromStG). Zudem wird in § 10 Abs. 9 StromStG auf die Beuth Verlag GmbH, Berlin verwiesen.

Kleine und mittlere Unternehmen i. S. d. Empfehlung der EU-Kommission[291] können nach § 10 Abs. 3 S. 2 StromStG anstelle der Managementsysteme gem. § 10 Abs. 3 S. 1 Nr. 1 StromStG alternative Systeme zur Verbesserung der Energieeffizienz betreiben. Diese müssen den Anforderungen der DIN EN 16247-1, Ausgabe Oktober 2012, entsprechen. Hierzu ist dem Antrag eine Selbsterklärung über die Erfüllung Voraussetzungen der Empfehlung der EU-Kommission beizufügen (§ 19 Abs. 4 S. 2 StromStV). In der Spitzenausgleich-Effizienzsystemverordnung (SpaEfV) werden Anforderungen an die alternativen Systeme zur Verbesserung der Energieeffizienz und

---

291 Empfehlung der Kommission vom 6. Mai 2003 betreffend die Definition der Kleinstunternehmen sowie der kleinen und mittleren Unternehmen (ABl. EU L 124, S. 36 vom 20. Mai 2003).

die Nachweisführung für diese sowie für die Managementsysteme nach § 10 Abs. 3 S. 1 Nr. 1 lit. a) u. b) StromStG gestellt (§ 1 Nr. 1 u. 2 SpaEfV).

Einhaltung Zielwert zur Reduzierung der Energieintensität

Gemäß § 10 Abs. 3 S. 1 Nr. 2 lit. a) StromStG muss die Bundesregierung für den Begünstigungszeitraum auf Basis eines unabhängigen wissenschaftlichen Gutachtens feststellen, dass der nach Anlage zu § 10 StromStG vorgesehene Zielwert für eine Reduzierung der Energieintensität erreicht wurde. Diese Feststellung muss im Bundesgesetzblatt bekannt gemacht worden sein (§ 10 Abs. 3 S. 1 Nr. 2 lit. b) StromStG). Wird dieses Ziel nicht erreicht, kann abweichend eine Steuerentlastung i. H. v. 60 % erfolgen, wenn der Zielwert zu mindestens 92 % oder i. H. v. 80 % erfolgen, wenn der Zielwert zu mindestens 96 % erreicht wurde (§ 10 Abs. 6 StromStG). Derzeit existieren folgende Feststellungen:

Tabelle 35: Bekanntmachungen der Bundesregierung gem. § 10 Abs. 3 S. 1 Nr. 2 lit. b) StromStG

Begünstigungs-zeitraum	Zielwert erreicht?	Bekanntmachung vom	Fundstelle
2015	Ja	21. Januar 2015	BGBl. I S. 26
2016	Ja	6. Januar 2016	BGBl. I S. 32
2017	Ja	11. Januar 2017	BGBl. I S. 106
2018	Ja	13. Dezember 2017	BGBl. I S. 3936
2019	Ja	19. Dezember 2018	BGBl. I S. 2706

(Quelle: eigene Darstellung)

Beihilferechtliche Voraussetzungen

Neben den Voraussetzungen nach § 10 StromStG, §§ 18 und 19 StromStV sind die beihilferechtlichen Voraussetzungen nach § 2a StromStG zu beachten (siehe hierzu Gliederungspunkt *2.7.1 Antragsvoraussetzungen*). § 2a Abs. 3 StromStG stellt klar, dass die Entlastung nach § 10 StromStG zu den staatlichen Beihilfen im Sinne des Art. 107 AEUV gehört.[292]

---

292 *BReg*, Entwurf zweites Gesetz zur Änderung des Energiesteuer- und des Stromsteuergesetzes, S. 63.

Sonstige steuerrechtliche Voraussetzungen

Neben den speziellen Vorschriften des Stromsteuerrechts sind die allgemeinen steuerlichen Vorschriften wie die der Abgabenordnung zu beachten.

2.8.2 Antragsverfahren

Ein vorgelagertes Antragsverfahren existiert nicht, da der zu entlastende Strom nachweislich nach § 3 StromStG (20,50 €/MWh) versteuert sein muss (§ 10 Abs. 1 S. 1 StromStG).

2.8.3 Erhebungsverfahren

Eine Berücksichtigung bei der Erhebung erfolgt nicht, da der zu entlastende Strom nachweislich nach § 3 StromStG (20,50 €/MWh) versteuert sein muss (§ 10 Abs. 1 S. 1 StromStG).

2.8.4 Abrechnungsverfahren

Für das Abrechnungsverfahren gilt grundsätzlich die Abgabenordnung (§ 1 Abs. 1 AO). Spezielle Vorgaben finden sich in § 19 StromStV i. V. m. §§ 17b und 17c StromStV sowie in § 2a StromStV. Die Entlastung ist beim nach § 1 StromStV zuständigen HZA nach amtlich vorgeschriebenem Vordruck für den im vorhergehenden Kalenderjahr (Abrechnungszeitraum) entnommenen Strom (Verwendungsjahr) zu beantragen (§ 19 Abs. 1 S. 1 StromStV).

Ist für die Bestimmung der Zuordnung des Unternehmens als Unternehmen des Produzierenden Gewerbes das dem Verwendungsjahr vorhergehende Kalenderjahr gemäß § 15 Abs. 3 S. 1 i. V. m. Abs. 2 StromStV maßgebend, kann als vorläufiger Abrechnungszeitraum der Kalendermonat, das Kalendervierteljahr oder -halbjahr beantragt werden (§ 19 Abs. 2 S. 1 StromStV). Das HZA kann den Antrag unbeschadet der Festsetzung der Stromsteuervorauszahlungen des Antragsstellers nach § 6

Abs. StromStV zulassen (§ 19 Abs. 2 S. 1 StromStG). Die „Kann"-Vorschrift ist eine „Muss"-Vorschrift, sofern die Voraussetzungen erfüllt sind.[293]

Die Höhe der Steuerbegünstigung ist in diesen Fällen sinngemäß nach § 10 StromStG zu ermitteln und nur zu erstatten, wenn sie bereits im ersten vorläufigen Abrechnungszeitraum den Unterschiedsbetrag in der Rentenversicherung übersteigt, den Nachweis über das Energie- bzw. Umweltmanagementsystem erbracht hat und die Bekanntmachung der Bundesregierung über die Erreichung der Energieeffizienz erfolgt ist (§ 19 Abs. 2 S. 2 u. 3 StromStG). Daneben sind die gemäß § 19 Abs. 4 StromStV die Vorgaben nach § 17b Abs. 3 StromStV (Beschreibung der wirtschaftlichen Tätigkeit), nach § 17b Abs. 6 StromStV (buchmäßiger Nachweis) und § 17c StromStV (Verwendung von Nutzenergie durch andere Unternehmen) entsprechend anzuwenden. Es wird an dieser Stelle auf die Ausführungen unter Gliederungspunkt *2.7.4 Abrechnungsverfahren* zur Entlastung nach § 9b StromStG verwiesen.

Das Verfahren endet mit einem Vergütungsbescheid.[294]

---

293 Vgl. zum vorherigen § 18 Abs. 3 StromStV: *Möhlenkamp,* in *Möhlenkamp; Milewski,* EnergieStG/StromStG, § 10 StromStG, Tz. 4. m. w. N.

294 Vgl. *Jesse,* Stromsteuervergütungsansprüche, BB 2015, S. 2711 (2716).

3 Gemeinsamkeiten und Widersprüche der allgemeinen direkten Entlastungsregelungen

3.1 Gründe für die Einführung der jeweiligen Entlastungsregelung

Jede der acht unter Gliederungspunkt 2 *Die allgemeinen direkten Entlastungen* vorgestellten Entlastungen basiert auf einem Gesetz oder einer Verordnung. Aber wann und warum wurde die jeweilige Entlastung ursprünglich eingeführt?

Entlastung für Sondervertragskunden nach § 2 Abs. 4 KAV

Die Entlastung von Sondervertragskunden ist seit der Bekanntgabe der KAV im Bundesgesetzblatt am 9. Januar 1992 (BGBl. I 1992, S. 12) in § 2 Abs. 4 KAV geregelt. Ziel war die Konzessionsabgabenbefreiung für Stromlieferungen unterhalb des Grenzpreises.[295] Hiermit sollte der bisherigen Praxis in Gebieten mit Konzessionsabgabe weitgehend gefolgt werden.[296] Laut Angabe der Elektrizitätswirtschaft würde der vorgesehene Grenzpreis dazu führen, dass mehr als 95 % der seinerzeitigen 227.000 Sondervertragskunden mit der Konzessionsabgabe belastet würden.[297] Die zuständigen Ausschüsse des Bundesrates sahen aufgrund der Wettbewerbsposition und der allgemeinen Begrenzung nach § 2 Abs. 2 KAV kein Bedürfnis für den Schutz von Sondervertragskunden.[298] Einzige zulässige Begründung wäre der Schutz von Großverbrauchern vor Nachteilen im internationalen Wettbewerb.[299]

---

295 *BReg*, Entwurf KAV 1991, S. 17.
296 *BReg*, Entwurf KAV 1991, S. 17.
297 *BReg*, Entwurf KAV 1991, S. 17.
298 *Ausschüsse des Bundesrates*, Stellungnahme Ausschüsse BR zum Entwurf der KAV 1991, S. 7.
299 *Ausschüsse des Bundesrates*, Stellungnahme Ausschüsse BR zum Entwurf der KAV 1991, S. 8.

Entlastung stromkostenintensiver Unternehmen nach § 63 Nr. 1 i. V. m. § 64 EEG 2017

Mit dem EEGÄndG1[300] wurde die Besondere Ausgleichsregelung als § 11a in das EEG 2000[301] eingefügt. Ziel der Begrenzung war die Vermeidung einer erheblichen und nicht nur temporären Beeinträchtigung der Wettbewerbsfähigkeit stromintensiver Unternehmen des Produzierenden Gewerbes.[302] Das BAFA konnte auf Antrag den Anteil der Strommenge nach § 11 Abs. 4 S. 1 EEG 2000, der von den EVU an Letztverbraucher, die Unternehmen des produzierenden Gewerbes waren, weitergegeben wurde, begrenzen (§ 11a Abs. 1 Hs. 1).

Die Begrenzung erfolgte auf 0,05 Ct/kWh für den 100 GWh übersteigenden Verbrauch an einer Abnahmestelle (§ 11a Abs. 3). Sie durfte die Ziele des EEG 2000 nicht gefährden und musste mit den Interessen aller Stromverbraucher vereinbar sein (§ 11a Abs. 1 Hs. 2). Zum Erhalt der Begrenzung musste das Unternehmen oder der selbständige Unternehmensteil gemäß § 11a Abs. 2 S. 1 nachweisen, dass

- der Stromverbrauch aus dem Netz der allgemeinen Versorgung in den letzten zwölf abgeschlossenen Kalendermonaten an einer Abnahmestelle 100 GWh überstieg,
- die Stromkosten mehr als 20 % der Bruttowertschöpfung des Unternehmens betrugen,
- die Strommenge nach § 11 Abs. 4 S. 1 EEG 2000 anteilig an das Unternehmen weitergereicht wurde und
- die sich aus den nach § 11 Abs. 4 S. 1 u. 5 EEG 2000 gezahlten Vergütungen und den durchschnittlichen Strombezugskosten pro Kilowattstunde des EVU in den letzten zwölf abgeschlossenen Kalendermonaten ergebenden Kosten (Differenzkosten) maßgeblich zu einer erheblichen Beeinträchtigung der Wettbewerbsfähigkeit des Unternehmens führten.

EVU waren verpflichtet, dem Unternehmen die anteilig weitergereichte Strommenge und die Differenzkosten durch Testat einer Wirtschaftsprüferin/eines Wirtschaftsprüfers oder einer vereidigten Buchprüferin/eines vereidigten Buchprüfers nachzuweisen (§ 11a Abs. 2 S. 2). Der Antragsteller hatte die Nachweise im Antragsverfahren zu verwenden. Zudem waren die Voraussetzungen durch Stromlieferungsverträge der letzten zwölf abge-

---

300 Erstes Gesetz zur Änderung des Erneuerbaren-Energien-Gesetzes vom 16. Juli 2003 (BGBl. I 2003, S. 1459), im Weiteren EEGÄndG1.
301 Gesetz für den Vorrang Erneuerbarer Energien vom 29. März 2000 (BGBl. I 2000 S. 305), im Weiteren nur noch EEG 2000.
302 *Fraktionen der SPD und Bündnis 90/Die Grünen*, Entwurf EEGÄndG1, S. 1.

schlossenen Kalendermonate und einem Gutachten einer Wirtschaftsprüferin/eines Wirtschaftsprüfers oder einer vereidigten Buchprüferin / eines vereidigten Buchprüfers nachzuweisen (§ 11a Abs. 2 S. 3).

Entlastung für stromkostenintensive Unternehmen nach § 27 Abs. 1 KWKG

Erstmals war die Entlastung von der KWKG-Umlage im KWKG vom 22. März 2002[303] (KWKG 2002) möglich. Nach § 9 Abs. 7 S. 2 u. 3 KWKG 2002 konnten Letztverbraucher im Allgemeinen und Unternehmen des Produzierenden Gewerbes als spezielle Letztverbraucher eine Entlastung beantragen. Letztere mussten auf Verlangen des Netzbetreibers für den Nachweis des Stromkostenanteils am Umsatz ein Testat von Wirtschaftsprüfer_innen oder vereidigten Buchprüfer_innen vorlegen (§ 9 Abs. 7 S. 4 KWKG 2002).

Tabelle 36: Entlastungsregelungen nach § 9 Abs. 7 KWKG 2002

Begünstigter	Jahresverbrauch an einer Abnahmestelle	Anteil der Stromkosten am Umsatz im vorhergehenden Kalenderjahr	Begrenzung an der Abnahmestelle für den Stromverbrauch aus dem Netz für allgemeine Versorgung auf max.	Fundstelle
Letztverbraucher	> 100.000 kWh		0,05 ct/kWh für den 100.000 kWh übersteigenden Stromverbrauch	§ 9 Abs. 7 S. 2 KWKG 2002
Letztverbraucher ist Unternehmen des Produzierenden Gewerbes	> 100.000 kWh	> 4 %	der Hälfte des Betrages nach § 9 Abs. 7 S. 2 KWKG 2002, d. h. 0,025 ct/kWh	§ 9 Abs. 7 S. 2 u. 3 KWKG 2002

(Quelle: eigene Darstellung)

Der Selbstbehalt von 100.000 kWh sollte auf der einen Seite sicherstellen, dass keine unbillige Belastung stromintensiver Abnehmer erfolgt, auf der anderen Seite sollte keine unverhältnismäßige Beteiligung der Haushaltskunden an den Kosten erfolgen.[304] Die Entlastungsmöglichkeit für Unternehmen des Produzierenden Gewerbes sollte Unternehmen, die im beson-

---

303 Gesetz für die Erhaltung, die Modernisierung und den Ausbau der Kraft-Wärme-Kopplung (Kraft-Wärme-Kopplungsgesetz) in der Urfassung vom 19. März 2002 (BGBl. I S. 1092).

304 *Ausschuss für Wirtschaft und Technologie*, Beschlussempfehlung und Bericht zum KWKG 2002, S. 15.

deren internationalen Wettbewerb stehen, vor Standortnachteilen schützen.[305]

Entlastung für stromkostenintensive Unternehmen nach § 17f EnWG

Die Entlastung von der Offshore-Haftungsumlage wurde mit Artikel 1 des Dritten Gesetzes zur Neuregelung energiewirtschaftlicher Vorschriften[306] (3. EnWNG) eingeführt. Der Regierungsentwurf enthält hierzu folgende Aussage: „Entsprechend der Regelung in § 9 Absatz 7 des Kraft-Wärme-Kopplungsgesetzes erfolgt dabei eine Differenzierung zwischen Letztverbrauchern in Abhängigkeit zu ihrem Stromverbrauch."[307] Diese kurze Aussage verwundert, enthält die Begründung doch ausführliche Darstellungen zur Grundrechtsbetroffenheit.[308] Auch der Bundestagsausschuss geht nicht weiter hierauf ein.[309] Insgesamt wurde mit einem Umlageaufkommen von 650 Mio. € bzw. 0,25 Ct/kWh gerechnet.[310]

Entlastung für Großverbraucher nach § 19 Abs. 2 S. 2 bis 4 StromNEV

§ 19 StromNEV wurde bereits mehrfach geändert.[311] Die Urfassung der Entlastung von Großverbrauchern in § 19 Abs. 2 S. 2 bis 4 Ur-StromNEV[312] setzte eine Benutzungsstundenzahl von 7.500 Stunden voraus und das individuelle Netzentgelt musste mindestens 50 % des veröffentlichten Netzentgelts betragen. Abweichend vom derzeitigen Wortlaut waren nicht nur die Beiträge zur Senkung oder zu einer Vermeidung der Erhöhung der Netzkosten der Netz- oder Umspannebene zu berücksichtigen, an der oder die der Großverbraucher angeschlossen ist. Es hatten sich alle vorgelagerten Netz- und Umspannebenen widerzuspiegeln (§ 19 Abs. 2 S. 3 Ur-StromNEV). Ursächlich für die individuellen Netzgebühren war

---

305 *Ausschuss für Wirtschaft und Technologie*, Beschlussempfehlung und Bericht zum KWKG 2002, S. 15.

306 Drittes Gesetz zur Neuregelung energiewirtschaftsrechtlicher Vorschriften vom 20 Dezember 2012 (BGBl. I 2012, S. 2730).

307 *BReg*, Entwurf eines 3. EnWNG, S. 32.

308 *BReg*, Entwurf eines 3. EnWNG, S. 29.

309 *Ausschuss für Wirtschaft und Technologie*, Beschlussempfehlung und Bericht zum 3. EnWNG, S. 54.

310 *BReg*, Entwurf eines 3. EnWNG, S. 21.

311 Vgl. *Mohr*, in *Säcker*, BerlKommEnR, Band 3, § 19 StromNEV, Tz. 4 ff. mit Darstellung der Regelungshistorie.

312 Stromnetzentgeltverordnung in der Urfassung vom 28. Juli 2005 (BGBl. I S. 2225), im Weiteren nur noch Ur-StromNEV.

die deutlich von den Annahmen zur Preisfindung nach § 16 Ur-StromNEV abweichende Leistungsaufnahme.[313]

Entlastung für Letztverbraucher nach § 19 Abs. 2 S. 15 StromNEV

Mit Artikel 17 des Gesetzes zur Neuregelung energiewirtschaftlicher Vorschriften vom 26. Juli 2011[314] (EnWNG) wurde ein bundesweiter Ausgleich geschaffen.[315] Im seinerzeit neu eingefügten § 19 Abs. 2 S. 7 StromNEV erfolgte der Verweis auf den Belastungsausgleich nach § 9 KWKG in der Fassung vom 19. März 2002 (BGBl. I S. 1092).

Einen Grund für den Verweis auf § 9 KWKG enthält die Begründung des Ausschusses für Wirtschaft und Technologie nicht. Dieser hatte die Einfügung des bundesweiten Ausgleichs lediglich mit der Vermeidung überproportionaler regionaler Belastungen begründet.[316]

Entlastung für Unternehmen des Produzierenden Gewerbes nach § 9b StromStG

Die Stromsteuer wurde mit Artikel 1 des Gesetzes zum Einstieg in die ökologische Steuerreform vom 24. März 1999 (BGBl. I S. 378) eingeführt (Ur-StromStG[317]) und trat gemäß Artikel 3 zum 1. April 1999 in Kraft. Der Regelsteuersatz betrug 20 DM/MWh (§ 3 Ur-StromStG). In § 9 Abs. 3 Ur-StromStG war ein ermäßigter Steuersatz für Unternehmen des Produzierenden Gewerbes oder Unternehmen der Land- und Forstwirtschaft als Letztverbraucher vorgesehen. Er galt für zu betriebliche Zwecke entnommene und nicht steuerbefreite Verbrauchsmengen von über 50 MWh im Kalenderjahr. Ausgenommen war nach § 9 Abs. 1 Ur-StromStG befreiter Strom oder nach § 9 Abs. 2 Ur-StromStG ermäßigt besteuerter Strom für Nachtspeicheröfen und Schienenbahnverkehr, ohne Werkverkehre oder Bergbahnen sowie Oberleitungsomnibusse. § 9 Abs. 3 Ur-StromStG war der Vorläufer der heutigen Entlastungsregelung in § 9b StromStG.[318]

---

313 *BReg,* Verordnung über die Entgelte für den Zugang zu Elektrizitätsversorgungsnetzen (Stromnetzentgeltverordnung - StromNEV), S. 40.

314 Gesetz zur Neuregelung energierechtlicher Vorschriften vom 26. Juli 2011 (BGBl. I S. 1554), im Weiteren nur noch EnWNG.

315 Vgl. *Mohr,* in *Säcker,* BerlKommEnR, Band 3, § 19 StromNEV, Tz. 5.

316 *Ausschuss für Wirtschaft und Technologie,* Beschlussempfehlung und Bericht zum EnWNG, S. 34.

317 Stromsteuergesetz in der Urfassung vom 24. März 1999 (BGBl. I 1999, S. 378), im Weiteren nur noch Ur-StromStG.

318 Vgl. *Schröer-Schallenberg,* Steuer auf elektrischen Strom, Tz. J 111 ff. mit Darstellung der Regelungshistorie.

Die Aufnahme ins Ur-StromG erfolgte, da die Konzeption des Strom-steuergesetzes sowohl wirtschaftspolitische als auch ökologische Ziele be-rücksichtigte.[319] Aufgrund der seinerzeit noch nicht erreichten umfassen-den Harmonisierung der Energiebesteuerung in der EU sollte der Wirt-schaftsstandort Deutschland nicht gefährdet werden.[320] Daher unterlag nur die jährliche Verbrauchsmenge von 50 MWh dem vollen Steuersatz (1.000 DM Sockelbetrag).[321] Der Sockelbetrag war zur Beschränkung des Begünstigtenkreises notwendig, diente der Vereinfachung des Verwal-tungsvollzuges und war daher aus Praktikabilitätsgründen unerlässlich.[322] Unternehmen des Produzierenden Gewerbes waren Unternehmen des Bergbaus, des verarbeitenden Gewerbes, des Baugewerbes, der Elektrizi-täts-, Gas-, Fernwärme- oder Wasserversorgungswirtschaft, die einem ent-sprechenden Wirtschaftszweig der Klassifikation der Wirtschaftszweige des Statistischen Bundesamtes zugeordnet werden konnten (§ 2 Nr. 3 Ur-StromG).

Entlastung für Unternehmen des Produzierenden Gewerbes nach § 10 StromStG

Nach § 10 Abs. 1 u. 2 Ur-StromStG erhielten Unternehmen des Produzie-renden Gewerbes für zu betrieblichen Zwecken entnommenen Strom eine Entlastung von der Stromsteuer, wenn die Steuer den Sockelbetrag von 1.000 € überstieg. Die Entlastung von der Stromsteuer erfolgte nur inso-weit, als die Stromsteuer im Kalenderjahr das 1,2fache der Entlastung aus der Senkung der Rentenversicherungsbeiträge überstieg. § 10 Ur-StromStG sollte gewährleisten, dass energieintensive Unternehmen durch die Einfüh-rung der Stromsteuer über einen Selbstbehalt hinaus nicht belastet wur-den.[323]

---

319 *Fraktionen der SPD und Bündnis 90/Die Grünen*, Entwurf eines Gesetzes zum Ein-stieg in die ökologische Steuerreform, S. 9.
320 *Fraktionen der SPD und Bündnis 90/Die Grünen*, Entwurf eines Gesetzes zum Ein-stieg in die ökologische Steuerreform, S. 9.
321 *Fraktionen der SPD und Bündnis 90/Die Grünen*, Entwurf eines Gesetzes zum Ein-stieg in die ökologische Steuerreform, S. 9.
322 *Fraktionen der SPD und Bündnis 90/Die Grünen*, Entwurf eines Gesetzes zum Ein-stieg in die ökologische Steuerreform, S. 9.
323 *Finanzausschuss*, Bericht, S. 16.

3.2 Unterlegung durch europäisches Sekundärrecht

Die Besteuerung von Strom ist in der Energiesteuerrichtlinie[324] (EnergieSt-RL) und die Förderung Erneuerbarer Energien in der bis zum 30. Juni 2021 gültigen Erneuerbare-Energien-Richtlinie 2009 (EE-RL) geregelt.[325] Vorgaben für allgemeine direkte Entlastungen enthält lediglich die EnergieSt-RL.[326] Energieintensive Betriebe (Art. 17 Abs. 1 EnergieSt-RL) können gemäß Art. 17 Abs. 1 u. 2 EnergieSt-RL eine Stromsteuerermäßigung oder -befreiung erhalten. Eine Befreiung ist zulässig, wenn im Durchschnitt aller Betriebe die Mindeststeuerbeträge eingehalten werden (Art. 17 Abs. 2 i. V. m. Art. 4 Abs. 1 EnergieSt-RL). Der Mindeststeuerbetrag für betrieblich verwendeten Strom beträgt 0,5 €/MWh (Tabelle C EnergieSt-RL).

Eine vorgesehene Steuerentlastung hat der Mitgliedstaat der EU-Kommission zu melden (Art. 26 Abs. 1 EnergieSt-RL) und sofern sie möglicherweise eine staatliche Beihilfe darstellt, bei der EU-Kommission nach Art. 108 Abs. 3 AEUV zu notifizieren (Art 26 Abs. 2 EnergieSt-RL).[327] Der Hinweis in Art. 26 Abs. 2 EnergieSt-RL erfolgte aufgrund der Rechtsprechung des EuGH und auf Anregung der Generaldirektion Wettbewerb.[328] Staatliche oder aus staatlichen Mitteln gewährte Beihilfen egal welcher Art, die den Wettbewerb durch Begünstigung bestimmter Produktionszweige oder Unternehmen zu verfälschen drohen oder verfälschen, sind verboten, soweit sie den Handel zwischen Mitgliedstaaten beeinträchtigen und nicht durch den AEUV oder den Vertrag über die Europäische Union

---

324 Richtlinie 2003/96/EG des Rates vom 27. Oktober 2003 zur Restrukturierung der gemeinschaftlichen Rahmenvorschriften zu Besteuerung von Energieerzeugnissen und elektrischem Strom (ABl. EU L 283 vom 31. Oktober 2003, S. 51, zuletzt geändert durch Art. 1 ÄndB (EU) 2018/552 vom 6. April 2018 (ABl. EU L 91 vom 9. April 2018, S. 27), im Weiteren nur noch EnergieSt-RL.
325 Richtlinie 2009/28/EG des Europäischen Parlamentes und des Rates vom 23. April 2009 zu Förderung der Nutzung von Energie aus erneuerbaren Quellen und zur Änderung und anschließenden Aufhebung der Richtlinien 2001/77/EG und 2003/30/EG (ABl. EU L 140 vom 5. April 2019, S. 16; berichtigt ABl. EU L 216 vom 22. Juli 2014, S. 5 und ABl. EU L 265 vom 5. September 2014, S. 33), zuletzt geändert durch Art. 37 ÄndRL (EU) 2018/2001 vom 11. Dezember 2018 (ABl. EU L 328 vom 21. Dezember 2018, S. 82), im Weiteren nur noch EE-RL.
326 Vgl. *Reuster; Fiedler; Graichen u. a.*, Reformvorschlag, S. 154.
327 Vgl. *Jatzke*, Europäisches Verbrauchsteuerrecht, Tz. B13.
328 Vgl. ausführlich *Jatzke*, Europäisches Verbrauchsteuerrecht, Tz. B13. m.w.N.

(EUV[329]) erlaubt sind (Art. 107 Abs. 1 AEUV). Beihilferechtliche Entscheidungen fällt die EU-Kommission, anders als beispielsweise im Steuerrecht, autonom.[330] Der Rat kann diese nur bei außergewöhnlichen Umständen einstimmig ändern (Art. 108 Abs. 2 UAbs. 3 AEUV). Hierdurch hat die EU-Kommission ein natürliches Interesse an der Anwendung des Beihilferechts.[331]

Zwei beihilferechtliche Verlautbarungen der EU-Kommission sind für die Entlastung stromkostenintensiver Unternehmen relevant. Zusammen bilden sie ein zweistufiges Regelungsregime.[332] Auf der ersten Stufe sind die Voraussetzungen der AGVO und auf der zweiten Stufe die Voraussetzungen der UEBLL zu prüfen.[333] Für die Anwendung der De-minimis-Verordnung[334] besteht dagegen „wenig Raum".[335] Ein einziger Anwendungsfall über insgesamt 200.000 € Beihilfe innerhalb der letzten drei Steuerjahre führt nach deren Art. 3 Abs. 2 zur Nichtanwendbarkeit.[336]

Die bis zum 31. Dezember 2020 gültige AGVO (Art. 59 AGVO) gilt grundsätzlich für Umweltschutzbeihilfen (Art. 1 Abs. 1 lit. c) AGVO). Sie gilt in jedem Mitgliedstaat unmittelbar (Art. 288 Abs. 2 AEUV). Von den Vorgaben für Umweltschutzbeihilfen in Abschnitt 7 AGVO ist Art. 44 AGVO für allgemeine direkte Entlastungen relevant. Demnach sind Beihilferegelungen in Form von Umweltsteuerermäßigungen nach der EnergieSt-RL bei Vorlage der Voraussetzungen von Art. 44 AGVO von der Anmeldung nach Art. 108 Abs. 3 AEUV freigestellt.

---

329 Vertrag über die Europäische Union (Abl. EU C 326 vom 26. Oktober 2012, S. 13), im Weiteren EUV.

330 Vgl. *Schröer-Schallenberg*, Europäisches Beihilfenrecht, Tz. H 320.

331 Vgl. hierzu *Stöbener de Mora*, Anmerkungen zu EuGH, Urteil vom 28. März 2019 - C-405/16 P, NVwZ 2019, S. 633 (634). m.w.N; sowie ausführlich im Hinblick auf die UEBLL: *Kröger*, EEG 2014 & Europäisierung, NuR 2016, S. 85 (87 ff.); *Scholtka; Trottmann*, EEG 2012 ist keine Beihilfe, ER 2019, S. 91 (95).

332 Vgl. *Mussaeus; Otter*, Beihilferahmen, S. 94.

333 Vgl. *Mussaeus; Otter*, Beihilferahmen, S. 94.

334 Verordnung (EU) Nr. 1407/2013 der Kommission vom 18. Dezember 2013 über die Anwendung der Artikel 107 und 108 des Vertrags über die Arbeitsweise der Europäischen Union auf De-minimis-Beihilfen (ABl. EU L 352 vom 24. Dezember 2013, S. 1).

335 Vgl. *Jatzke*, Europäisches Verbrauchsteuerrecht, Tz. B 16.

336 Vgl. *Jatzke*, Europäisches Verbrauchsteuerrecht, Tz. B 16.

Tabelle 37: Voraussetzungen Art. 44 AGVO

Abs.	Voraussetzungen Art. 44 AGVO
1	• Einhaltung der Vorgaben des Kapitel 1 AGVO • Art. 1 Geltungsbereich • Art. 2 Begriffsbestimmungen • Art. 3 Freistellungsvoraussetzungen • Art. 4 Anmeldeschwellen (*Anm.*: Es ist keine Schwelle für Umweltsteuerermäßigungen enthalten.) • Art. 5 Transparenz der Beihilfe • Art. 6 Anreizeffekt (*Anm.*: Es ist kein Anreizeffekt für Umweltsteuerermäßigungen nach Art. 6 Abs. 5 lit. e) AGVO erforderlich) • Art. 7 Beihilfeintensität und beihilfefähige Kosten • Art. 8 Kumulierung • Art. 9 Veröffentlichung und Kommunikation
2	Begünstigte der betreffenden Steuerermäßigung werden anhand transparenter und objektiver Kriterien ausgewählt und entrichten mindestens die in der EnergieSt-RL festgelegten Mindeststeuerbeträge
3	Beihilferegelungen in Form von Steuerermäßigungen basieren auf einer Senkung des anwendbaren Umweltsteuersatzes oder der Zahlung eines festen Ausgleichsbetrags oder einer Kombination solcher Mechanismen.
4	Ausgeschlossen sind Beihilfen für Biokraftstoffe, für die eine Liefer- oder Beimischverpflichtung besteht.

(Eigene Darstellung)

Ist Art. 44 AGVO nicht einschlägig, wird die dann erforderliche Anmeldung nach § 108 Abs. 3 AEUV auf Basis der UEBLL (2. Stufe) beihilferechtlich durch die EU-Kommission geprüft.[337] In den UEBLL werden die Voraussetzungen zur Vereinbarkeit von Energie- und Umweltbeihilfen mit dem Binnenmarkt dargelegt (Tz. 10 UEBLL).[338] Sie binden als Verwaltungsanweisung die EU-Kommission.[339] Entfalten als ermessenslenkende Verwaltungsvorschrift aber erhebliche faktische Wirkung.[340] Sie haben „quasi-legislativen" Charakter.[341]

---

337 Vgl. *Mussaeus; Otter*, Beihilferahmen, S. 94.
338 Siehe zur beihilferechtlichen Analyse: *Frenz*, Erneuerbare Energien in den UEBLL, ZNER S. 345.
339 Vgl. *Jatzke*, Europäisches Verbrauchsteuerrecht, Tz. B19; *Schröer-Schallenberg*, Beihilfenverbot im Verbrauchsteuerrecht, S. 732.
340 Vgl. *Lohmann*, in *Assmann; Pfeiffer*, KWKG, § 27 KWKG, Tz. 16; *Schwalge; Faßbender*, Energierechtliche Kostenprivilegierungen, IR 2017, S. 266 (267); *Kröger*, EEG 2014 & Europäisierung, NuR 2016, S. 85 (89).
341 Vgl. *Kröger*, EEG 2014 & Europäisierung, NuR 2016, S. 85 (89); *Ludwigs*, Demokratieferne Beihilfeaufsicht, EuZW 2017, S. 41 (42).

Die UEBLL gelten für staatliche Beihilfen, die in den unter den AEUV fallenden Bereichen und unter Tz. 18 UEBLL zur Förderung von Umwelt- und Energiezielen gewährt werden, soweit diese unter Tz. 18 UEBLL fallen und keine spezifischen EU-Beihilfevorschriften gelten (Tz. 13 UEBLL). Einschränkungen gelten für die Landwirtschaft, Fischerei und Aquakultur (Tz. 14 UEBLL) sowie für fünf weitere Bereiche wie die Förderung der biologischen Vielfalt (Tz. 14 lit. e) UEBLL) oder Forschung, Entwicklung und Innovation (Tz. 15 lit. d) UEBLL).

Unter Tz. 18 UEBLL fallen u. a. Umweltsteuerermäßigungen oder -befreiungen (Tz. 18 lit. i) UEBLL) sowie Ermäßigungen des Beitrags zur Finanzierung von Strom aus erneuerbaren Energiequellen (Tz. 18 lit. j) UEBLL). Bei der Beurteilung von Umweltsteuerermäßigungen bzw. -befreiungen wird zwischen unionsrechtlich und nicht unionsrechtlich geregelten Umweltsteuern unterschieden. Bei ersterer werden nach Tz. 173 UEBLL Steuerermäßigungen als erforderlich und angemessen betrachtet, wenn

– die Beihilfeempfänger den in der EnergieSt-RL vorgesehenen Mindeststeuerbetrag zahlen,

– die Beihilfeempfänger anhand objektiver und transparenter Kriterien ausgewählt werden und

– die Beihilfen grundsätzlich allen Wettbewerbern in demselben Wirtschaftszweig in derselben Weise gewährt werden, wenn sich diese in einer ähnlichen Lage befinden.

Die Steuermäßigungen können in Form eines ermäßigten Steuersatzes oder eines festen jährlichen Ausgleichsbetrags (Steuererstattung) oder in Kombination erfolgen (Tz. 174 UEBLL).

Ermäßigungen des Beitrags zur Finanzierung erneuerbarer Energien können zur Sicherstellung einer ausreichenden Finanzierungsgrundlage zur Förderung erneuerbarer Energien notwendig sein (Tz. 182 S. 2 UEBLL). Sie bewegen sich im Spannungsfeld zwischen Vermeidung signifikanter Wettbewerbsnachteile und zu hohen Entlastungen bzw. zu vielen entlasteten Stromverbrauchern (Tz. 182 S. 3 u. 5 UEBLL). Beides kann die öffentliche Akzeptanz negativ beeinflussen (Tz. 182 S. 4 u. 5 UEBLL). Ermäßigungen dürfen nur gewährt werden, wenn die Veröffentlichungspflicht (Abschnitt 3.2.7 - Tz. 104 bis 106 UEBLL) und die Voraussetzungen im Abschnitt 3.7.2 – Tz. 181 bis 192 UEBLL eingehalten werden (Tz. 183 UEBLL). Sie können in Form einer Abgabenermäßigung, eines jährlichen Ausgleichsbetrags (Steuererstattung) oder einer Kombination aus beiden erfolgen (Tz. 192 UEBLL).

Tabelle 38:   Voraussetzungen Abschnitt 3.7.2 UEBLL zur Ermäßigung des Finanzierungsbeitrags für erneuerbare Energie

Tz.	Voraussetzung			
184	Nachweis des Mitgliedsstaates über kausalen Zusammenhang über höheren Strompreis für Beihilfeempfänger durch finanzielle Förderung erneuerbarer Energien. Die angenommenen kausalen Strompreiserhöhungen dürfen nicht höher sein als die finanzielle Förderung.			
	Fn. 83 UEBLL: Die Bezugnahme auf zur Förderung erhobener Steuer oder Abgabe genügt.			
185	Beschränkung der Beihilfe auf Unternehmen nach Anhang 3 UEBLL			
	Fn. 84 UEBLL: Anhang 3 wurde auf Basis von drei Gruppen gebildet - zusätzlich wurden Stahl-, Leichtmetall- und Buntmetallgießereien aufgenommen		Gruppe 1	Gruppe 2	Gruppe 3
		Handelsintensität auf EU-Ebene	10 %	4 %	80 %
		und Stromkostenintensität	10 %	20 %	7 %
	Erweiterung nach Tz. 186 UEBLL: Mitgliedsstaaten können auch Unternehmen, die nicht im Anhang 3 UEBLL enthalten sind, berücksichtigen. Voraussetzung ist eine Handelsintensität seines Wirtschaftszweiges auf EU-Ebene von 4 % und eine Stromkostenintensität von 20 % des Unternehmens.			
	Fn. 85 UEBLL: Berechnungsmethode für Stromkostenintensität nach Anhang 4 UEBLL			
	Fn. 86 UEBLL: Kriterien gelten auch für Unternehmen des Dienstleistungssektors			
187	Beihilfeempfänger werden innerhalb des beihilfefähigen Wirtschaftszweiges anhand objektiver, diskriminierungsfreier und transparenter Kriterien ausgewählt und werden für alle in gleicher Lage befindliche Wettbewerber des Wirtschaftszweiges in derselben Weise gewährt			
188	für mindestens 15 % der Beihilfeempfänger werden keine Ermäßigungen für die kausalen Strompreiserhöhungen gewährt			
	Einschränkungen durch Tz. 189 bis 190 UEBLL: Begrenzung der kausalen Strompreiserhöhung auf Unternehmensebene 4 % der Bruttowertschöpfung und bei Unternehmen mit einer Stromintensität von mindestens 20 % auf 0,5 % der Bruttowertschöpfung ist zulässig, sofern diese auf alle beihilfefähigen Unternehmen angewendet werden			
	Fn. 87 UEBLL: Berechnungsvorgaben für Bruttowertschöpfung finden sich im UEBLL-Anhang.			
	Tz. 191 UEBLL: Anpassung der Bruttowertschöpfung zur Berücksichtigung aller relevanten Arbeitskosten ist zulässig.			
192 S. 2	Sofern eine Abgabenermäßigung erfolgt, muss eine nachträgliche Kontrolle eingerichtet werden. Überkompensationen sind bis zum 1. Juli des Folgejahres zurückzuzahlen.			
192 S. 3 bis 4	Ein Ausgleichsbetrag muss anhand historischer Daten berechnet werden und darf die Parameter von Abschnitt 3.2.7 UEBLL nicht überschreiten			

(eigene Darstellung)

Keine Umweltbeihilfen dürfen Unternehmen in Schwierigkeiten (UiS) im Sinne der RuU-LL erhalten (Tz. 16 UEBLL). Ein UiS ist nach Tz. 20 Satz 1 RuU-LL ein Unternehmen welches ohne Staatseingriff auf kurze oder mittlere Sicht so gut wie sicher zur Einstellung seiner Geschäftstätigkeit gezwungen sein wird. Ein UiS liegt vor, wenn eine in Tz. 20 S. 2 RuU-LL aufgezählte Voraussetzung erfüllt ist.

Abbildung 9: *Voraussetzungen nach Tz. 20 S. 2 UEBLL hinsichtlich Unternehmen in Schwierigkeiten*

Gesellschaftsform	Kriterien
beschränkt haftende Gesellschaften (insbes. Gesellschaften i. S. v. Anhang I der Abschlussrichtlinie[342] – für Deutschland: AG, KGaA, GmbH)	mehr als 50 % des gezeichneten Kapitals einschließlich Agien ist infolge Verluste verlorengegangen
unbeschränkt haftende Gesellschaften, d. h. mit mindestens einem Gesellschafter / einer Gesellschafterin haftet unbeschränkt (insbes. Gesellschaften i. S. v. Anhang II der Abschlussrichtlinie – für Deutschland: OHG, KG)	mehr als 50 % der in der Handelsbilanz ausgewiesenen Eigenmittel ist infolge aufgelaufener Verluste verlorengegangen
Insolvenz	Unternehmen ist Gegenstand eines Insolvenzverfahren oder die Voraussetzungen eines Insolvenzverfahrens auf Gläubigerantrag liegen vor
Unternehmen, die kein KMU sind (Es gilt die KMU-Definitionen der Empfehlung 2003/361/EG der EU-Kommission vom 6. Mai 2003 sind)	In den letzten beiden Jahren betrug der • buchwertbasierte Verschuldungsgrad über 7,5 • und das Verhältnis EBITDA zu den Zinsaufwendungen unter 1,0

(Quelle: eigene Darstellung)

Viele Entlastungen für stromkostenintensive Unternehmen waren in der Vergangenheit von der EU-Kommission als nicht vereinbar mit Art. 107 AEUV angesehen worden. Derzeit liegen für viele Entlastungen beihilferechtliche Genehmigungen der EU-Kommission vor. Eine Notifikation oder Prüfung der KAV durch die EU-Kommission kann in der Beihilfeda-

---

342 Richtlinie 2013/34/EU des Europäischen Parlaments und des Rates vom 26. Juni 2013 über den Jahresabschluss, den konsolidierten Abschluss und damit verbundene Berichte von Unternehmen bestimmter Rechtsformen und zur Änderung der Richtlinie 2006/43/EG des Europäischen Parlaments und des Rates und zur Aufhebung der Richtlinien 78/660/EWG und 83/349/EWG des Rates (ABl. L 182 vom 29. Juni 2013, S. 19).

tenbank der EU, die Einträge ab dem Jahr 2000 enthält, nicht gefunden werden.[343]

Tabelle 39: Übersicht Entlastungsregelung und beihilferechtliche Behandlung

Entlastung von	Rechtsquelle	letztmals notifiziert am	Entscheidung EU-Kommission am	Az.	Beschluss
KAV	§ 2 Abs. 4 KAV	?	?	?	?
EEG-Umlage	§§ 63 u. 64 EEG 2017	1. Juli 2016	20. Dezember 2016	SA.44679[344]	vereinbare Beihilfe
KWKG-Umlage	§ 27 KWKG	30. Juni 2015	23. Mai 2017	SA.42393[345]	vereinbare Beihilfe
Offshore-Umlage	§ 17f EnWG	27. Oktober / 14. November 2017	27. März 2018	SA.49416[346]	mit Art. 107 Abs. 3 lit. c) vereinbare Beihilfe
Netzkosten (Großverbraucher)	§ 19 Abs. 2 S. 2 bis 4 StromNEV	-	28. Mai 2018	SA.34045[347]	keine Entscheidung zur Unvereinbarkeit
§ 19-StromNEV-Umlage	§ 19 Abs. 2 S. 15 StromNEV	-	28. Mai 2018	SA.34045[348]	keine Entscheidung zur Unvereinbarkeit
Stromsteuer	§ 9b StromStG	15. September 2014	-	SA.39499[349]	Freistellungsanzeige nach AGVO
Stromsteuer	§ 10 StromStG	15. September 2014	-	SA.39500[350]	Freistellungsanzeige nach AGVO

(Quelle: eigene Darstellung)

Fraglich ist, ob die aktuellen Regelungen in § 19 Abs. 2 S. 2 bis 4 und S. 15 StromNEV ausdrücklich nach Art. 108 Abs. 3 AEUV notifiziert wurden. Im Beschluss der EU-Kommission vom 28. Mai 2018 werden nur die Rege-

---

343 *Europäische Kommission*, Beihilfendatenbank, Internetquelle.
344 *Europäische Kommission*, Beschluss vom 20. Dezember 2016 – SA.44679.
345 *Europäische Kommission*, Beschluss vom 23. Mai 2017 – SA.42393.
346 *Europäische Kommission*, Beschluss vom 27. März 2018 – SA.49416.
347 *Europäische Kommission*, Beschluss vom 28. Mai 2018 – SA.34045.
348 *Europäische Kommission*, Beschluss vom 28. Mai 2018 – SA.34045.
349 *Europäische Kommission*, Freistellungsanzeige § 9b StromStG, Internetquelle.
350 *Europäische Kommission*, Freistellungsanzeige § 10 StromStG, Internetquelle.

lungen der Kalenderjahre 2011 bis 2013 detailliert dargestellt.[351] Abschließend wird die in den Kalenderjahren 2012 und 2013 geltende vollständige Netzentgeltbefreiung für Großverbraucher wegen Verstoßes gegen Art. 108 Abs. 3 AEUV als rechtswidrig beurteilt.[352] Denn diese entsprach nicht den von Großverbrauchern verursachten Netzkosten oder, wenn die Netzkosten unter dem Mindestentgelt von 20 % der veröffentlichten Netzentgelte lagen, nicht diesem Mindestentgelt.[353] Neben der fehlenden Notifizierung war keine Ausnahme nach Art. 107 Abs. 2 oder 3 AEUV einschlägig.[354] Für das Kalenderjahr 2014 weist die EU-Kommission lediglich daraufhin, dass die vollständige Befreiung abgeschafft wurde.[355]

Das Bundeswirtschaftsministerium kommt in einer Pressemitteilung daher zum Schluss, dass das seit 2014 geltende System der Netzentgeltbefreiung beihilferechtlich abgesichert ist.[356] Für den BGH ist das individuelle Netzentgelt nach § 19 Abs. 2 S. 2 bis 4 StromNEV keine Beihilfe i. S. d. § 107 Abs. 1 AEUV, so lange die auf Basis des physikalischen Pfades berechnete Netzentgeltreduzierung einen nachhaltigen und verursachungsgerechten Beitrag des einzelnen Großverbrauchers zu allgemeinen Netzgelten darstellt.[357]

Neben den Regelungen zur Entlastung von Großverbrauchern in den Jahren 2011 und ab 2014 ließ die EU-Kommission die Entlastung von der § 19-StromNEV-Umlage trotz Thematisierung unbeanstandet, fasste hierzu aber auch keinen ausdrücklichen Beschluss. Wie unter Gliederungspunkt *2.6 Entlastung für Letztverbraucher nach § 19 Abs. 2 S. 15 StromNEV* dargestellt, sind zur Entlastung von der § 19-StromNEV-Umlage die Regelungen des KWKG 2016 anzuwenden. Hinsichtlich dieser kam die EU-Kommission ein Jahr zuvor zu dem Urteil, dass in diesen Beihilfen i. S. v. Art. 107 AEUV enthalten seien.[358]

351 *Europäische Kommission*, Beschluss vom 28. Mai 2018 – SA.34045 (Tz. 77 ff.).
352 *Europäische Kommission*, Beschluss vom 28. Mai 2018 – SA.34045 (Tz. 230).
353 *Europäische Kommission*, Beschluss vom 28. Mai 2018 – SA.34045 (Tz. 231).
354 *Europäische Kommission*, Beschluss vom 28. Mai 2018 – SA.34045 (Tz. 232).
355 *Europäische Kommission*, Beschluss vom 28. Mai 2018 – SA.34045 (Tz. 26).
356 Vgl. *BMWi*, Pressemitteilung, o. S. Internetquelle.
357 *BGH*, Beschluss vom 13. Dezember 2016 – EnVR 34/15 (Tz. 37); zustimmend: *Mohr*, in *Säcker*, BerlKommEnR, Band 3, § 19 StromNEV, Tz. 26.
358 *Europäische Kommission*, Beschluss vom 23. Mai 2017 – SA.42393 (Tz. 104).

Eine neue Wendung erhielt die beihilferechtliche Diskussion am 28. März 2019.[359] An diesem Tag entschied der EuGH, dass sowohl die Förderung der Stromerzeugung aus erneuerbaren Energien und aus Grubengas als auch die besondere Ausgleichsregelung i. d. F. des EEG 2012[360] mangels aus staatlichen Mitteln finanzierten Vorteils keine Beihilfe i. S. v. Art. 107 Abs. 1 AEUV darstellen.[361] Diese Entscheidung überraschte und glich einem „Paukenschlag"[362]. Es war das vorläufige Ende einer über Jahre kontrovers geführten Diskussion.[363] Zuvor waren sowohl die EU-Kommission[364] als auch das Europäische Gericht (EuG)[365] zur Auffassung gelangt, dass Regelungen des EEG 2012 Beihilfen i. S. d. § 107 Abs. 1 AEUV sind. Auch die Literatur stimmte der Beihilfeeigenschaft weitgehend zu.[366]

Aufgrund der Entwicklungen auf europäischer Ebene (Beihilfeverfahren und UEBLL) wurde im Jahr 2014 die besondere Ausgleichsregelung in einem komplexen Gesetzgebungsverfahren reformiert.[367] Die Reformvorschläge wurden nach Verabschiedung der UEBLL durch die EU-Kommission sowohl von den Fraktionen der CDU/CSU und SPD[368] als auch von der Bundesregierung[369] in das laufende Gesetzgebungsverfahren zum

---

359 Vgl. ausführlich zur Geschichte und möglichen Folgen: *Stiftung Umweltenergierecht*, F&A EuGH-Urteil; *Kahles; Nysten*, Fehlende Beihilfeeigenschaft EEG 2012, EnWZ S. 147 (147 ff.).

360 Gesetz für den Vorrang Erneuerbarer Energien (Erneuerbare-Energien-Gesetz – EEG) vom 25. Oktober 2008 (BGBl. I S. 2074), zuletzt geändert durch Artikel 1 des Gesetzes zur Neuregelung des Rechtsrahmens für die Förderung der Stromerzeugung aus erneuerbaren Energien vom 28. Juli 2011 (BGBl. I S. 1634) , im Weiteren nur noch EEG 2012.

361 *EuGH*, Urteil vom 28. März 2019 – C-405/16, Celex-Nr. 62016CJ0405 (Tz. 90 ff.).

362 *Stöbener de Mora*, Anmerkungen zu EuGH, Urteil vom 28. März 2019 - C-405/16 P, NVwZ 2019, S. 633 (633); *Kahles; Nysten*, Fehlende Beihilfeeigenschaft EEG 2012, EnWZ S. 147 (151).

363 Vgl. *Stiftung Umweltenergierecht*, F&A EuGH-Urteil, S. 1; *Kahles; Nysten*, Fehlende Beihilfeeigenschaft EEG 2012, EnWZ S. 147 (147).

364 *Europäische Kommission*, Beschluss vom 25. November 2014 – SA.33995, ABl. (Amtsblatt der Europäischen Union) 2015, S. 122 (Art. 3 Nr. 1).

365 *Europäisches Gericht*, Urteil vom 10. Mai 2016 – T-47/15 (Tz. 128).

366 Vgl. zur Übersicht: *Steffens*, in *Säcker*, BerlKommEnR, Band 6, Vor §§ 63 ff. EEG, Tz. 8.

367 *BReg*, Entwurf eines Gesetzes zur Reform der besAR, S. 1; *Fraktionen der CDU/CSU und SPD*, Entwurf eines Gesetzes zur Reform der besAR, S. 2.

368 *Fraktionen der CDU/CSU und SPD*, Entwurf eines Gesetzes zur Reform der besAR, S. 1.

369 *BReg*, Entwurf eines Gesetzes zur Reform der besAR, S. 1.

EEG 2014[370] eingebracht. Der Ausschuss für Wirtschaft und Energie fügte diese in den ursprünglichen Regierungsentwurf ein.[371] Gemäß Art 23 EE-GReformG[372] traten am 1. August 2014 das EEG 2014 in und das EEG 2012 außer Kraft. Die EU-Kommission beschloss am 23. Juli 2014 keine Einwände gegen die Vereinbarkeit der besonderen Ausgleichsregelung i. d. F. des EEG 2014 mit Art. 107 Abs. 3 lit. c) AEUV zu erheben.[373] Trotz allem hielt die Bundesregierung an seiner Auffassung fest, dass die besondere Ausgleichsregelung i. d. F. des EEG 2012 keine Beihilfe sei.[374] Diese wurde durch das EuGH-Urteil bestätigt. Es eröffnet Deutschland neue Gestaltungsmöglichkeiten für die Entlastung energieintensiver Unternehmen im Rahmen von Umlagesystemen.[375] Mangels verallgemeinerungsfähiger Aussagen im EuGH-Urteil ist aber eine gewisse Vorsicht bei der Übertragung auf andere Sachverhalte geboten.[376] Zudem ist anders als im EEG 2012 die EEG-Umlage für stromkostenintensive Unternehmen nach § 60a EEG 2017 unmittelbar beim Letztverbraucher zu erheben.[377]

---

370 Gesetz für den Ausbau erneuerbarer Energien vom 21. Juli 2014 (BGBl. I S. 1066), im Weiteren EEG 2014.

371 *Ausschuss für Wirtschaft und Energie,* Beschlussempfehlung zum EEG 2014, S. 2.

372 Gesetz zur grundlegenden Reform des Erneuerbaren-Energien-Gesetzes und zur Änderung weiterer Bestimmung des Energiewirtschaftsrechts vom 21. Juli 2014 (BGBl. I S. 1066), im Weiteren EEGReformG.

373 *Europäische Kommission,* Beschluss vom 23. Juli 2014 – C(2014) 5081 final (79).

374 *BReg,* Entwurf eines Gesetzes zur Reform der besAR, S. 2; *Fraktionen der CDU/CSU und SPD,* Entwurf eines Gesetzes zur Reform der besAR, S. 2.

375 Vgl. ausführlich zu den Praxisfolgen: *Stöbener de Mora,* Anmerkungen zu EuGH, Urteil vom 28. März 2019 - C-405/16 P, NVwZ 2019, S. 633 (634); zum EEG 2017: *Stiftung Umweltenergierecht,* F&A EuGH-Urteil, S. 6; zum KWKG: *Stiftung Umweltenergierecht,* F&A EuGH-Urteil, S. 10; *Kahles; Nysten,* Fehlende Beihilfeeigenschaft EEG 2012, EnWZ S. 147 (152); *Scholtka; Trottmann,* EEG 2012 ist keine Beihilfe, ER 2019, S. 91 (95).

376 Vgl. *Kahles; Nysten,* Fehlende Beihilfeeigenschaft EEG 2012, EnWZ S. 147 (152).

377 Vgl. *Stiftung Umweltenergierecht,* F&A EuGH-Urteil, S. 6; *Kahles; Nysten,* Fehlende Beihilfeeigenschaft EEG 2012, EnWZ S. 147 (152).

3.3 Vergleich der Antragsvoraussetzungen

Die im Gliederungspunkt *2 Die allgemeinen direkten Entlastungen* dargestellten Entlastungsregelungen stellen jeweils Anforderungen an die Person des Antragstellers, des verbrauchten Stroms, des Nachweises und des
Antragszeitpunktes. In der Regel sind auch betriebswirtschaftliche Kenn-
zahlen zu erfüllen. Nachfolgend wird ausgehend von diesen gemeinsamen
Anforderungen untersucht, wo es Widersprüche oder Gemeinsamkeiten
gibt. Die Nachweise und Antragszeitpunkte werden im Gliederungspunkt
3.4 Vergleich der Verfahren behandelt.

Tabelle 40: Regelmäßige Anforderungen der Entlastungsregelungen

Entlastungsregelungen beinhalten regelmäßig Anforderungen				
an die Person des Antragstellers	an den begünstig-ten Strom	an betriebswirt-schaftliche Kenn-ziffern (i. d. R.)	an die Nachweise	an den Antrags-zeitpunkt

(Quelle: eigene Darstellung)

3.3.1 Anforderungen an die Person des Antragstellers

Die acht allgemeinen direkten Entlastungsregelungen verwenden vier unterschiedliche Bezeichnungen für den Begünstigten. Eine wortgleiche Bezeichnung (formelle Gleichheit) bedeutet aber keine gleiche Definition
(materielle Gleichheit).

Tabelle 41: Bezeichnungen für den Begünstigten und Definitionsfundstelle je allgemein direkter Entlastungsregelung

Bezeichnung	Entlastungsregelung	Definition in
Sondervertrags-kunde	§ 2 Abs. 4 KAV	• § 1 Abs. 4 KAV
Stromkosten-intensives Unternehmen	§ 63 Nr. 1 i. V. m. § 64 EEG 2017	• § 3 Nr. 47 EEG 2017 nur Unternehmen
	§ 27 Abs. 1 KWKG	• § 2 Nr. 28 KWKG
	§ 17f Offshore-Netzumlage	
Letztverbraucher	§ 19 Abs. 2 S. 2 bis 4 StromNEV	• § 3 Nr. 25 EnWG
	§ 19 Abs. 2 S. 15 Var. 1 StromNEV	• § 3 Nr. 25 EnWG und • § 2 Nr. 17 KWKG 2016
Unternehmen des produzierenden Gewerbes	§ 19 Abs. 2 S. 15 Var. 2 StromNEV	• -
	§ 9b StromStG	• Unternehmen des produzierenden Gewerbes (§ 2 Nr. 3 StromStG)
	§ 10 StromStG	• Unternehmen (§ 2 Nr. 4 StromStG)

(Quelle: eigene Darstellung)

Sondervertragskunde ist nach der Negativdefinition in § 1 Abs. 4 KAV derjenige, der kein Tarifkunde ist (siehe hierzu ausführlich Gliederungspunkt *2.1.1 Antragsvoraussetzungen*).

Stromkostenintensives Unternehmen ist nach der Legaldefinition in § 2 Nr. 28 KWKG ein Unternehmen oder selbständiger Unternehmensteil für das das BAFA für das jeweilige Kalenderjahr eine abnahmestellenbezogene Begrenzung der EEG-Umlage für selbstverbrauchten Strom nach § 63 Nr. 1 i. V. m. § 64 EEG 2017 vorgenommen hat. Die gleiche Definition gilt aufgrund des Verweises auf die entsprechende Anwendung des § 27 KWKG für den Begünstigten nach § 17f Abs. 5 S. 2 EnWG.

Für den von der EEG-Umlage nach § 63 Nr. 1 i. V. m. § 64 EEG Entlasteten existiert dagegen keine Legaldefinition im eigentlichen Sinne. Er ist erst ein stromkostenintensives Unternehmen, wenn alle Voraussetzungen zur Entlastung von der EEG-Umlage vorliegen und das BAFA die Begrenzung beschieden hat. Hierbei ist zu beachten, dass aufgrund von Härtefallregelungen des EEG 2017 begünstigte stromkostenintensive Unternehmen nicht nach § 2 Nr. 28 KWKG als stromkostenintensive Unternehmen gelten.[378]

---

378 *BReg*, Entwurf KWKStrRÄndG, S. 73–74.

Für den in der Entlastungsregelung § 19 Abs. 2 S. 2 bis 4 StromNEV erwähnten Letztverbraucher ist nach der Regierungsbegründung zum Strommarktgesetz[379] (StroMaG) § 3 Nr. 25 EnWG heranzuziehen.[380]

Die Bezeichnung des Begünstigten zur Entlastung von der § 19-StromNEV-Umlage ist besonders interessant. In § 19 Abs. 2 S. 15 StromNEV wird er als Letztverbraucher bezeichnet. Für diese Bezeichnung kommen zwei Definitionen in Betracht. Zum einen ist es die in § 3 Nr. 25 EnWG. Diese gilt nach der Regierungsbegründung zum StroMaG für auf Basis des EnWG erlassene Verordnungen.[381] Zum anderen ist es die Definition in § 2 Nr. 17 KWKG 2016. Zusätzlich muss der Letztverbraucher in der zweiten Variante der Entlastung ein Unternehmen des produzierenden Gewerbes sein (§ 19 Abs. 2 S. 15 StromNEV i. V. m. § 26 Abs. 2 S. 2 KWKG 2016). Eine Definition des Unternehmens des produzierenden Gewerbes enthält das KWKG 2016 nicht.

3.3.1.1 Das Unternehmen

Während die Bezeichnung „stromkostenintensive Unternehmen" für die allgemeinen direkten Entlastungsregelungen nach EEG 2017, KWKG und § 17f EnWG grundsätzlich identisch ist, bleibt die Frage, was die Bezeichnungen „Unternehmen" und „Unternehmen des produzierenden Gewerbes" bedeuten.

Originäre Unternehmensdefinitionen finden sich in § 3 Nr. 47 EEG 2017 und § 2 Nr. 4 StromStG. § 2 Nr. 29a KWKG verweist dagegen auf § 3 Nr. 47 EEG 2017. Der Verweis wurde mit dem KWKStrRÄndG vom 22. Dezember 2016 in das KWKG eingefügt. Dieses war notwendig, da die Privilegierungsregelung des § 27 KWKG nicht mehr Letztverbraucher, sondern stromkostenintensive Unternehmen adressierte.[382]

Das mit dem KWKStrRÄndG abgelöste KWKG 2016 enthielt keine Unternehmensdefinition, obwohl es im § 26 Abs. 2 S. 2 KWKG 2016 Unternehmen des produzierenden Gewerbes als Begünstigte adressierte und über § 19 Abs. 2 S. 15 StromNEV immer noch adressiert. Auch die StromNEV selbst oder das EnWG enthalten keine Definition. Dieses ist

---

379 Gesetz zur Weiterentwicklung des Strommarktes (Strommarktgesetz) vom 26. Juli 2016 (BGBl. I 2016, S. 1786), im Weiteren nur noch StroMaG.
380 *BReg*, Entwurf StroMaG, S. 78.
381 *BReg*, Entwurf StroMaG, S. 78.
382 *BReg*, Entwurf KWKStrRÄndG, S. 74.

insbesondere im Hinblick auf die Prüfung nach § 30 Abs. 1 Nr. 5 KWKG 2016 problematisch, da u. a. der Nachweis des Unternehmens zu seiner Eigenschaft als Unternehmen des produzierenden Gewerbes zu prüfen ist. Das für die Prüfung notwendige Soll-Objekt ist daher durch behördliche oder andere Veröffentlichungen oder durch den Antragsteller selbst zu bestimmen und im Antrag niederzulegen.[383] Es wird die Nutzung der Definitionen in § 2 Nr. 3 StromStG, Anlage 4 EEG 2017 oder § 1 des Gesetzes über die Statistik im Produzierenden Gewerbe[384] (ProdGew-StatG) vorgeschlagen.[385] Sofern die Definition nach § 1 ProdGewStatG gewählt wird, ist die Unternehmensdefinition nach § 7 Abs. 3 Nr. 1 Prod-GewStatG zu beachten.

---

383 Vgl. *IDW*, IDW PH 9.970.35 Besonderheiten der Prüfung nach § 19 Abs. 2 Satz 15 StromNEV bzw. nach § 17f Abs. 1 Satz 3 EnWG, jeweils i.V.m. § 30 Abs. 1 Nr. 5 KWKG 2016, im Zusammenhang mit der Begrenzung der StromNEV-Umlage bzw. der Offshore-Haftungsumlage, Tz. 7.

384 Gesetz über die Statistik im Produzierenden Gewerbe vom 21. März 2002 (BGBl. I S. 1181), zuletzt geändert durch Artikel 271 der Verordnung vom 31. August 2015 (BGBl. 2015 I S. 1474), im Weiteren nur noch PordGewStatG.

385 Vgl. *IDW*, IDW PH 9.970.35 Besonderheiten der Prüfung nach § 19 Abs. 2 Satz 15 StromNEV bzw. nach § 17f Abs. 1 Satz 3 EnWG, jeweils i.V.m. § 30 Abs. 1 Nr. 5 KWKG 2016, im Zusammenhang mit der Begrenzung der StromNEV-Umlage bzw. der Offshore-Haftungsumlage, Tz. 7; *Weingarten*, Änderungen Begrenzung KWKG-Umlage, WPg 2017, S. 328 (330).

Tabelle 42: Unternehmensdefinitionen nach § 2 Nr. 4 StromStG, § 3 Nr. 47 EEG 2017 und § 2 Nr. 29a KWKG

Unternehmen § 2 Nr. 4 StromStG	Unternehmen (§ 2 Nr. 29a KWKG i. V. m.) § 3 Nr. 47 EEG 2017	Unternehmen § 7 Abs. 3 Nr. 1 ProdGew-StatG
„kleinste rechtlich selbständige Einheit sowie kommunale Eigenbetriebe, die auf Grundlage der Eigenbetriebsgesetze oder Eigenbetriebsverordnungen der Länder geführt werden;"	„jeder Rechtsträger, der einen nach Art und Umfang in kaufmännischer Weise eingerichteten Geschäftsbetrieb unter Beteiligung am allgemeinen wirtschaftlichen Verkehr nachhaltig mit eigener Gewinnerzielungsabsicht betreibt,"	„kleinste rechtlich selbständige Einheit, die aus handels- oder steuerrechtlichen Gründen Bücher führt; folgende statistische Einheiten sind bei Erhebungen nach den §§ 6 und 6a Unternehmen gleichzustellen: a) Einheiten ohne eigene Rechtspersönlichkeit (Eigenbetriebe), b) kommunale Körperschaften, c) Zweckverbände sowie d) andere juristische Personen zwischengemeindlicher Zusammenarbeit;"

(Quelle: eigene Darstellung)

Die Unternehmensdefinitionen unterscheiden sich vom Wortlaut, aber unterscheiden sie sich inhaltlich?

Unternehmen i. S. v. § 2 Nr. 4 StromStG

Rechtlich selbständig nach § 2 Nr. 4 StromStG bedeutet, dass die Einheit die Fähigkeit hat, im Rechtsverkehr bestimmte Rechte und Pflichten zu besitzen.[386] Damit stellt der Gesetzgeber auf die formalrechtliche Betrachtungsweise ab.[387] Hierdurch wird die notwendige Kongruenz mit dem Unternehmensbegriff im WZ 2003 hergestellt.[388] Unselbständige Einheiten, wie Betriebsstätten, Zweigniederlassungen usw. sind rechtlich nicht selbständig und können daher nicht Unternehmen i. S. d § 2 Nr. 3 StromStG sein.[389]

---

386 Vgl. *Milewski*, in *Möhlenkamp; Milewski*, EnergieStG/StromStG, § 2 StromStG, Tz. 34.
387 *BFH*, Urteil vom 30. November 2004 – VII R 41/03, DStRE 2005, S. 536 (538).
388 *BFH*, Beschluss vom 31. Januar 2007 – VII B 79/07, BeckRS 2008, 25013232.
389 Vgl. *Schröer-Schallenberg*, Steuer auf elektrischen Strom, Tz. J 115.

Unternehmen i. S. v. § 3 Nr. 47 EEG 2017

Auch die Definition in § 3 Nr. 47 EEG 2017 erfordert einen Rechtsträger, so dass diese insoweit mit § 2 Nr. 3 StromStG übereinstimmt. Der Oberbegriff „Rechtsträger" beinhaltet natürliche und juristische Personen sowie rechtsfähige Personenvereinigungen (etwa kommunale Eigenbetriebe und Gesellschaftsformen, denen Rechtsfähigkeit zugesprochen wird, ohne dass man ihnen den Status einer juristischen Person zubilligt).[390] Daher besteht hinsichtlich der in § 2 Nr. 3 StromStG ausdrücklich genannten kommunalen Eigenbetriebe Übereinstimmung.

Für die Unternehmenseigenschaft genügt nach dem Willen des Gesetzgebers die Rechtsträgereigenschaft allein nicht. Vielmehr ist seiner Ansicht nach unter Unternehmen die kleinste wirtschaftlich, finanziell und rechtlich selbständige Einheit, die unter einheitlicher und selbständiger Führung steht, zu verstehen.[391] Weisungsrechte der Obergesellschaft oder Beherrschungsverträge stehen einer selbständigen Führung nicht entgegen.[392] Die Eigenschaften wirtschaftlich und finanziell stehen nicht im Gesetz und sind daher nicht rechtsverbindlich.[393]

Schon zur Definition nach § 3 Nr. 13 EEG 2012 wurde angemerkt, dass die Eigenschaften wirtschaftlich und finanziell nicht dem Wortlaut des Gesetzes zu entnehmen seien und daher nicht zu berücksichtigen seien.[394] Die Diskussion über die Merkmale wirtschaftlich und finanziell kann nicht entscheidend für das Vorliegen eines Unternehmens nach § 3 Nr. 47 EEG 2017 sein. Schließlich sind neben der Rechtsträgerdefinition weitere wirtschaftliche Anforderungen zu erfüllen. Nach § 3 Nr. 47 EEG 2017 hat der Rechtsträger einen nach Art und Umfang in kaufmännischer Weise eingerichteten Geschäftsbetrieb unter Beteiligung am allgemeinen wirtschaftlichen Verkehr nachhaltig mit eigener Gewinnerzielungsabsicht zu betreiben. Diese Anforderungen stehen im Einklang mit dem generellen handels- und einkommensteuerrechtlichen Sprachgebrauch.[395] Die Anforderung des nach Art und Umfang in kaufmännischer Weise eingerichteten Geschäftsbetriebes ist aus § 1 Abs. 2 Handelsgesetzbuch (HGB) bekannt.[396]

---

390 *Fraktionen der CDU/CSU und SPD*, Entwurf EEG 2017, S. 187.
391 *Fraktionen der CDU/CSU und SPD*, Entwurf EEG 2017, S. 187.
392 Vgl. *Salje*, EEG 2017, § 3 Tz. 234 f.
393 Vgl. *Hennig; Bredow; Valentin*, in *Frenz; Müggenborg; Cosack u. a.*, EEG, Tz. 295.
394 Vgl. zum EEG 2012: *Salje*, Erneuerbare-Energien-Gesetz 2012, § 3 Tz. 216; zum EEG 2014: *Salje*, Erneuerbare-Energien-Gesetz 2014, Tz. 171.
395 Vgl. *Salje*, EEG 2017, § 3 Tz. 230.
396 Vgl. *Salje*, EEG 2017, § 3 Tz. 231.

In der Literatur wird zu Recht vermutet, dass diese Voraussetzung bei einem in § 64 Abs. 1 Nr. 1 EEG 2017 geforderten Stromverbrauch von 1 GWh p.a. vollkommen unproblematisch zu erfüllen sein müsse.[397] Denn bei einem Durchschnittsstrompreis i. H. v. 17,96 Ct/kWh im Geschäftsjahr 2017[398] müssten für 1 GWh Strom rund 180.000 € bezahlt werden.

Zusätzlich fordert § 3 Nr. 47 EEG 2017, dass der Geschäftsbetrieb unter Beteiligung am allgemeinen wirtschaftlichen Verkehr nachhaltig mit eigener Gewinnerzielungsabsicht betrieben wird. Diese aus der Definition des Gewerbetriebes in § 15 Abs. 2 EStG[399] bekannten Merkmale sollen die Beschränkung auf interne Konzernmärkte verhindern.[400] Schließlich soll die besondere Ausgleichsregelung die Wettbewerbsfähigkeit auf frei zugänglichen Märkten und nicht auf für Dritte unzugängliche Konzernmärkte sichern.[401] Zudem sollen nach dem Willen des Gesetzgebers Freiberufler und sonstige natürliche Personen, die keinen Gewerbebetrieb betreiben, von der Unternehmensdefinition ausgeschlossen sein.[402] Dieser Wille hätte auch durch Übernahme der in § 15 Abs. 2 EStG vorhandenen Ausschlüsse von Land- und Forstwirtschaft sowie selbständiger Arbeit im EEG 2017 kodifiziert werden können. Aufgrund der in Anlage 4 EEG 2017 festgelegten entlastungsfähigen Branchen kann auf eine weitergehende Diskussion verzichtet werden. Insgesamt ist bei der Beurteilung der Unternehmensmerkmale auf das Gesamtbild der Verhältnisse abzustellen.[403]

Unternehmen i. S. v. § 7 Abs. 3 Nr. 1 ProdGewStatG

An dieser Stelle soll nur auf in § 7 Abs. 3 Nr. 1 ProdGewStatG geforderte handelsrechtliche und steuerrechtliche Buchführungspflicht eingegangen werden. Nach § 238 Abs. 1 S. 1 HGB ist grundsätzlich jeder Kaufmann i. S. d. HGB verpflichtet, Bücher zu führen. Hieraus ist zu folgern, dass Unternehmen i. S. d. § 3 Nr. 47 EEG 2017 regelmäßig verpflichtet sind Bücher zu führen. Ausgenommen von der handelsrechtlichen Buchführungspflicht sind lediglich Einzelkaufleute, die an den Abschlussstichtagen von zwei aufeinander folgenden Geschäftsjahren nicht mehr als 600.000 € Um-

---

397 Vgl. *Salje*, EEG 2017, § 3 Tz. 231.
398 Vgl. *BDEW*, BDEW-Strompreisanalyse Januar 2019, S. 24.
399 Einkommensteuergesetz vom 8. Oktober 2009 (BGBl. I S. 3366), das zuletzt durch Artikel 1 des Gesetzes vom 25. März 2019 (BGBl. I S. 357) geändert wurde, im Weiteren nur noch EStG.
400 Vgl. *Salje*, EEG 2017, § 3 Tz. 232 f.
401 Vgl. *Salje*, EEG 2017, § 3 Tz. 232 f.
402 *Fraktionen der CDU/CSU und SPD*, Entwurf EEG 2017, S. 187.
403 *Fraktionen der CDU/CSU und SPD*, Entwurf EEG 2017, S. 187.

satzerlöse und jeweils 60.000 € Jahresüberschuss aufweisen (§ 241a HGB). Die handelsrechtliche Buchführungspflicht und Buchführungspflichten aus anderen Gesetzen führen zur steuerrechtlichen Buchführungspflicht (§ 140 AO). Ansonsten kann eine steuerrechtliche Buchführungspflicht für gewerbliche Unternehmer durch Überschreitung der Grenzen in § 141 Abs. 1 AO bestehen. Hierzu muss die zuständige Finanzbehörde festzustellen, dass die Umsätze i. S. d UStG ohne die Umsätze nach § 4 Nr. 8 bis Nr. 10 UStG mehr als 600.000 € im Kalenderjahr oder der Gewinn aus Gewerbebetrieb mehr als 60.000 im Wirtschaftsjahr betragen hat. Die Verpflichtung beginnt erst mit Beginn des Wirtschaftsjahres, dass der Bekanntgabe folgt (§ 141 Abs. 2 S. 1 AO).

Abschließend ist festzuhalten, dass die Unternehmensdefinitionen in § 3 Nr. 47 EEG 2017 und § 7 Abs. 3 Nr. 1 ProdGewStatG durch die jeweiligen Zusatzvoraussetzungen enger als die in § 2 Nr. 3 StromStG sind. Ob die in § 7 Abs. 3 Nr. 1 ProdGewStatG gleichgestellten Einheiten erst hierdurch Entlastungsmöglichkeiten erhalten, bedarf einer gesonderten Untersuchung und würde den Rahmen dieser Arbeit überfordern.

3.3.1.2 Das Unternehmen des produzierenden Gewerbes

Der Begriff „Unternehmen des produzierenden Gewerbes" wird derzeit für die Entlastungen nach §§ 9b und 10 StromStG und § 19 Abs. 2 S. 15 StromNEV i. V. m. § 26 Abs. 2 S. 2 KWKG 2016 verwendet. Zuvor wurde er auch im EEG 2012 verwendet und war in § 3 Nr. 14 EEG 2012 definiert. Mit dem EEG 2014 wurde er durch die Bezeichnung stromkostenintensives Unternehmen verdrängt, wird aber durch den Katalog in Anlage 4 EEG 2014 bzw. dem EEG 2017 ausgefüllt.[404] Die Branchen basieren auf den Vorgaben der UEBLL.[405] Zusätzlich werden in Anlage 4 die entsprechenden Gruppennummern der Klassifikation der Wirtschaftszweige 2008 (WZ 2008) des Statistischen Bundesamtes angegeben. Die Definition des produzierenden Gewerbes in § 2 Nr. 3 StromStG verweist dagegen statisch auf die vorhergehende Klassifikation der Wirtschaftszweige 2003[406] (WZ

---

404 Vgl. *Salje*, EEG 2017, § 3 Tz. 236.

405 *Ausschuss für Wirtschaft und Energie*, Beschlussempfehlung zum EEG 2014, S. 209.

406 Vgl. *DESTATIS*, Klassifikation der Wirtschaftszweige mit Erläuterungen 2008, S. 3.

2003).[407] Obwohl die WZ 2008 gegenüber der WZ 2003 zum Teil wesentliche gliederungsstrukturelle als auch methodische Änderungen enthält, erfolgte bisher keine Übernahme in § 2 Nr. 3 StromStG.[408] Warum eine Anpassung bisher nicht erfolgte, ist fraglich. Die Anpassung von der WZ 93 auf die WZ 2003 erfolgte dagegen mit Artikel 2 des Biokraftstoffquotengesetzes[409] zum 1. Januar 2007 zeitnah, weil die WZ 2003 die im Zeitablauf eingetretenen Änderungen im Wirtschaftsleben widerspiegelte.[410] Das KWKG 2016 enthält keine Definition des Unternehmens des produzierenden Gewerbes.

Die Auswahl der in Betracht kommenden Unternehmen nach Anhang 4 EEG 2017 ist durch Verwendung der Gruppenebene der WZ 2008 spezieller als im StromStG, bei der die um zwei Stufen höhere Abschnittsebene verwendet wird. Die in § 1 ProdGewStatG verwendeten Bezeichnungen stimmen mit den Abschnitten der WZ 2008 überein, da beide Regelungen auf die statistische Systematik der Wirtschaftszweige in der Europäischen Gemeinschaft (NACE Rev. 2) aufbauen.[411] Der Anwendungsbereich des § 1 ProdGewStatG ist weiter der von Anlage 4 EEG 2017, da keine einzelnen Gruppen ausgeschlossen und zusätzlich die Abschnitte D (Energie) und F (Baugewerbe) erfasst werden. Der Vergleich der Definitionen von § 2 Nr. 3 StromStG und § 1 ProdGewStatG bedarf, wie unter Gliederungspunkt *3.3.1.1 Das Unternehmen* festgestellt, einer gesonderten Untersuchung und überschreitet die Möglichkeiten dieser Arbeit.

---

407 Vgl. zuletzt: *FG München*, Urteil vom 28. Juli 2011 – 14 K 1335/10, BeckRS 2011 (2. Leitsatz).

408 Vgl. *DESTATIS*, Klassifikation der Wirtschaftszweige mit Erläuterungen 2008, S. 3.

409 Gesetz zur Einführung einer Biokraftstoffquote durch Änderung des Bundes-Immissionsschutzgesetzes und zur Änderung energie- und stromsteuerrechtlicher Vorschriften (Biokraftstoffquotengesetz – BioKraftQuG) vom 18. Dezember 2006 (BGBl. I S. 3366; BGBl. 2007 I S. 1407).

410 *BReg*, Entwurf Biokraftstoffquotengesetz – BioKraftQuG, S. 19.

411 Vgl. *DESTATIS*, Klassifikation der Wirtschaftszweige mit Erläuterungen 2008, S. 3; *BReg*, Entwurf eines Gesetzes zur Vereinfachung und Anpassung statistischer Rechtsvorschriften, S. 15.

Tabelle 43: Vergleich der Definitionen für Unternehmen des produzierenden Gewerbes nach StromStG und KWKG 2016

Unternehmen des produzierenden Gewerbes (§ 2 Nr. 3 StromStG)	Unternehmen des produzierenden Gewerbes (Anlage 4 EEG 2017)	Unternehmen des produzierenden Gewerbes (§ 26 Abs. 2 S. 2 KWKG 2016)

Unternehmen, die dem Abschnitt
• C (Bergbau und Gewinnung von Steine (sic!) und Erden),
• D (Verarbeitendes Gewerbe),
• E (Energie- und Wasserversorgung) oder
• F (Baugewerbe)
der Klassifikation der Wirtschaftszweige 2003 zuzuordnen sind, sowie
• die anerkannten Werkstätten für behinderte Menschen im Sinne des § 219 des Neunten Buches Sozialgesetzbuch, wenn sie überwiegend eine wirtschaftliche Tätigkeit ausüben, die den vorgenannten Abschnitten der Klassifikation der Wirtschaftszweige zuzuordnen ist;
	Unternehmen, die den in den Listen 1 und 2 des Anhangs 4 EEG 2017 festgelegten Gruppen der Klassifikation der Wirtschaftszweige 2008 aus den Abschnitten
	• B (Bergbau und Gewinnung von Steinen und Erden)
	• C (Verarbeitendes Gewerbe)
	• E (Wasserversorgung; Abwasser- und Abfallentsorgung und Beseitigung von Umweltverschmutzungen angehören.
		Aufgrund fehlender Legaldefinition schlägt das IDW folgende mögliche Sollobjekte vor:
		• § 2 Nr. 3 StromStG
		• Anlage 4 EEG 2017
		• § 1 ProdGewStatG:
		   ○ Bergbau u. Gewinnung von Steinen u. Erden
		   ○ Verarbeitendes Gewerbe
		   ○ Energieversorgung
		   ○ Wasserversorgung, Abwasser- und Abfallentsorgung und Beseitigung von Umweltverschmutzungen
		   ○ Baugewerbe

(Quelle: eigene Darstellung)

3.3.1.3 Der Letztverbraucher

Die außersteuerlichen Entlastungsregelungen fordern, dass das entlastete Unternehmen Letztverbraucher der begünstigten Strommengen ist. Die stromsteuerlichen Entlastungsregelungen nach den §§ 9b und 10 StromStG fordern dagegen einen Stromentnehmer (siehe hierzu Gliederungspunkte *2.7.1* und *2.8.1*).

In der Konzessionsabgabenverordnung ist das Erfordernis des Letztverbrauchers etwas unübersichtlich geregelt. In § 2 Abs. 4 S. 1 KAV werden nur Lieferungen an Sondervertragskunden erwähnt. Weiterleitungen an Dritte bleiben unerwähnt. Im IDW PH 9.970.60 wird aber bei der Bestimmung der Liefermenge der Abzug von Weiterleitungsmengen verlangt.[412]

---

412 Vgl. *IDW*, IDW PH 9.970.60, Tz. 12 lit. e.

Eine Letztverbraucherdefinition fehlt in der KAV und in der StromNEV. Für beide Verordnungen soll die Letztverbraucherdefinition des § 3 Nr. 25 EnWG gelten, da diese auf Ermächtigungen im EnWG basieren.[413] § 3 Nr. 25 EnWG weicht, wie aus nachstehender Tabelle *44* ersichtlich, von den gleichlautenden Letztverbraucherdefinitionen im EEG 2017, KWKG und KWKG 2016 ab. Neben dem Verbrauch wird in § 3 Nr. 25 EnWG auch der Kauf der entsprechenden Energie gefordert, so dass eine Stromschenkung nicht erfasst ist.[414]

Tabelle 44: Anzuwendende Letztverbraucherdefinition

Entlastungsregelung	§ 3 Nr. 25 EnWG Natürliche oder juristische Personen, die Energie für den eigenen Verbrauch kaufen; auch der Strombezug der Ladepunkte für Elektromobile steht dem Letztverbrauch im Sinne dieses Gesetzes und den auf Grund dieses Gesetzes erlassenen Verordnungen gleich,	§ 3 Nr. 33 EEG 2017	§ 3 Nr. 17 KWKG	§ 3 Nr. 17 KWKG 2016
		Letztverbraucher ist jede natürliche oder juristische Person, die Strom verbraucht,		
§ 2 Abs. 4 KAV	X	-		
§ 63 Nr. 1 i. V. m. § 64 EEG 2017	-	X		
§ 27 Abs. 1 KWKG	-	X		
§ 17f Offshore-Netzumlage	-	X		
§ 19 Abs. 2 S. 2 bis 4 StromNEV	X	-		
§ 19 Abs. 2 S. 15 StromNEV — 1. Var.: Letztverbraucher	X	X		
§ 19 Abs. 2 S. 15 StromNEV — 2. Var: Unternehmen des produzierenden Gewerbes	X	X		
§ 9b StromStG	-	-		
§ 10 StromStG	-	-		

(Quelle: eigene Darstellung)

---

413 *BReg*, Entwurf StroMaG, S. 78.
414 Vgl. *Pfeiffer*, in *Assmann; Pfeiffer*, KWKG, § 2 KWKG, Tz. 156.

§ 3 Nr. 25 EnWG wurde seit dem Inkrafttreten am 13. Juli 2005 bereits zweimal geändert (siehe Tabelle *45*). Es erfolgte aber keine Anpassung an die Definitionen des EEG, KWKG und KWKG 2016. Ein praktisches Problem bei Anwendung der einzelnen Gesetze und Verordnungen dürfte sich hieraus grundsätzlich nicht ergeben. In der Regierungsbegründung zu Art. 1 Nr. 4 StroMaG wird klargestellt, dass § 3 Nr. 25 EnWG nicht gelte, soweit in anderen Gesetzen, wie insbesondere im EEG 2014 (§ 5 Nummer 24 EEG 2014), der Letztverbrauch ausdrücklich abweichend geregelt sei.[415]

Tabelle 45: Definition des Letztverbrauchers i. S. v. § 3 Nr. 25 EnWG und ihre Änderungen

Änderung			Änderungsgrund
	durch	zum	
~~Kunden~~Natürliche oder juristische Personen, die Energie für den eigenen Verbrauch kaufen	Art. 2 Nr. 2 c Gesetz zur Förderung der Kraft-Wärme-Kopplung (KWKGFördG[416])	1. November 2008	Mangels Begründung im Regierungsentwurf ist der Änderungsgrund fraglich.[417]
Natürliche oder juristische Personen, die Energie für den eigenen Verbrauch kaufen; *auch der Strombezug der Ladepunkte für Elektromobile steht dem Letztverbrauch im Sinne dieses Gesetzes und den auf Grund dieses Gesetzes erlassenen Verordnungen gleich*	Art. 1 Nr. 4 Strommarktgesetz (StroMaG)	30. Juli 2016	Durch die Ergänzung sollen Betreiber von Ladepunkten unabhängig vom endgültigen Verbraucher als Letztverbraucher gelten.[418]

(Quelle: eigene Darstellung)

Lediglich die anzuwendende Letztverbraucherdefinition für die Entlastung von der § 19-StromNEV-Umlage ist fraglich. Nach der Begründung zu § 19 Abs. 2 S. 15 StromNEV ist die Letztverbraucherdefinition § 3 Nr. 25 EnWG anzuwenden.[419] Für die entsprechend anzuwendenden Ausgleichsvorschriften nach §§ 26, 28 und KWKG 2016 sollte meines Erachtens die speziell hierzu erlassene Letztverbraucherdefinition in § 3 Nr. 17 KWKG 2016 angewendet werden. Diese Sichtweise wird durch die im Rahmen des EnSaG in § 19 Abs. 2 S. 16 StromNEV aufgenommenen Verweise auf

---

415 *BReg*, Entwurf StroMaG, S. 78.
416 Gesetz zur Förderung der Kraft-Wärme-Kopplung vom 25. Oktober 2008 (BGBl. I 2008, S. 2101).
417 *BReg*, Entwurf eines Gesetzes zur Förderung der Kraft-Wärme-Kopplung, S. 21.
418 *BReg*, Entwurf StroMaG, S. 78.
419 *BReg*, Entwurf StroMaG, S. 78.

§§ 62a, 62b und 104 Abs. 10 und 11 EEG 2017 (Umgang mit weitergeleiteten oder geringfügigen Strommengen) bestätigt. Die Änderung der StromNEV statt des KWKG 2016 sollte nicht erstaunen. Schließlich verweist § 19 Abs. 2 S. 15 StromNEV statisch auf die Regelungen des KWKG 2016, so dass die Änderung aufgrund der Weiterentwicklung des KWKG praktisch unmöglich ist.

3.3.2 Anforderungen an den begünstigten Strom

Sämtliche Entlastungsregelungen stellen Anforderungen an die zu entlastenden Strommengen. Seien es Mindestverbrauchsmengen, Verbrauchsorte oder Verbrauchsermittlung.

3.3.2.1 Mindestverbrauchsmengen

Die Mindestverbrauchsmengen zum Erhalt der jeweiligen Entlastung variieren. In den steuerlichen Entlastungsregelungen werden sie zudem als Wert- (Selbstbehalt) statt als Mengenangabe (Mindestverbrauch) vorgegeben.

Tabelle 46: Übersicht Mindestverbrauchsmengen und Selbsthalte

Entlas-tungsrege-lung	Mindest-verbrauch	Entlas-tung des Mindest-ver-brauchs?	„Preise" 2019 in Ct/kWh[420]	Selbst-behalt in €	Zusatzbedingung(en)
§ 2 Abs. 4 KAV	30.000 kWh = 0,030 GWh (§ 2 Abs. 7 S. 1 KAV)	Ja	0,110	-	– Mindestverbrauch gilt für Lieferungen aus dem Nieder-spannungsnetz u. in zwei Monaten des Abrechnungs-jahres muss die gemessene Leistung 30 kW überschrei-ten – Sondervertragskunde
§ 63 Nr. 1 i. V. m. § 64 EEG 2017	> 1 GWh (§ 64 Abs. 1 Nr. 1 EEG 2017)	Nein	6,405	**64.050**	§ 64 Abs. 1 Nr. 1 EEG 2017: – Mindestverbrauch muss je-weils an einer der Anlage 4 zuzuordnenden Abnahme-stelle des begünstigten Unter-nehmens erfolgen. – Preise und Selbstbehalt kön-nen bei EEG-Umlage können niedriger sein, da hier die an-teilige Belastung genügt.
§ 27 Abs. 1 KWKG			0,280	**2.800**	
§ 17f Abs. 5 S. 2 EnWG			0,416	**4.160**	
§ 19 Abs. 2 S. 2 bis 4 StromNEV	> 10 GWh § 19 Abs. 2 S. 2 StromNEV		individu-ell[421]	**indivi-duell**	– Benutzungsstundenzahl ≥ 7.000 Stunden – Mindestverbrauch und Be-nutzungsstundenzahl müs-sen an einer Abnahmestelle des begünstigten Unter-nehmens vorliegen.
§ 19 Abs. 2 S. 15 StromNEV (Var. 1 und 2)	> 1 GWh (§ 26 Abs. 2 S. 1 KWKG 2016)		0,200	**2.000**	Mindestverbrauch muss an einer Abnahmestelle des begünstigten Unternehmens erfolgen.

---

420 Vgl. *BDEW*, BDEW-Strompreisanalyse Januar 2019, S. 25. für Jahresverbräuche von 160.000 bis 20 Mio. kWh - Netzentgelte weist der BDEW nicht gesondert aus.

421 Vgl. *BNetzA*, Was ist ein Netzentgelt?, Internetquelle. Es werden nur Werte für Gewerbekunden mit 50 MWh bzw. Industriekunden mit 24 GWh Jahresver-brauch angegeben.

Entlas-tungsrege-lung	Mindest-verbrauch	Entlas-tung des Mindest-ver-brauchs?	„Preise" 2019 in Ct/ kWh[420]	Selbst-behalt in €	Zusatzbedingung(en)
§ 9b StromStG	**> ~ 0,049 GWh** (§ 9b Abs. 2 S. 2 StromStG)			**250**	Sockelbetrag gilt auf Unternehmensebene
		nein	*2,050* (= 20,50 € /MWh)		
§ 10 StromStG	**> ~ 0,066 GWh** § 10 Abs. 1 S. 1 StromStG			**1.000**	Sockelbetrag gilt auf Unternehmensebene

(Quelle: eigene Darstellung – eigene Berechnungen in kursiver Schrift – Mindest-verbräuche zur Stromsteuer aus *Reuster; Fiedler; Graichen u. a.*, Reformvorschlag, Tabelle 3)

Hinsichtlich der Entlastungen nach § 2 Abs. 4 KAV und § 19 Abs. 2 S. 2 bis 4 StromNEV ist keine allgemeingültige Aussage möglich. Hier ist jeweils eine unternehmensindividuelle Betrachtung erforderlich. Zudem sorgen unterschiedliche Preis-/Mengeneinheiten für Intransparenz. So wird bei der KAV mit Kilowattstunden und bei der Stromsteuer mit Euro pro Megawatt gearbeitet. Nach entsprechenden Umrechnungen ergibt sich nachfolgendes Prüfschema.

Tabelle 47: Prüfschema Mindestverbrauch je Entlastungsregelung

Entlastungsregelung	Jahresverbrauch pro Abnahmestelle bzw. bei § 9b u. § 10 StromStG pro Unternehmen				
	> 0,030 GWh	> 0,049 GWh	> 0,066 GWh	> 1 GWh	> 10 GWh
§ 19 Abs. 2 S. 2 bis 4 StromNEV					X
§ 63 Nr. 1 i. V. m. § 64 EEG 2017				X	X
§ 27 Abs. 1 KWKG				X	X
§ 17f Abs. 5 S. 2 EnWG				X	X
§ 19 Abs. 2 S. 15 StromNEV (Var. 1 und 2)				X	X
§ 10 StromStG			X	X	X
§ 9b StromStG		X	X	X	X
§ 2 Abs. 4 KAV	X	X	X	X	X

(Quelle: eigene Darstellung - Mindestverbräuche zur Stromsteuer aus *Reuster; Fiedler; Graichen u. a.*, Reformvorschlag, Tabelle 3)

3.3.2.2 Verbrauchsorte

Begünstigter Verbrauchsort ist bei den außersteuerlichen Entlastungsregelungen die Abnahmestelle.[422] Ihre jeweilige Definition ist abhängig von der Entlastungsregelung.

---

422 Vgl. ausführlich zum Rechtsstand vor dem EEG 2014: *Heß; Heßler; Kachel*, Abnahmestelle, EnWZ S. 305.

Tabelle 48: Definition Abnahmestelle je außersteuerlicher Entlastungsregelung

Entlastungsrege-lung	Definition Abnahmestelle	in
§ 2 Abs. 4 KAV	Zusammenfassung derjenigen Stromentnahme-punkte aus dem Netz, die in einem räumlich zusammenhängenden, vom Letztverbraucher für dieselbe wirtschaftliche Betätigung oder denselben Verbrauchszweck genutzten Areal liegen.	Vgl. BGH zu § 9 Abs. 7 S. 2 KWKG 2002[423]
§ 63 Nr. 1 i. V. m. § 64 EEG 2017	Summe aller räumlich und physikalisch zusam-menhängenden elektrischen Einrichtungen ein-schließlich der Eigenversorgungsanlagen eines Unternehmens, die sich auf einem in sich abge-schlossenen Betriebsgelände befinden und über einen oder mehrere Entnahmepunkte mit dem Netz verbunden sind, sie muss über eigene Stromzähler an allen Entnahmepunkten und Eigenversorgungsanlagen verfügen	§ 64 Abs. 6 Nr. 1 EEG 2017
§ 27 Abs. 1 KWKG		§ 27 Abs. 1 S. 1 KWKG i. V. m. § § 64 Abs. 6 Nr. 1 EEG 2017
§ 17f Abs. 5 S. 2 EnWG		§ 17f Abs. 5 S. 2 EnWG i. V. m. § 27 Abs. 1 S. 1 KWKG i. V. m. § § 64 Abs. 6 Nr. 1 EEG 2017
§ 19 Abs. 2 S. 2 bis 4 StromNEV	Summe aller räumlich und physikalisch zusam-menhängenden elektrischen Einrichtungen ei-nes Letztverbrauchers, die sich auf einem in sich abgeschlossenen Betriebsgelände befinden und über einen oder mehrere Entnahmepunkte mit dem Netz des Netzbetreibers verbunden sind;	§ 2 Nr. 1 StromNEV
§ 19 Abs. 2 S. 15 StromNEV (Var. 1 und 2)		§ 2 Nr. 1 KWKG 2016

(Quelle eigene Darstellung)

Gemäß § 2 Abs. 4 S. 4 KAV hat der Grenzpreisvergleich pro Betriebsstätte oder Abnahmestelle zu erfolgen. Eine Definition der Abnahmestelle fehlt sowohl in der KAV als auch in § 3 EnWG. Die analoge Anwendung einer der in Tabelle *48* dargestellten gesetzlichen Definitionen soll zu verneinen sein.[424] Ursächlich sei die Auffassung des BGH zu § 9 Abs. 7 S. 2 KWKG 2002.[425] Nach dieser ist die unmittelbare Anwendung zeitlich nachfolgen-der Legaldefinitionen unzulässig.[426] Daher definierte der BGH die Abnah-mestelle i. S. v. § 9 Abs. 7 S. 2 KWKG als Zusammenfassung derjenigen Stromentnahmepunkte aus dem Netz, die in einem räumlich zusammen-hängenden, vom Letztverbraucher für dieselbe wirtschaftliche Betätigung oder denselben Verbrauchszweck genutzten Areal liegen (*„funktional ein-*

---

423 *BGH*, Urteil vom 24. April 2013 – VIII ZR 88/12, BeckRS 2013 (Tz. 26).
424 Vgl. *Kermel*, in *Säcker*, BerlKommEnR, Band 3, § 2 KAV, Tz. 35.
425 *BGH*, Urteil vom 24. April 2013 – VIII ZR 88/12, BeckRS 2013.
426 Vgl. *Kermel*, in *Säcker*, BerlKommEnR, Band 3, § 2 KAV, Tz. 35.

heitliches Verbraucherareal").[427] Diese Definition soll auf die § 2 Abs. 4 S. 4 KAV anzuwenden sein.[428] Dagegen ist nach IDW PH 9.970.60 Tz. 12 lit. a. die Abnahmestelle grundsätzlich mit der Marktlokation i. S. d. Festlegung der BNetzA[429] gleichzusetzen. Hier empfiehlt sich eine Abstimmung mit dem Netzbetreiber.

Für die übrigen außersteuerlichen allgemeinen direkten Entlastungsregelungen existiert jeweils eine Legaldefinition der Abnahmestelle. Diese sind nicht wortgleich. Die Legaldefinition in § 2 Nr. 1 StromNEV wurde mit Art. 1 Nr. 2 EnWVÄndV[430] eingeführt. Hiermit sollte eine Angleichung an § 41 Abs. 4 EEG 2012 zum Zwecke einer einheitlichen Verwaltungspraxis erfolgen.[431] In § 41 Abs. 4 EEG 2012 wurde seinerzeit aber schon das Unternehmen und nicht der Letztverbraucher als Zurechnungsobjekt genutzt. Dieses war aufgrund der unterschiedlichen Bezeichnung der Begünstigten in den seinerzeitigen Entlastungsregelungen auch folgerichtig.

Mit dem EEG 2014 wurde etwa ein Jahr später die Definition der Abnahmestelle in § 64 Abs. 6 Nr. 1 EEG 2014 um Eigenversorgungsanlagen und Stromzähler erweitert. Dieses war nach der Gesetzesbegründung notwendig, da umlagepflichtige, eigenerzeugte und selbstverbrauchte Strommengen nach dem EEG 2014 in die Besondere Ausgleichsregelung einbezogen werden.[432] Die gleichzeitig erfolgte Einfügung des Stromzählererfordernisses wird mit folgender Aussage erwähnt: *„Nach dem Halbsatz am Ende von Nummer 1 müssen Abnahmestellen außerdem über eigene Stromzähler an allen Entnahmepunkten und Eigenversorgungsanlagen verfügen."*[433] § 2 Nr. 1 StromNEV wurde, trotz des im Vorjahr formulierten Ziels, nicht angepasst.

---

427 *BGH*, Urteil vom 24. April 2013 – VIII ZR 88/12, BeckRS 2013 (Tz. 26). f. mit Verweis auf übereinstimmende Literaturmeinungen.

428 Vgl. *Kermel*, in *Säcker*, BerlKommEnR, Band 3, § 2 KAV, Tz. 36; *Theobald; Templin*, in *Danner; Theobald*, Energierecht, § 2 KAV, Tz. 138.

429 *BNetzA*, Beschluss vom 20. Dezember 2018 – BK6-16-200.

430 Verordnung zur Änderung von Verordnungen auf dem Gebiet des Energiewirtschaftsrechts vom 14. August 2013 (BGBl. I S. 3250), im Weiteren nur noch EnWVÄndV.

431 *BReg*, Verordnung zur Änderung von Verordnungen auf dem Gebiet des Energiewirtschaftsrechts, S. 14.

432 *Fraktionen der CDU/CSU und SPD*, Entwurf eines Gesetzes zur Reform der besAR, S. 30.

433 *Fraktionen der CDU/CSU und SPD*, Entwurf eines Gesetzes zur Reform der besAR, S. 30.

Mit § 2 Nr. 1 KWKG 2016 erfolgte ab dem 1. Januar 2016 erstmals eine Abnahmestellendefinition in einem KWKG. Hiermit sollte klargestellt werden, dass im KWKG 2016 grundsätzlich die gleiche Abnahmestellendefinition wie in § 64 Abs. 6 Nr. 1 EEG 2014 und § 2 Nr. 1 StromNEV Anwendung findet.[434] Die Bundesregierung berücksichtigte dabei nicht, dass bereits zu diesem Zeitpunkt die Wortlaute des § 64 Abs. 6 Nr. 1 EEG 2014 und des § 2 Nr. 1 StromNEV voneinander abwichen. Wortgleichheit bestand daher nur zwischen § 2 Nr. 1 KWKG 2016 und § 2 Nr. 1 StromNEV. Im gleichen Kalenderjahr endete diese Wortgleichheit bereits durch Art. 1 Nr. 3 lit. a) KWKGStrRÄndG. § 2 Nr. 1 KWKG enthält seitdem das schon in § 64 Abs. 6 Nr. 1 EEG 2014 enthaltene Stromzählererfordernis. Diese Erweiterung bezweckte die Anpassung an die Definition im EEG, um angesichts der im KWKG vorhandenen Verweise auf das EEG eine einheitliche Auslegungspraxis zu gewährleisten.[435]

Eine Wortgleichheit zwischen § 2 Nr. 1 KWKG und § 64 Abs. 6 Nr. 1 EEG 2017 besteht jedoch nicht. Erstens fehlt in § 2 Nr. 1 KWKG die in § 64 Abs. 6 Nr. 1 EEG 2017 vorhandene Ergänzung *„einschließlich der Eigenversorgungsanlagen"*. Materiell sollten hierdurch jedoch keine Probleme bestehen, da aufgrund der Nennung von „Eigenversorgungsanlagen" in § 2 Nr. 1 letzter Halbsatz KWKG der Wille des Gesetzgebers klar sein sollte, dass EEG-Umlagepflichtige Mengen auf den Mindestverbrauch angerechnet werden.[436] Zweitens rechnet § 2 Nr. 1 KWKG dem Letztverbraucher und § 64 Abs. 6 Nr. 1 EEG 2017 dem Unternehmen die Summe aller räumlich und physikalisch zusammenhängenden Einrichtungen zu. Diese Abweichung ist unklar, denn mit dem KWKGStrRÄndG erfolgte die Aufgabe des bisherigen Entlastungsregimes, das den Letztverbraucher als Begünstigten bestimmte. Seitdem gilt das EEG-Regime mit dem stromkostenintensiven Unternehmen als Begünstigten (Art. 1 Nr. 27 KWKGStrRÄndG). Drittens wird im EEG 2017 auf die Verbindung mit dem Netz und nicht mit dem Netz des Netzbetreibers abgestellt, so dass es zu Abweichungen bei der Berechnung des Selbstbehalts von 1 GWh pro Abnahmestelle kommen könnte.[437]

---

434 *BReg*, Entwurf KWKStrRÄndG, S. 72.
435 *BReg*, Entwurf KWKStrRÄndG, S. 72.
436 Vgl. *Pfeiffer*, in *Assmann; Pfeiffer*, KWKG, § 2 KWKG, Tz. 8.
437 Vgl. *Faßbender; Riggert*, KWKG-Umlage für privilegierte Letztverbraucher (Teil 2), IR S. 74 (75).

Tabelle 49: Abnahmestellendefinitionen nach StromNEV, KWKG 2016, KWKG und EEG 2017

§ 2 Nr. 1 StromNEV	Summe aller räumlich und physikalisch zusammenhängenden elektrischen Einrichtungen		eines Letztverbrauchers,	die sich auf einem in sich abgeschlossenen Betriebsgelände befinden und über einen oder mehrere Entnahmepunkte mit dem	Netz des Netzbetreibers	verbunden sind;	sie muss über eigene Stromzähler an allen Entnahmepunkten und Eigenversorgungsanlagen verfügen
§ 2 Nr. 1 KWKG 2016							
§ 2 Nr. 1 KWKG		einschließlich der Eigenversorgungsanlagen	eines Unternehmens,		Netz		
§ 64 Abs. 6 Nr. 1 EEG 2017							

(Quelle: eigene Darstellung)

Bei Anwendung der Entlastungsregelungen zur KWKG-Umlage und Off-shore-Netzumlage sollte unstrittig sein, dass die Abnahmestellendefinition nach § 64 Abs. 6 Nr. 1 EEG 2017 Anwendung findet. Schließlich war es Wille des Gesetzgebers, dass die Begrenzung der Offshore-Netzumlage und der KWKG-Umlage nur an Abnahmestellen erfolgt, für die ein Unternehmen über einen Begrenzungsbescheid des BAFA zur Begrenzung der EEG-Umlage verfügt.[438] Somit verbleibt für die Anwendung von § 2 Nr. 1 KWKG kein Raum. Warum in der Literatur dennoch auf § 2 Nr. 1 KWKG statt auf § 64 Abs. 6 Nr. 1 EEG 2017 verwiesen wird, bleibt fraglich.[439] Denn gleichzeitig stellt ein Autor zutreffend fest, dass ein Auseinanderfallen der Voraussetzungen zwischen dem KWKG und dem EEG dem gesetzgeberischen Anliegen der Angleichung widerspreche.[440] Dennoch wird vertreten, dass eine einheitliche Auslegung von § 2 Nr. 1 KWKG und § 64 Abs. 6 KWKG nicht in jedem Fall sachgerecht oder zulässig sei.[441] Um an gleicher Stelle festzustellen, dass diese Frage seit dem Verweis auf die be-

---

438 *BReg,* Entwurf KWKStrRÄndG, S. 87; Vgl. *Faßbender; Riggert,* KWKG-Umlage für privilegierte Letztverbraucher (Teil 2), IR S. 74 (75).
439 Vgl. *Küper; Goldberg,* in *Säcker,* BerlKommEnR, Band 5, § 27 KWKG, Tz. 14; *Lohmann,* in *Assmann; Pfeiffer,* KWKG, § 27 KWKG, Tz. 58; *Fricke,* in *Säcker,* BerlKommEnR, Band 5, § 2 KWKG, Tz. 11.
440 Vgl. *Lohmann,* in *Assmann; Pfeiffer,* KWKG, § 27 KWKG, Tz. 56.
441 Vgl. *Fricke,* in *Säcker,* BerlKommEnR, Band 5, § 2 KWKG, Tz. 12. m.w.N.

sondere Ausgleichsregelung des EEG 2017 nicht mehr die Praxisrelevanz habe.[442] Demnach ergebe ein Festhalten auf die Letztverbrauchereigenschaft keinen Sinn.[443] Eine Angleichung von § 2 Nr. 1 KWKG an das Regelungsvorbild des § 64 Abs. 6 Nr. 1 EEG 2017 hätte daher nahegelegen.[444] Hierzu hätte es einer Aufnahme der bisherigen Definition in § 36 KWKG bedurft, da in dieser Übergangsnorm Letztverbraucher adressiert werden.

Aufgrund der Gesetzessystematik und dem Willen des Gesetzgebers sollte die Diskussion vereinfacht werden. Demnach sollte § 2 Nr. 1 KWKG für die Übergangsfälle i. S. v. § 36 KWKG und § 64 Abs. 6 Nr. 1 EEG 2017 für den Regelfall nach § 27 KWKG angewendet werden. Schließlich verweist das KWKG auch hinsichtlich der Unternehmensdefinition auf § 3 Nr. 47 EEG 2017 (§ 2 Nr. 29a KWKG), da die Privilegierungsregelung des § 27 KWKG nicht mehr „Letztverbraucher" sondern „stromkostenintensive Unternehmen" adressiert.[445]

Ein Streit um die anwendbare Definition der Abnahmestelle für die Entlastung von der § 19-StromNEV-Umlage könnte dagegen nur formell hinsichtlich der anwendbaren Norm geführt werden. Eines materiellen Streits bedarf es aufgrund der Wortgleichheit von § 2 Nr. 1 StromNEV und § 2 Nr. 1 KWKG 2016 nicht.

Die Entlastungsregelungen nach den §§ 9b und 10 StromStG erfordern wortlautgemäß keine Abnahmestelle sondern die Stromentnahme zu betrieblichen Zwecken (siehe Gliederungspunkte *2.7.1 Antragsvoraussetzungen* und *2.8.1 Antragsvoraussetzungen*). Potenziell entlastungsfähig ist der gesamte durch das begünstigte Unternehmen entnommene Strom.[446]

3.3.2.3 Verbrauchsermittlung

Maßgeblich zur Berechnung aller Entlastungen ist der Stromverbrauch. Ist dieser jedoch für alle Entlastungen gleich zu ermitteln? Wie im vorhergehenden Gliederungspunkt aufgezeigt, bestehen bereits Unterschiede bei den Abnahmestellen. Gemein ist allen Entlastungsregelungen, dass der zu entlastende Strom dem Begünstigten zuzuordnen sein muss. Der Stromzu-

---

442 Vgl. *Fricke*, in *Säcker*, BerlKommEnR, Band 5, § 2 KWKG, Tz. 12.
443 Vgl. *Fricke*, in *Säcker*, BerlKommEnR, Band 5, § 2 KWKG, Tz. 12.
444 Vgl. *Fricke*, in *Säcker*, BerlKommEnR, Band 5, § 2 KWKG, Tz. 12.
445 *BReg*, Entwurf KWKStrRÄndG, S. 74.
446 Vgl. *Wundrack*, in *Bongartz; Jatzke; Schröer-Schallenberg*, EnergieStG/StromStG, § 9b StromStG, Tz. 41.

fluss kann extern (i. d. R. zuständiger Netzbetreiber) oder intern (Eigenversorgungsanlagen) erfolgen. Der zugeflossene Strom kann vom Begünstigten selbst verbraucht, an auf dem Betriebsgelände befindliche Dritte weitergeleitet oder in das Netz einspeist werden.

Abbildung 10: *Grundsätzliche Stromflüsse und Beteiligte bei den Entlastungsregelungen*

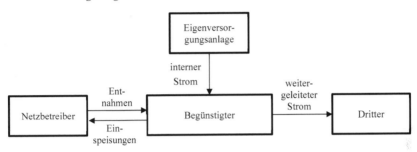

(eigene Darstellung)

Die Bedingungen für Einspeisungen in und Entnahmen aus Elektrizitätsversorgungsnetzen sind in der Stromnetzentgeltverordnung geregelt (§ 1 S. 1 StromNEV). Die Messungen haben nach dem Messstellenbetriebsgesetz zu erfolgen (§ 18 StromNEV). Zuständig ist der grundzuständige (§ 3 Abs. 1 S. 1 MsbG) oder ein vom Anschlussnutzer i. S. d. § 2 Nr. 3 MsbG beauftragter Messstellenbetreiber (§ 5 MsbG). Anschlussnutzer ist der zur Nutzung des Netzanschlusses berechtigte Letztverbraucher i. S. d. § 2 Nr. 8 MsbG oder der Betreiber von Erzeugungsanlagen nach dem EEG 2017[447] bzw. KWKG (§ 2 Nr. 3 MsbG). Die verwendeten Mess- und Steuereinrichtungen müssen den mess- und eichrechtlichen Vorschriften, den Vorgaben des MsbG inklusive Verordnungen sowie den vom Netzbetreiber nach der StromNZV vorgesehenen technischen Mindestanforderungen genügen (§ 8 Abs. 2 S. 1 MsbG).

Anders stellen sich die Anforderungen zur Messung der Strommengen aus Eigenversorgungsanlagen und bei Weiterleitungen an Dritte auf dem Betriebsgelände dar. Zwar sehen die Abnahmestellendefinitionen nach § 2 Nr. 1 KWKG und § 64 Abs. 1 Nr. 1 EEG 2017 ein Stromzählererfordernis vor, jedoch erfolgte erst mit dem EnSaG eine ausdrückliche Regelung zur Ermittlung des selbst verbrauchten Stroms für alle Umlagesysteme (EEG-,

---

447 Anmerkung: Die Angabe des Jahres fehlt in § 2 Nr. 8 MsbG.

KWKG-, Offshore-Netz- und § 19-StromNEV-Umlage). Unterschieden wird dabei zwischen Bagatellsachverhalten (§ 62a EEG 2017) und Vorgaben für Messung und Schätzung (§ 62b EEG 2017). Vor Anwendung dieser Regelungen ist zunächst zu bestimmen, wer Stromverbraucher, d. h. wer Betreiber der Stromverbrauchseinrichtung ist.[448] Hierzu wird auf die im Leitfaden der BNetzA zur Eigenversorgung festgelegten Kriterien hingewiesen.[449] Demnach ist maßgeblich wer die tatsächliche Herrschaft über elektrische Verbrauchsgeräte trägt, deren Arbeitsweise eigenverantwortlich bestimmt sowie das wirtschaftliche Risiko trägt.[450]

Zurechnung Stromverbräuche Dritter

Nach § 62a EEG 2017 sind geringfügige Stromverbräuche Dritter dem begünstigten Letztverbrauchers unter bestimmten Voraussetzungen zuzurechnen. Deren genaue Grenze ist jedoch unklar.[451] Sie ist abstrakt nur schwer auszumachen.[452]

Geringfügig sollen Bagatellverbräuche sein, die im Bereich des Sozialadäquaten liegen.[453] Hierfür enthält die Gesetzesbegründung zahlreiche Beispiele und Eingrenzungen.[454] Die nachfolgende Abbildung fasst diese zusammen.

---

448 Vgl. *Viehweger*, EnSaG und besAR, WPg S. 222 (224).
449 *Fraktionen der CDU/CSU und SPD*, Entwurf EnSaG, S. 81.
450 Vgl. *BNetzA*, Leitfaden zur Eigenversorgung, S. 24.
451 Vgl. *Viehweger*, EnSaG und besAR, WPg S. 222 (223); zum Gesetzentwurf bereits: *Ruttloff; Kindler*, Update Eigenversorgung, EnWZ S. 392 (395).
452 *Fraktionen der CDU/CSU und SPD*, Entwurf EnSaG, S. 83.
453 *Fraktionen der CDU/CSU und SPD*, Entwurf EnSaG, S. 83.
454 *Fraktionen der CDU/CSU und SPD*, Entwurf EnSaG, 83-84.

Abbildung 11: Bestimmung geringfügiger Stromverbräuche gem. § 62a EEG 2017

Höhe	Dauer	Ort	Frequenz
des Stromverbrauchs			
Unterhalb des Jahresverbrauchs eines gewöhnlichen Haushaltskunden • 1.000 kWh? • 3.000 kWh? **Summe** der Verbrauchseinrichtunge n je Sachverhalt	• Zeitraum von **1 Monat** und weniger • Zeitraum von mehr als **1 Monat**	• gleiche Verbrauchstelle, d. h. **ortsfest** • verschiedene Verbrauchstellen	• täglich • monatlich • gelegentlich • unregelmäßig • ununterbrochen während der Produktionszeiten

Wann gilt ein Stromverbrauch als sozialadäquater Bagatellverbrauch?

(Quelle: Viehweger, EnSaG und besAR, WPg 2019, S. 222 (223))

Eine ähnlich abstrakte Regelung existiert bereits für die Stromsteuer in (§ 19 Abs. 4 S. 1 i. V. m.) § 17b Abs. 4 StromStV.

Tabelle 50: Voraussetzungen § 62a EEG 2017

Stromverbräuche Dritter sind den Stromverbräuchen des Letztverbrauchers zuzurechnen, wenn sie	
(§ 62a EEG 2017)	(§ 17b Abs. 4 StromStG)

• geringfügig sind,
 	
• im konkreten Fall und üblicherweise nicht gesondert abgerechnet werden und
 	
• verbraucht werden
  ○ in den Räumlichkeiten, auf dem Grundstück oder dem Betriebsgelände des Letztverbrauchers verbraucht werden sowie
  ○ im Fall der gewerblichen Nutzung nur zur Erbringung einer Leistung
    ▪ des Dritten gegenüber dem Letztverbraucher oder
    ▪ des Letztverbrauchers gegenüber dem Dritten erfolgen.
	• externes Unternehmen erbringt nur zeitweise im Betrieb des Begünstigten eine Leistung,
	• der durch das externe Unternehmen verbrauchte Strom wird üblicherweise nicht abgerechnet und
	• wird im Betrieb des Antragstellers
	  ○ entnommen und
	
	  ○ der Empfänger der unter Entnahme des Stroms erbrachten Leistung ist der Antragsteller

(Quelle: eigene Darstellung)

Bei den Entlastungen nach den §§ 9b und 10 StromStG bleiben zudem Stromentnahmen unberücksichtigt, die zur Erzeugung von Licht, Wärme, Kälte, Druckluft und mechanischer Energie (Nutzenergie) erfolgen, sofern diese Nutzenergie nicht von einem Unternehmen des produzierenden Gewerbes oder der Land- und Forstwirtschaft genutzt wird (siehe Gliederungspunkte *2.7.1 Antragsvoraussetzungen* und *2.8.1 Antragsvoraussetzungen*).

Ausnahmen vom Eich- und Messrecht

Strommengen, für die die volle oder anteilige EEG-, KWKG-, Offshore-Netz- oder § 19-StromNEV-Umlage zu zahlen ist, sind in der Regel durch eich- und messrechtskonforme Messeinrichtungen zu bestimmen (§ 62b Abs. 1 S. 1 EEG 2017). Von diesen sind Strommengen, für die keine oder nur eine anteilige EEG-, KWKG-, Offshore-Netz- oder § 19-StromNEV-Umlage zu zahlen ist, durch eich- und messrechtskonforme Messeinrichtungen abzugrenzen (§ 62b Abs. 1 S. 2 EEG 2017). Es sei denn, eine Ausnahme nach § 62b Abs. 2 S. 1 EEG 2017 ist möglich, aber auch mit Mehraufwand für den Begünstigten verbunden.[455]

Tabelle 51: § 62b Abs. 2 S. 1 Nr. 1 u. 2 EEG 2017

Ausnahmen von der Pflicht zur eich- und messrechtskonformen Messung nach § 62b Abs. 2 EEG 2017	
Nr. 1	Für die gesamte Strommenge der innerhalb dieser nicht mess- und eichrechtskonform gemessenen Strommenge wird der höchste EEG-Umlagesatz geltend gemacht.
Nr. 2	Die Abgrenzung ist technisch unmöglich oder mit unvertretbarem Aufwand verbunden und auch eine Abrechnung nach Nummer 1 ist aufgrund der Menge des privilegierten Stroms, für den in Ermangelung der Abgrenzung der innerhalb der nicht mess- und eichrechtskonform gemessenen Strommenge geltende höchste EEG-Umlagesatz anzuwenden wäre, nicht wirtschaftlich zumutbar.

(Quelle: eigene Darstellung)

Die Ausnahme nach § 62b Abs. 2 Nr. 1 EEG 2017 stellt einen faktischen Verzicht auf die jeweilige Umlageentlastung dar und dürfte für die Begünstigten wirtschaftlich unattraktiv sein.[456] Mit der zweiten Ausnahmen (§ 62b Abs. 2 Nr. 2 EEG 2017) strebt der Gesetzgeber eine dem Stromsteuerrecht (siehe hierzu Gliederungspunkt *2.7.1*) vergleichbare Regelung

---

455 Vgl. *Oppen*, Änderungen des EEG 2017, S. 3 (7).
456 So zum Gesetzentwurf: *Ruttloff; Kindler*, Update Eigenversorgung, EnWZ S. 392 (397).

an.[457] Hiernach hat die Ermittlung der Strommengen im Wege einer sachgerechten und für einen nicht sachverständigen Dritten jederzeit nachvollziehbaren und nachprüfbaren Schätzung zu erfolgen (§ 62b Abs. 3 S. 1 EEG 2017).[458]

Tabelle 52: Schätzungsbefugnis nach (§ 19 Abs. 4 S. 1 i. V. m.) § 17 Abs. 5 StromStV

Ausnahmen von der Pflicht zur eich- und messrechtskonformen Messung für selbst oder von einem anderen Unternehmen des Produzierenden Gewerbes nach (§ 19 Abs. 4 S. 1 i. V. m.) § 17b Abs. 5 StromStV entnommenen Nutzenergiemengen	
Nr. 1	Eine genaue Ermittlung der Mengen wäre nur mit unvertretbarem Aufwand möglich und
Nr. 2	die Schätzung erfolgt nach allgemein anerkannten Regeln der Technik und ist für nicht sachverständige Dritte jederzeit nachprüf- und nachvollziehbar

(Quelle: eigene Darstellung)

Die so ermittelte EEG-Umlage soll jedoch nicht geringer sein als bei der Abgrenzung der Strommengen durch mess- und eichrechtskonforme Messeinrichtungen (§ 62b Abs. 3 S. 3 EEG 2017).[459] Ursächlich für diese Abweichung zur Stromsteuer sind die höhere monetäre Befreiung und die fehlende unmittelbare Überwachung der ordnungsgemäßen Schätzung durch Behörden.[460]

Eine sachgerechte und für einen nicht sachverständigen Dritten jederzeit nachvollziehbare und nachprüfbare Schätzung liegt vor, wenn bei den jeweils voneinander abzugrenzenden Strommengen mit unterschiedlicher EEG-Umlagehöhe, für die im Vergleich der höchste EEG-Umlagesatz anzuwenden ist, die maximale Leistungsaufnahme der betreffenden Stromverbrauchseinrichtung mit der Summe der vollen Zeitstunden des jeweiligen Kalenderjahres multipliziert wird (§ 62b Abs. 3 S. 4 EEG 2017). Es handelt sich um eine „Worst-Case-Betrachtung", da die volle Jahresleistung der von einem nicht umlageprivilegierten Dritten betriebenen Stromverbrauchsanlage berücksichtigt wird.[461]

Bei einer Schätzung nach § 62b Abs. 3 EEG 2017 sind in der Endabrechnung nach § 74 Abs. 2 EEG 2017 („Elektrizitätsversorgungsunternehmen") oder § 74a Abs. 2 EEG 2017 („Letztverbraucher" und „Eigenversorger") zu-

---

457 *Fraktionen der CDU/CSU und SPD*, Entwurf EnSaG, S. 84.
458 Für einen Vorschlag zur Dokumentation siehe: *Viehweger*, EnSaG und besAR, WPg S. 222 (227).
459 *Fraktionen der CDU/CSU und SPD*, Entwurf EnSaG, S. 84.
460 *Fraktionen der CDU/CSU und SPD*, Entwurf EnSaG, S. 84.
461 *Fraktionen der CDU/CSU und SPD*, Entwurf EnSaG, S. 84–85.

sätzliche Angaben nach § 62b Abs. 4 EEG 2017 erforderlich. Sie sind auch von stromkostenintensiven Unternehmen zu machen (§ 60a S. 2 EEG 2017 i. V. m. § 74 Abs. 2 EEG 2017). Die Angaben sollen den Netzbetreibern Mindestinformationen für die Prüfung der vollständigen Erhebung der EEG-Umlageansprüche geben.[462]

Tabelle 53: Angaben nach § 62b Abs. 4 S. 1 EEG 2017

Nr. 1	die Angabe, ob und welche Strommengen im Wege einer Schätzung abgegrenzt wurden,
Nr. 2	die Höhe des EEG-Umlagesatzes, der für diese Strommengen jeweils zu zahlen ist,
Nr. 3	die Art, maximale Leistungsaufnahme und Anzahl der Stromverbrauchseinrichtungen, in denen die nach Nummer 1 geschätzten Strommengen verbraucht wurden,
Nr. 4	jeweils den Betreiber der nach Nummer 3 anzugebenden Stromverbrauchseinrichtungen,
Nr. 5	in den Fällen des Absatzes 2 Nummer 2 eine nachvollziehbare Begründung, weshalb die messtechnische Abgrenzung technisch unmöglich oder mit unvertretbarem Aufwand verbunden ist, und
Nr. 6	eine Darlegung der Methode der Schätzung, die umfassende Angaben enthält, wie im Sinn des Absatzes 3 Satz 3 sichergestellt wird, dass aufgrund der Schätzung auf die gesamte Strommenge nicht weniger EEG-Umlage gezahlt wird als im Fall einer Abgrenzung durch mess- und eichrechtskonforme Messeinrichtungen.

(Quelle: eigene Darstellung)

Im Einzelfall kann der Netzbetreiber weitere erforderliche Angaben zur vollständigen Erhebung von Umlageansprüchen verlangen.[463] Die Angaben nach § 62b Abs. 4 S. 1 Nr. 3 und 4 EEG 2017 können im Einzelfall unterlassen werden, wenn sie mit unvertretbarem Aufwand verbunden oder unmöglich sind (§ 62b Abs. 4 S. 2 EEG 2017). In diesen Fällen hat eine nachvollziehbare Begründung mit hinreichenden Angaben zur Plausibilisierung der angegebenen geschätzten abgegrenzten Strommengen zu erfolgen. Ebenso kann der Netzbetreiber auf die Angaben nach § 62b Abs. 4 S. 1 Nr. 3 und 4 EEG 2017 im Rahmen der Abrechnung nach § 74 Abs. 2 oder § 74a Abs. 2 EEG 2017 verzichten (§ 62b Abs. 4 S. 3 Hs. 1 EEG 2017). Jedoch darf er sie jederzeit nacherheben (§ 62b Abs. 4 S. 3 Hs. 2 EEG 2017). Praktische Anwendungsfälle sind Standardfälle wie die Belieferung einer Einliegerwohnung von einem Eigenversorger.[464] Sofern die Abrechnung nach § 75 S. 2 EEG 2017 geprüft wird, sind die Schätzungen Teil der Prüfung.[465]

---

462 *Fraktionen der CDU/CSU und SPD*, Entwurf EnSaG, S. 85.
463 *Fraktionen der CDU/CSU und SPD*, Entwurf EnSaG, S. 85.
464 *Fraktionen der CDU/CSU und SPD*, Entwurf EnSaG, S. 86.
465 *Fraktionen der CDU/CSU und SPD*, Entwurf EnSaG, S. 85.

Die Anforderungen nach § 62b Abs. 1 EEG 2017 ergeben sich aus den allgemeinen zivilrechtlichen Grundsätzen zur Darlegungs- und Beweislast sowie des Mess- und Eichrechts.[466] § 62b Abs. 1 EEG 2017 gilt nur für die Umlagesysteme.[467] Dieses bedeutet nicht, dass außerhalb der Umlagesysteme keine mess- und eichrechtskonforme Messung erforderlich ist, denn eine solche Pflicht folgt bereits aus dem Mess- und Eichrecht und entspricht den allgemeinen zivilrechtlichen Grundsätzen zur Darlegungs- und Beweislast.[468] Die in § 62a und 62b EEG 2017 dargestellten Ausnahmen sind eng auszulegende Sonderbestimmungen die als lex specialis den allgemeinen Grundsätzen des Mess- und Eichrechts lediglich hinsichtlich der Umlagesysteme vorgehen.[469] Gleichwohl erwägte die Bundesregierung im Zuge der nächsten Novelle der Verordnung über das Inverkehrbringen und die Bereitstellung von Messgeräten auf dem Markt sowie über ihre Verwendung und Eichung (MessEV[470]) eine Klarstellung insoweit vorzunehmen.[471] Dieses geschah in § 5 Abs. 4 MessEV mit der ersten Verordnung zur Änderung der Mess- und Eichgebührenverordnung und der Mess- und Eichverordnung.[472]

Trotz dieser Ausführungen im Gesetzesentwurf fehlt eine konkrete Begründung zur Nichtberücksichtigung der Ausnahmen nach §§ 62a und 62b EEG 2017 der übrigen allgemeinen direkten Entlastungsregelungen nach § 2 Abs. 4 KAV und § 19 Abs. 2 S. 2 bis 4 StromNEV. Auch bei diesen Regelungen sind Weiterleitungen zu berücksichtigen. Damit ist es denkbar, dass derselbe Sachverhalt je nach Entlastungsregelung unterschiedlich behandelt wird.

Nach § 33 Abs. 1 S. 1 Mess- und Eichgesetz (MessEG[473]) dürfen Werte für Messgrößen im geschäftlichen oder amtlichen Verkehr oder bei Messungen im öffentlichen Interesse nur dann angegeben oder verwendet wer-

---

466 *Fraktionen der CDU/CSU und SPD*, Entwurf EnSaG, S. 80.

467 *Fraktionen der CDU/CSU und SPD*, Entwurf EnSaG, S. 80–81.

468 *Fraktionen der CDU/CSU und SPD*, Entwurf EnSaG, S. 81.

469 *Fraktionen der CDU/CSU und SPD*, Entwurf EnSaG, S. 81.

470 Verordnung über das Inverkehrbringen und die Bereitstellung von Messgeräten auf dem Markt sowie über ihre Verwendung und Eichung (Mess- und Eichverordnung) vom 11. Dezember 2014 (BGBl. I S. 2010), zuletzt geändert durch Artikel 3 der Verordnung vom 30. April 2019 (BGBl. I S. 579), im Weiteren nur noch MessEV.

471 *Fraktionen der CDU/CSU und SPD*, Entwurf EnSaG, S. 81.

472 *BReg*, Erste Verordnung zur Änderung der Mess- und Eichgebührenverordnung und der Mess- und Eichverordnung, S. 111.

473 Gesetz über das Inverkehrbringen und die Bereitstellung von Messgeräten auf dem Markt, ihre Verwendung und Eichung sowie über Fertigpackungen (Mess-

den, wenn zu ihrer Bestimmung ein Messgerät bestimmungsgemäß verwendet wurde und die Werte auf das jeweilige Messergebnis zurückzuführen sind. Es sei denn in der Rechtsverordnung nach § 41 Nr. 2 MessEG ist etwas anderes bestimmt. Messgeräte sind alle Geräte oder Systeme von Geräten mit einer Messfunktion einschließlich Maßverkörperungen, die jeweils zur Verwendung im geschäftlichen oder amtlichen Verkehr oder zur Durchführung von Messungen im öffentlichen Interesse bestimmt sind (§ 3 Nr. 13 MessEG). Grundsätzlich dürfen Messgeräte nicht ungeeicht verwendet werden (§ 37 Abs. 1 MessEG). Eine Ausnahme besteht für gleichbleibende gewerbliche Vertragspartner mit Betriebsstätten auf derselben räumlich abgegrenzten Fläche. Nach § 35 MessEG können diese vom zuständigen Eichamt auf schriftlichen Antrag die Erlaubnis zur Verwendung von nicht geeichten Messgeräten erhalten. Sollte im konkreten Fall § 35 MessEG keine Anwendung finden, so akzeptiert das BAFA jedenfalls den Zählerstand eines von der Messbehörde zugelassenen ungeeichten Zählers als Schätzgrundlage zuzüglich Sicherheitszuschlag.[474] Hierzu geht das BAFA zudem davon aus, dass eine vorzeitige Nachrüstung außerhalb des nächsten turnusmäßigen oder außerplanmäßigen Austauschs von bislang ungeeichten aber befreiten Messstellen mit geeichten Zählern in Fällen von bestehenden Befreiungen einen unvertretbaren Aufwand im Sinne des § 62b Absatz 2 Nr. 2 EEG 2017 darstellt.[475]

Die aus 2018 stammende und durch das EnSaG veraltete Umsetzungshilfe des BDEW besteht dagegen auf einen entsprechenden Nachweis der „selbst verbrauchten Strommengen" privilegierter Letztverbraucher mittels geeichter Messeinrichtungen.[476]

---

und Eichgesetz) vom 25. Juli 2013 (BGBl. I S. 2723), zuletzt geändert durch Artikel 1 des Gesetzes vom 11. April 2016 (BGBl. I S. 718).

474 Vgl. *BAFA*, Hinweisblatt zur Strommengenabgrenzung für das Antragsjahr 2019, S. 5.

475 Vgl. *BAFA*, Hinweisblatt zur Strommengenabgrenzung für das Antragsjahr 2019, S. 5.

476 Vgl. *BDEW*, Umsetzungshilfe zum Kraft-Wärme-Kopplungsgesetz - KWKG 2016, S. 78.

Tabelle 54: Spezielle Vorgaben für weitergeleitete Strommengen oder geringfügige Stromverbräuche

Entlastungsre-gelung	Messung und Schätzung	Geringfügige Stromverbräuche Dritter
§ 2 Abs. 4 KAV	-	-
§ 63 Nr. 1 i. V. m. § 64 EEG 2017	§ 62b EEG 2017	§ 62a EEG 2017
§ 27 Abs. 1 KWKG	§ 26c KWKG i. V. m. § 62b EEG 2017	§ 26c KWKG i. V. m. § 62a EEG 2017
§ 17f Abs. 5 S. 2 EnWG	§ 17f Abs. 5 S. 2 EnWG i. V. m. § 26c KWKG i. V. m. § 62b EEG	§ 17f Abs. 5 S. 2 EnWG i. V. m. § 26c KWKG i. V. m. § 62a EEG 2017
§ 19 Abs. 2 S. 2 bis 4 StromNEV	-	-
§ 19 Abs. 2 S. 15 StromNEV (Letztverbrau-cher gruppen B und C)	§ 19 Abs. 2 S. 16 StromNEV i. V. m. § 62b EEG 2017	§ 19 Abs. 2 S. 16 StromNEV i. V. m. § 62a EEG 2017
§ 9b StromStG	§ 17b Abs. 5 StromStV	§ 17b Abs. 4 StromStV
§ 10 StromStG	§ 19 Abs. 4 S. 1 i. V. m. § 17b Abs. 5 StromStV	§ 19 Abs. 4 S. 1 i. V. m. § 17b Abs. 4 StromStV

(Quelle: eigene Darstellung)

3.3.3 Anforderungen an die Einhaltung betriebswirtschaftlicher Kennziffern

In diesem Gliederungspunkt sollen die im Rahmen der Entlastungsverfahren zu beachtenden betriebswirtschaftlichen Kennziffern dargestellt und verglichen werden. Zu unterscheiden ist hierbei zwischen Kennziffern, deren Einhaltung für den Erhalt der Entlastung erforderlich ist, und Kennziffern, die lediglich im Rahmen der Entlastungsberechnung relevant sind. Letztere werden im Gliederungspunkt *3.4 Vergleich der Verfahren* betrachtet.

Die allgemeinen direkten Entlastungsregelungen erfordern überwiegend die Einhaltung betriebswirtschaftlicher Kennziffern als zusätzliche Anspruchsvoraussetzung. Sie reichen von der Ermittlung der durchschnittlichen Stromkosten bei der Befreiung von Konzessionsabgaben bis zur komplexen Ermittlung der Stromkostenintensität bei den Entlastungen von der EEG-, KWKG- u. Offshore-Netzumlage. Lediglich bei den Entlastungsregelungen nach § 19 Abs. 2 S. 2 bis 4 StromNEV, § 19 Abs. 2 S. 15

Variante 1 StromNEV sowie § 9b StromStG sind keine betriebswirtschaftlichen Kennziffern zu berücksichtigen.

Tabelle 55: Betriebswirtschaftliche Kennziffern je allgemeiner direkter Entlastungsregelung

Entlastungsregelung	betriebswirtschaftliche Kennziffer	Grundlage
§ 2 Abs. 4 KAV	Durchschnittspreis je kWh < maßgebender Grenzpreis	§ 2 Abs. 4 S. 1 u. 3 KAV
§ 63 Nr. 1 i. V. m. § 64 EEG 2017	Stromkostenintensität: ≥ 14 % (Unternehmen der Liste 1) oder ≥ 20 % (Unternehmen der Liste 2)	((§ 17f Abs. 5 S. 2 EnWG i. V. m.) § 27 Abs. 1 S. 1 KWKG i. V. m.) § 64 Abs. 1 Nr. 2 lit. a) o. b) EEG 2017
§ 27 Abs. 1 KWKG		
§ 17f Abs. 5 S. 2 EnWG		
§ 19 Abs. 2 S. 2 bis 4 StromNEV	-	-
§ 19 Abs. 2 S. 15 StromNEV (Variante 1)	-	-
§ 19 Abs. 2 S. 15 StromNEV (Variante 2)	Stromkosten > 4 % der Umsatzerlöse gem. § 277 Abs. 1 HGB	§ 19 Abs. 2 S. 15 StromNEV
§ 9b StromStG	-	-
§ 10 StromStG	0,9 x (Stromsteuerbelastung - eingesparte Rentenversicherungsbeiträge)	§ 10 Abs. 2 StromStG

(Quelle: eigene Darstellung)

Ein Vergleich der betriebswirtschaftlichen Kennziffern ist schwierig. Es existieren vier unterschiedliche Kennziffern für sechs Entlastungsvarianten. Dabei unterscheiden sich nicht nur die Kennziffern, sondern auch die Ermittlungszeiträume. Für das Entlastungsjahr 2020 sind diese in Tabelle 56 dargestellt.

Tabelle 56: *Ermittlungszeiträume für als Antragsvoraussetzung einzuhaltenden betriebswirtschaftlichen Kennziffern bei kalenderjahrgleichen Geschäftsjahren*

Entlastungsrege-lung	Berechnungs-komponente(n)	2016 [x-3]	2017 [x-2]	2018 [x-1]	2019 [x]	2020 [x+1]	2021 [x+2]
§ 2 Abs. 4 KAV	Durchschnittspreis					X	
	maßgebender Grenzpreis, sofern nicht vertraglich vereinbart				X		
§ 63 Nr. 1 i. V. m. § 64 EEG 2017	Stromkosten	X	X	X			
§ 27 Abs. 1 KWKG							
§ 17f Abs. 5 S. 2 EnWG	Bruttowertschöpfung	X	X	X			
§ 19 Abs. 2 S. 15 StromNEV (Variante 2)	Stromkosten				X		
	Umsatzerlöse				X		
§ 10 StromStG	Stromsteuerbelastung					X	
	eingesparte Rentenversiche-rungsbeiträge					X	

(Quelle: eigene Darstellung)

Die Berechnung der Stromkostenintensität nach § 64 Abs. 6 Nr. 3 EEG 2017 ist besonders komplex. Die Stromkostenintensität ergibt sich aus dem Verhältnis der maßgeblichen Stromkosten einschließlich der Stromkosten für nach § 61 EEG 2017 voll oder anteilig umlagepflichtiger selbst verbrauchter Strommengen zum arithmetischen Mittel der Bruttowertschöpfung in den letzten drei abgeschlossenen Geschäftsjahren (§ 64 Abs. 6 Nr. 3 Hs. 1 EEG 2017).

Abbildung 12: *Ermittlung Stromkostenintensität gem. § 64 Abs. 6 Nr. 3 Hs. 1 EEG 2017*

$$\text{Stromkostenintensität (SKI)} = \frac{\text{maßgebliche Stromkosten}}{1/3\ (\text{BWS}_{[x-1]} + \text{BWS}_{[x-2]} + \text{BWS}_{[x-3]})}$$

Wobei $\text{BWS}_{[x-1]}$, $\text{BWS}_{[x-2]}$ und $\text{BWS}_{[x-3]}$ jeweils die Bruttowertschöpfung i. S. v. § 64 Abs. 6 Nr. 2 EEG 2017 des letzten, vorletzten und vorvorletzten abgeschlossenen Geschäftsjahres vor Antragstellung darstellen.

(Quelle: Modifizierte Darstellung auf Basis: *BAFA*, Merkblatt für stromkostenintensive Unternehmen 2019, S. 11 u. 21)

Die maßgeblichen Stromkosten sind das Produkt aus den nach § 61 EEG voll oder anteilig umlagepflichtigen Strommengen der letzten drei Jahre mit dem durch die DSPV vorgegebenen Durchschnittsstrompreis (§ 64 Abs. 6 Nr. 3 EEG 2017).

Abbildung 13: *Ermittlung maßgebliche Stromkosten gem. § 64 Abs. 6 Nr. 3 Hs. 2 EEG 2017*

Maßgebliche Stromkosten = durchschnittlicher Strompreis * 1/3 ($SV_{[x-1]}$ + $SV_{[x-2]}$ + $SV_{[x-3]}$)

Wobei $SV_{[x-1]}$, $SV_{[x-2]}$ und $SV_{[x-3]}$ jeweils den Stromverbrauch des letzten, vorletzten und vorvorletzten abgeschlossenen Geschäftsjahres vor Antragstellung darstellen.

(Quelle: Modifizierte Darstellung auf Basis: *BAFA*, Merkblatt für stromkostenintensive Unternehmen 2019, S. 11)

Ursächlich für den jeweils dreijährigen Betrachtungszeitraum sind Anhang 4 Abs. 2 und Abs. 5 S. 2 UEBLL.[477]

Dagegen sind bei der Entlastung nach § 19 Abs. 2 S. 15 Variante 2 StromNEV die tatsächlichen Stromkosten des dem Entlastungsjahr vorangegangenen Geschäftsjahres zu berücksichtigen. Dieses bedeutet, dass für das Entlastungsjahr 2020 die tatsächlichen Stromkosten des letzten vor dem Entlastungsjahr abgeschlossenen Geschäftsjahres, z. B. vom 1. Januar bis zum 31. Dezember 2019 oder vom 1. Oktober 2018 bis zum 30. September 2019, maßgeblich sind.[478] Diese Ansicht soll auch in der nicht allgemein verfügbaren BDEW Anwendungshilfe zum KWKG 2016 vertreten werden.[479] Der Antrag ist bis zum 31. März 2021 zu stellen (§ 19 Abs. 2 S. 15 StromNEV i. V. m. § 26 Abs. 2 S. 3 KWKG 2016). Im Jahr 2015 wurden mit den BilRUG[480] die Umsatzerlöse in § 277 Abs. 1 HGB neu defi-

---

477 *Fraktionen der CDU/CSU und SPD*, Entwurf eines Gesetzes zur Reform der besAR, S. 30.

478 Auf Basis des Beispiels in *IDW*, IDW PH 9.970.35 Besonderheiten der Prüfung nach § 19 Abs. 2 Satz 15 StromNEV bzw. nach § 17f Abs. 1 Satz 3 EnWG, jeweils i.V.m. § 30 Abs. 1 Nr. 5 KWKG 2016, im Zusammenhang mit der Begrenzung der StromNEV-Umlage bzw. der Offshore-Haftungsumlage, Fn. 3.

479 Vgl. *BDEW*, Anwendungshilfe zum Kraft-Wärme-Kopplungsgesetz 2016; zitiert nach: *Viehweger*, KWKG-, StromNEV- u. Offshore-Haftungsumlage, WPg 2018, S. 141 (144).

480 Gesetz zur Umsetzung der Richtlinie 2013/34/EU des Europäischen Parlaments und des Rates vom 26. Juni 2013 über den Jahresabschluss, den konsolidierten Abschluss und damit verbundene Berichte von Unternehmen bestimmter Rechtsformen und zur Änderung der Richtlinie 2006/43/EG des Europäischen Parlaments und des Rates und zur Aufhebung der Richtlinien 78/660/EWG

niert. Hierdurch konnte es zu einer Ausweitung der Umsatzerlöse kommen, so dass die Anforderungen zum Erhalt der Entlastung durch handelsrechtliche Änderungen gestiegen sind.[481]

Lediglich bei zwei außersteuerlichen allgemeinen direkten Entlastungsregelungen (§ 2 Abs. 4 KAV und § 19 Abs. 2 S. 15 Var. 2 StromNEV) sind die individuellen Stromkosten des Entlasteten zu berücksichtigen. Für beide gibt der jeweilige Verordnungsgeber keine (§ 19 Abs. 2 S. 15 StromNEV) bzw. keine vollständige (§ 2 Abs. 4 KAV) Definition vor. In beiden Fällen wird diese Lücke durch die jeweiligen IDW Prüfungshinweise gefüllt (siehe nachfolgende Tabelle). Hierbei gibt es Abweichungen im Detail.

Tabelle 57: *Vergleich Stromkostendefinitionen § 2 Abs. 4 KAV - § 19 Abs. 2 S. 15 Var. 2 StromNEV*

	§ 2 Abs. 4 KAV (gem. IDW PH 9.970.60 Tz. 12 lit. g)	§ 19 Abs. 2 S. 15 Var. 2 StromNEV (gem. IDW PH 9.970.35 Tz. 10 lit. b.)
	Strombeschaffungskosten	Strombeschaffungs- **und Erzeugungskosten**
+	Netzentgelte	Netzentgelte
+	Systemdienstleistungskosten	Systemdienstleistungskosten
+	Kosten für Messung und Abrechnung	Kosten für Messung und Abrechnung
+	Umlagen (zurzeit: KWKG-Umlage, Umlage nach § 19 Abs. 2 StromNEV, Offshore-Haftungsumlage nach § 17f EnWG, Umlage nach § 18 Abs. 1 AbLaV und EEG-Umlage – **der Abzug der tatsächlichen oder fiktiven Entlastungen ist ungeklärt**)	Umlagen (**nach Berücksichtigung evtl. Entlastungen**), zurzeit: KWKG-Umlage, Umlage nach § 19 Abs. 2 StromNEV, Offshore-Haftungsumlage nach § 17f EnWG, Umlage nach § 18 Abs. 1 AbLaV und EEG-Umlage
+	Stromsteuer in der gesetzlichen Höhe von zurzeit 2,05 ct/kWh **ohne** Berücksichtigung von Stromsteuerermäßigungen	Stromsteuer in der gesetzlichen Höhe von zurzeit 2,05 ct/kWh **nach** Berücksichtigung von Stromsteuerermäßigungen
+	Konzessionsabgaben in voller Höhe von zurzeit 0,11 ct/kWh, soweit nach § 2 Abs. 3 Nr. 1 KAV keine niedrigere Konzessionsabgabe im Konzessionsvertrag vereinbart wurde.	Konzessionsabgaben
=	**Strombezugskosten**	

(Quelle: eigene Darstellung)

---

und 83/349/EWG des Rates(Bilanzrichtlinie-Umsetzungsgesetz–BilRUG) vom 17. Juli 2015 (BGBl. I S. 1245).

481 *Ausschuss für Recht und Verbraucherschutz*, Beschlussempfehlung und Bericht BilRUG, S. 79.

Die betriebswirtschaftliche Kennziffer nach § 10 Abs. 2 StromStG ist von den anderen Regelungen, bei denen betriebswirtschaftliche Kennziffern zu berücksichtigen sind, grundverschieden. Ursächlich ist die Entstehungsgeschichte des StromStG. Mit den Einnahmen aus der Stromsteuer sollten die gesetzlichen Rentenversicherungsbeiträge alimentiert werden.[482] Im Rahmen einer Günstigerrechnung werden die eingesparten Rentenversicherungsbeträge und die Stromsteuer gegenübergestellt. Eine übersteigende Stromsteuerbelastung kann nach Abzug des Selbstbehalts zu 90 % vergütet werden. Die Kennziffer nach § 10 Abs. 2 StromStG dient damit als Voraussetzung für die Entlastung als auch zur Ermittlung der Entlastungshöhe.

---

482 *Fraktionen der SPD und Bündnis 90/Die Grünen,* Entwurf eines Gesetzes zum Einstieg in die ökologische Steuerreform, S. 9.

3.4 Vergleich der Verfahren

Wie bei den Voraussetzungen besteht auch zwischen den Verfahren ein babylonisches Sprachgewirr. So hat die Bezeichnung Antragsjahr unterschiedliche Bedeutungen. Im Rahmen der besonderen Ausgleichsregelung ist hierunter das Jahr der Antragstellung zu verstehen. Im Rahmen der Entlastungen nach den §§ 9b und 10 StromStG ist es dagegen das Entlastungsjahr.

Tabelle 58: Bezeichnung der Jahre je Entlastungsregelung

		2016 [x-3]	2017 [x-2]	2018 [x-1]	2019 [x]	2020 [x+1]	2021 [x+2]
	§ 2 Abs. 4 KAV	-	-	vorletzte Kalenderjahr		Kalenderjahr	-
	§ 63 Nr. 1 i. V. m. § 64 EEG 2017	Nachweisjahr	Nachweisjahr	Nachweisjahr	Antragsjahr	Begrenzungsjahr	Abrechnungsjahr
	§ 27 Abs. 1 KWKG						
	§ 17f Abs. 5 S. 2 EnWG						
StromNEV	§ 19 S. 2 bis 4	-	-	-	-	Kalenderjahr	-
StromNEV	§ 19 S. 15 Var. 1	-	-	-	-	vorangegangenes Kalenderjahr	auf die Begünstigung folgenden Jahres
StromNEV	§ 19 S. 15 Var. 2	-	-	-	letztes abgeschlossenes Geschäftsjahr		
StromStG	§ 9b	-	-	-	-	Antragsjahr / (unterjährige) Entlastungsabschnitt(e)	Festsetzungszeitraum
StromStG	§ 10	-	-	-	-		

(Quelle: eigene Darstellung)

Der Vielfalt der Bezeichnungen folgt die Vielfalt der Antragsbearbeiter. Für den Vergleich wird wie bei der Vorstellung der einzelnen allgemeinen direkten Entlastungsregelungen unterschieden zwischen Antrags-, Erhebungs- und Abrechnungsverfahren.

3.4.1 Antragsverfahren

Entsprechend den Ausführungen in der Vorstellung der Darstellung der allgemeinen direkten Entlastungsverfahren ergeben sich die in Tabelle 59 dargestellten zuständigen Antragsbearbeiter.

Tabelle 59: Zuständiger Bearbeiter und Antragsfrist im Antragsverfahren für die Entlastung im Kalenderjahr 2020

	Zuständig	Antragsfrist	Siehe Gliederungspunkt
§ 2 Abs. 4 KAV	-	-	2.1.2
§ 63 Nr. 1 i. V. m. § 64 EEG 2017	BAFA	1. Juli 2019	2.2.2
§ 27 Abs. 1 KWKG	BAFA	1. Juli 2019	2.3.2
§ 17f Abs. 5 S. 2 EnWG	BAFA	1. Juli 2019	2.4.2
§ 19 Abs. 2 S. 2 bis 4 StromNEV	für Abnahmestelle zuständiger Netzbetreiber	vor Anzeige an die BNetzA	2.5.2
	BNetzA	30. September 2020	2.5.2
§ 19 Abs. 2 S. 15 StromNEV	-	-	2.6.2
§ 9b StromStG	-	-	2.7.2
§ 10 StromStG	-	-	2.8.2

(Quelle: eigene Darstellung)

Unmittelbare Konsequenzen hat die Fristversäumnis für die Entlastung von der EEG-Umlage und die Gültigkeit des individuellen Netzentgelts. In diesen Fällen ist die Entlastung für das entsprechende Entlastungsjahr unmöglich. Hinsichtlich der Entlastung von der KWKG-Umlage oder Offshore-Netzumlage ist der fristgerechte Antrag auf Begrenzung der EEG-Umlage maßgeblich. Fehlende Angaben für die Entlastung von der KWKG-Umlage und EEG-Umlage können zwischenzeitlich die Liquidität belasten, aber eine Korrektur ist spätestens im Abrechnungsverfahren möglich.

Aufgrund der deutlichen Unterscheidung der Antragsverfahren zur Entlastung der EEG-, KWKG- und Offshore-Netzumlage auf der einen und dem individuellen Netzentgelt auf der anderen Seite wird an dieser Stelle auf einen Vergleich verzichtet und auf die Ausführungen in den in Tabelle 59 angegebenen Gliederungspunkten verwiesen.

3.4.2 Erhebungsverfahren

Sofern eine Entlastung im Entlastungsjahr unmittelbar erfolgt, sind die in Tabelle 60 dargestellten Stellen für die Erhebung beim Begünstigten zuständig.

Tabelle 60: Zuständiger Bearbeiter im Erhebungsverfahren je Entlastungsverfahren

	Zuständig zur Erhebung beim Begünstigten	Siehe Gliederungspunkt
§ 2 Abs. 4 KAV	für Abnahmestelle zuständiger Netzbetreiber oder lieferndes EVU	2.1.3
§ 63 Nr. 1 i. V. m. § 64 EEG 2017	für Abnahmestelle zuständiger ÜNB	2.2.3
§ 27 Abs. 1 KWKG	für Abnahmestelle zuständiger ÜNB	2.3.3
§ 17f Abs. 5 S. 2 EnWG	für Abnahmestelle zuständiger ÜNB	2.4.3
§ 19 Abs. 2 S. 2 bis 4 StromNEV	für Abnahmestelle zuständiger Netzbetreiber oder lieferndes EVU	2.5.3
§ 19 Abs. 2 S. 15 StromNEV	-	2.6.3
§ 9b StromStG	-	2.7.3
§ 10 StromStG	-	2.8.3

(Quelle: eigene Darstellung)

Dem Erhebungsverfahren mangelt es nicht an Komplexität. Für die Erhebung der EEG-, KWKG- und Offshore-Netzumlage an begrenzten Abnahmestellen wechselt die Erhebungsberechtigung und -verpflichtung zum ÜNB. Für die KWKG- und Offshore-Netzumlage gilt dieses zusätzlich auch für die Fälle nach § 27 Abs. 2a KWKG.

Auch hinsichtlich der Höhe der zu erhebenden Entlastungen gibt es deutliche Unterschiede. Während für die Berücksichtigung der Befreiung von der Konzessionsabgabe die Vereinbarung zwischen den Vertragspartnern maßgeblich ist, macht der Gesetzgeber für die Erhebung der EEG-, KWKG- und Offshore-Netzumlage Vorgaben zur Ermäßigung und Begrenzung. Zunächst ist jeweils die volle Umlage auf den Eigenanteil bis eine Gigawattstunde je begrenzter Abnahmestelle zu zahlen, anschließend sind Abschläge zu leisten.

Die Erhebung des individuellen Netzentgelts erfolgt dagegen in Höhe des vereinbarten Netzentgelts. Die § 19-StromNEV-Umlage und die Stromsteuer sind zunächst in voller Höhe zu zahlen. Für die § 19-StromNEV-Umlage gilt dieses für den gesamten Begünstigungszeitraum. Für die

Stromsteuer können auf Antrag unterjährige nachträgliche Vergütungen an den Begünstigten für die entsprechenden Entlastungsabschnitte erfolgen.

3.4.3 Abrechnungsverfahren

Nach Abschluss des Begünstigungszeitraums hat die „Endabrechnung" durch den Begünstigten zu erfolgen (siehe Tabelle *61*).

Tabelle 61: *Zuständiger Abrechnungsbearbeiter und Abrechnungsfrist je Entlastungsverfahren*

Entlastungsregelung	Zuständig	Abrechnungsfrist	Siehe Gliederungspunkt
§ 2 Abs. 4 KAV	für Abnahmestelle zuständiger Netzbetreiber	vertraglich festgelegt	2.1.4
§ 63 Nr. 1 i. V. m. § 64 EEG 2017	für Abnahmestelle zuständiger ÜNB	31. Mai 2021	2.2.4
§ 27 Abs. 1 KWKG	für Abnahmestelle zuständiger ÜNB	31. Mai 2021	2.3.4
§ 17f Abs. 5 S. 2 EnWG	für Abnahmestelle zuständiger ÜNB	31. Mai 2021	2.4.4
§ 19 Abs. 2 S. 2 bis 4 StromNEV	für Abnahmestelle zuständiger Netzbetreiber	vertraglich festgelegt	2.5.4
§ 19 Abs. 2 S. 15 StromNEV	für Abnahmestelle zuständiger Netzbetreiber	31. März 2021	2.6.4
§ 9b StromStG	zuständiges Hauptzollamt	31. Dezember 2021	2.7.4
§ 10 StromStG	zuständiges Hauptzollamt	31. Dezember 2021	2.8.4

(Quelle: eigene Darstellung)

Für die Entlastung von der § 19-StromNEV-Umlage erfolgt erst mit der "Endabrechnung" eine Reduktion der Umlage. Für die Konzessionsabgabe kann je nach vertraglicher Ausgestaltung das Gleiche gelten. Bei der Entlastung von der Stromsteuer liegt es an den Begünstigten. Sofern nach § 17b Abs. 2 S. 2 u. 3 StromStV im Fall von § 9b StromStG oder nach § 19 Abs. 2 S. 2 u. 3 StromStV im Fall von § 10 StromStG zulässig, kann er schon unterjährig (monatlich, viertel- oder halbjährlich) Vergütungen beantragen. Lediglich bei der Entlastung von der EEG-, KWKG- und Off-

shore-Netzumlage hat der Verbrauch im Entlastungsjahr keine Auswir-
kung auf das Bestehen des Entlastungsanspruchs.[483]

Neben der für die §§ 9 und 10 StromStG geltenden Antragsfirst (31. Dezember des Abrechnungsjahres) müssen Antragsteller eine Erklärung mit
den Inhalten nach § 5 Abs. 2 Energiesteuer- und Stromsteuertransparenz-
verordnung (EnSTransV) bis zum 30. Juni des Abrechnungsjahres abgeben
(§ 3 Abs. 2 Nr. 1 i. V. m. § 5 Abs. 1 u. § 3 Abs. 3 EnSTransV).

3.4.4 Nachweise

Vom stromkostenintensiven Unternehmen sind für die jeweilige Entlastung verschiedene Nachweise zu erbringen. Teilweise sind diese im Antragsjahr, teilweise erst im Abrechnungsjahr vorzulegen.

---

483 Vgl. zum EEG 2017: *Küper; Denk,* in *Säcker,* BerlKommEnR, Band 6, § 64 EEG,
Tz. 27.

Tabelle 62: Gesetzlich geregelte Nachweise je Entlastungsregelung

Entlastungs-regelung	Nachweise					Siehe Gliederungspunkt
	Strom		Bestätigungen			
	-lieferverträge und -rechnungen	geliefert, selbst erzeugter, selbst verbraucht, weitergeleitet	WP-Prüfungsvermerk	Nachweis Klassifizierung	Energie-Managementsystem	
§ 2 Abs. 4 KAV	-	-	Abrechnung (A)	-	-	2.1.4
§ 63 Nr. 1 i. V. m. § 64 EEG 2017	Antrag (P)	Antrag (P)	Antrag (P)	Antrag (P)	Antrag (P)	2.2.2
	-	Abrechnung (M1)	Abrechnung (W)	-	-	2.2.4
§ 27 Abs. 1 KWKG	-	Abrechnung (M1)	Abrechnung (W)	-	-	2.3.4
§ 17f Abs. 5 S. 2 EnWG	-	Abrechnung (M1)	Abrechnung (W)	-	-	2.4.4
§ 19 Abs. 2 S. 2 bis 4 StromNEV	-	-	-	-	-	2.5.4
§ 19 Abs. 2 S. 15 Var. 1 StromNEV	-	Abrechnung (M2)	-	-	-	2.6.4
§ 19 Abs. 2 S. 15 Var. 2 StromNEV	-	Abrechnung (M2)	Abrechnung (P)	-	-	2.6.4
§ 9b StromStG	Aufbewahrungspflicht	Abrechnung (P)	-	Abrechnung (P)	-	2.7.4
§ 10 StromStG	Aufbewahrungspflicht	Abrechnung (P)	-	Abrechnung (P)	Abrechnung (P)	2.8.4

A = alternativ sind andere Nachweise möglich
P = Pflicht
W = Wahlrecht des ÜNB

M1 = Meldung an zuständigen ÜNB erforderlich
M2 = Meldung an zuständigen Netzbetreiber erforderlich

(Quelle: eigene Darstellung)

Die Nachweispflichten für die Entlastung von der EEG-Umlage sind am umfangreichsten. Dieses überrascht aufgrund der umfangreichen Voraussetzungen des § 64 EEG 2017 nicht. Mittelbar gelten diese Nachweispflichten für die Entlastungen von der KWKG-Umlage und Offshore-Netzumlage, da hierfür u. a. der Bescheid des BAFA für die Entlastung von der EEG-Umlage erforderlich ist.

Für die weiteren außersteuerlichen Vorschriften sind gesetzlich ausschließlich Nachweise für die Abrechnung vorgesehen. Zwingend erforderlich ist ein WP-Prüfungsvermerk nur für die Entlastung von der § 19-StromNEV-Umlage bei Unternehmen des produzierenden Gewerbes (§ 19 Abs. 2 S. 15 Var. 2 StromNEV i. V. m. § 30 Abs. 1 Nr. 5 KWKG 2016).[484] Für die Entlastungen von der EEG- (§ 75 S. 2 EEG 2017), KWKG- (§ 30 Abs. 1 Nr. 5 KWKG) und Offshore-Netzumlage (§ 17 Abs. 2 S. 2 i. V. m. § § 30 Abs. 1 Nr. 5 KWKG) kann der zuständige Übertragungsnetzbetreiber auf einen WP-Prüfungsvermerk bestehen.

Für die Abrechnung des individuellen Netzentgelts ist die Einhaltung der tatsächlichen Voraussetzungen im Entlastungsjahr notwendig. Sofern diese nicht vorliegen rechnet der zuständige Netzbetreiber das allgemeine Netzentgelt ab (§ 19 Abs. 2 S. 18 u. 19 StromNEV). Zusätzlich ist jedoch die Anzeige der Verbrauchsdaten an die BNetzA bis zum 30. Juni 2021 erforderlich.[485]

Für die Entlastungen von der Stromsteuer ist hingegen kein WP-Prüfungsvermerk erforderlich. Hier kann der Zoll im Unterschied zu den Übertragungsnetzbetreibern auf die umfangreichen steuerrechtlichen Kontrollinstrumente der AO zurückgreifen. Hinsichtlich der Erbringer eines WP-Prüfungsvermerks unterscheiden die außersteuerlichen Entlastungsregelungen zwischen Einzelpersonen als Berufsträger_innen und Berufsgesellschaften sowie genossenschaftlichen Prüfungsverbänden.

Tabelle 63: Übersicht über zulässige Erbringer eines WP-Prüfvermerks

Entlastungsregelung		WP, WPin	WPG	vBP, vBPin	BPG	Genossenschaftlicher Prüfungsverband	Siehe Gliederungspunkt
§ 2 Abs. 4 KAV		X	?	X	?	?	2.1.4
§ 63 Nr. 1 i. V. m. § 64 EEG 2017	Antrag	X	X	X	X	X	2.2.1 und 2.2.2
	Abrechnung	X	X	X	X	X	2.2.4
§ 27 Abs. 1 KWKG		X	X	X	X	X	2.3.4
§ 17f Abs. 5 S. 2 EnWG		X	X	X	X	X	2.4.4
§ 19 Abs. 2 S. 15 StromNEV		X	X	X	X	?	2.6.4

(Quelle: eigene Darstellung)

---

484 Vgl. *Faßbender; Weiss*, Deckelung KWKG-Umlage, IR 2016, S. 50 (53).
485 *BNetzA*, Beschluss vom 11. Dezember 2013 – BK4-13-739 (48).

Hinsichtlich der Zulässigkeit der Erbringung von Prüfungsleistungen durch angestellte Berufsträger besteht bei der Entlastung von der Konzessionsabgabe (siehe Gliederungspunkt *2.1.4 Abrechnungsverfahren*) und der Entlastung von der § 19-StromNEV-Umlage (siehe Gliederungspunkt *2.6.4 Abrechnungsverfahren*) Unsicherheit.

Über die Abschnittszuordnung zur WZ 2003 entscheidet das HZA (§ 15 Abs. 1 S. 1 StromStV) und über die Klassifizierung nach der WZ 2008 entscheidet das BAFA unabhängig von der jeweiligen Entscheidung der Statistikbehörde.[486]

Für die Entlastung nach § 10 StromStG wie für die Entlastung von der EEG-Umlage ist ein Nachweis über den Betrieb eines energiebezogenen Managementsystems erforderlich.

Tabelle 64: Erforderliches Umwelt-, Energiemanagementsystem oder alternatives System für die besAR und den Spitzenausgleich

Pflicht für Umwelt- oder Energiemanagementsystem	
§ 64 Abs. 1 Nr. 3 u. Abs. 3 Nr. 2 EEG 2017	**§ 10 Abs. 3 StromStG**
Gültiger Nachweis über den Betrieb eines	Nachweis des Unternehmens für das Antragsjahr
• Energiemanagementsystems (DIN EN ISO 50001-Zertifikat)	• über den Betrieb eines Energiemanagementsystems nach DIN EN ISO 50001, Ausgabe Dezember 2011 oder 2018 oder
• Umweltmanagementsystems (Zertifikat oder Eintrags- oder Verlängerungsbescheids der EMAS-Registrierungsstelle) oder	• über den Betrieb eines Umweltmanagementsystems nach „EMAS-Verordnung" oder
• *bei weniger als 5 GWh Stromverbrauch im letzten abgeschlossen Geschäftsjahr:* eines alternativen Systems zur Verbesserung der Energieeffizienz nach § 3 SpaEfV	• *bei KMU:* über den Betrieb eines alternativen Systems zur Energieeffizienzverbesserung, die den Anforderungen der DIN EN 16247-1, Ausgabe Oktober 2012 genügt. Eine Konkretisierung erfolgt in § 3 SpaEfV.
in der jeweils zum Ende des letzten abgeschlossenen Geschäftsjahres gültigen Fassung.	

(Quelle: eigene Darstellung)

Der Nachweis des Betriebs eines energiebezogenen Managementsystems muss für die Entlastung von der EEG-Umlage zum Zeitpunkt der Antragstellung im Antragsjahr gültig sein.[487] Dagegen muss der Nachweis für die Entlastung von der Stromsteuer nach § 10 StromStG für das Entlastungsjahr sein (§ 10 StromStG). Für das Entlastungsjahr 2020 bedeutet dieses,

---

486 *BAFA*, Merkblatt für stromkostenintensive Unternehmen 2019, S. 31.
487 Vgl. *BAFA*, Merkblatt für stromkostenintensive Unternehmen 2019, S. 45.

dass nach EEG 2017 ein gültiger Nachweis zum 1. Juli 2019 und nach dem StromStG für das Kalenderjahr 2020 vorliegen muss. Zudem unterscheiden beide Entlastungen hinsichtlich der Voraussetzungen zur Zulässigkeit eines alternativen Systems zur Energieeffizienz nach § 3 SpaEfV.

Neben den gesetzlich vorgesehenen Nachweisen fordern die Antragsbearbeiter weitere Erklärungen. Mangels Vergleichbarkeit dieser wird auf die Ausführungen im Gliederungspunkt *2 Die allgemeinen direkten Entlastungen* verwiesen.

4 Diskussion der Ergebnisse

Die allgemeinen Entlastungsregelungen lassen sich in vier Kategorien unterscheiden. In befreiende, ermäßigende, begrenzende und ermäßigende-begrenzende Entlastungsregelungen.

Tabelle 65: Wirkungsweise der Entlastung

Entlastungsregelung	Wirkungsweise der Entlastungsreglung			
	befreiend	ermäßigend	begrenzend	ermäßi-gend-be-grenzend
§ 2 Abs. 4 KAV	X			
§ 63 Nr. 1 i. V. m. § 64 EEG 2017				X
§ 27 Abs. 1 KWKG				X
§ 17f Abs. 5 S. 2 EnWG				X
§ 19 Abs. 2 S. 2 bis 4 StromNEV		X		
§ 19 Abs. 2 S. 15 StromNEV (Variante 1)			X	
§ 19 Abs. 2 S. 15 StromNEV (Variante 2)			X	
§ 9b StromStG		X		
§ 10 StromStG		X		

(Quelle: eigene Darstellung)

Einzig die Entlastung nach § 2 Abs. 4 KAV wirkt befreiend. Die Entlastung nach § 19 Abs. 2 S. 2 bis 4 StromNEV wirkt aufgrund der Pflicht zum Angebot eines niedrigeren individuellen Netzentgelts ermäßigend. Ermäßigend wirken auch die Entlastungen nach § 9b StromStG (Ermäßigung um 5,13 €/MWh) und § 10 StromStG (Ermäßigung um 90 % der Mehrbelastung).

Nur begrenzend wirken dagegen die Varianten 1 und 2 der Entlastungen nach § 19 Abs. 2 S. 15 StromNEV. Es erfolgt eine Begrenzung der § 19-StromNEV-Umlage auf 0,05 Ct/kWh (Variante 1) oder 0,025 Ct/kWh (Variante 2). Sofern die Umlage geringer oder gleich der jeweiligen Begrenzung ist, gibt es keine Entlastung.

Die Entlastungen von der EEG-, KWKG- und Offshore-Netzumlage kombinieren Ermäßigung und Begrenzung. In einem ersten Schritt erfolgt die Ermäßigung der jeweiligen Umlage auf 15 % oder 20 %. In einem weiteren Schritt erfolgt für alle auf 15 % ermäßigte Abnahmestellen eine Begrenzung auf max. 4 % („CAP") oder auf max. 0,5 % („Super-CAP") der durchschnittlichen Bruttowertschöpfung der letzten drei Jahre.

Sowohl bei der Entlastung der Großverbraucher nach § 19 Abs. 2 S. 2 bis 4 StromNEV als auch bei den Entlastungen von der EEG-, KWKG- und Offshore-Netzumlage sind zudem Mindestbelastungen einzuhalten.

Die Vorstellung der acht allgemeinen direkten Entlastungsregeln im Gliederungspunkt *2 Die allgemeinen direkten Entlastungen* ließ bereits am unterschiedlichen Umfang der Darstellungen die unterschiedliche Regelungsdichte erkennen. So ist das Verfahren zur Entlastung von der EEG-Umlage besonders umfangreich und bedarf vieler Nachweise. Aufgrund der Akzessorietät gilt dieses auch für die Entlastungen der KWKG-Umlage und Offshore-Netzumlage. Jedoch zeigte sich, dass für diese noch rechtliche Unklarheiten, insbesondere zur unterjährigen Begrenzung bei fehlenden Angaben im Antragsverfahren, bestehen.

Die Regelungen für das individuelle Netzentgelt für Großverbraucher zeigten deutliche Schwächen für die Entlastungspraxis. So gibt es für die Entlastung der Großverbraucher zwar in § 19 Abs. 2 S. 2 StromNEV zwei eindeutige Kriterien (mehr als 10 GWh Stromverbrauch und Benutzungsstundenzahl von mindestens 7.000 Stunden), für die Verfahrensregelungen bedarf es aber eines Beschlusses der BNetzA. Die vertragliche Vereinbarung für das individuelle Netzentgelt und deren Abwicklung fällt dagegen gänzlich in die Zuständigkeit des Letztverbrauchers und des Netzbetreibers. Der Umgang mit dieser Entlastung im Rahmen von all-inclusive-Verträgen zwischen Letztverbraucher und Energieversorgungsunternehmen ist vollkommen intransparent.

Ebenfalls deutliche Schwächen für die Entlastungspraxis zeigt die Abwicklung der Befreiung von der Konzessionsabgabe. So ist die Antragsfrist der ältesten Entlastungsregelung nicht der KAV selbst zu entnehmen. Zusätzlich sind durch den Begünstigten selbst Definitionen vorzunehmen, um regulatorische Lücken zu füllen.

Die Entlastung von der § 19-StromNEV-Umlage ist aufgrund der statischen Bezugnahme auf das KWKG 2016 komplex in der Anwendung. Insbesondere fehlt die Definition des Unternehmens des Produzierenden Gewerbes. Der statische Verweis auf das „alte" KWKG 2016 erschwert zudem die Fortentwicklung der Regelung.

Wie die Regelungen zur Entlastung von der EEG-Umlage sind auch die Regelungen zur Entlastung von der Stromsteuer umfangreich. Gegenüber den übrigen Regelungen hatte der Gesetzgeber hier den Vorteil auf die grundlegenden steuerlichen Verfahrensvorschriften einschließlich Kontrollen der AO aufbauen zu können.

Gründe für die Einführung der jeweiligen Entlastungsregelung

Für sechs der acht allgemeinen Entlastungsregelungen war der Schutz der heimischen stromkostenintensiven Industrie im Wettbewerb maßgeblich für deren Einführung. Lediglich das individuelle Netzentgelt für Großverbraucher (§ 19 Abs. 2 S. 2 bis 4 StromNEV) wurde mit deutlichen Abweichungen zu den Annahmen zur Preisfindung nach § 16 Ur-StromNEV begründet. Ohne Begründung wurde die Entlastung von der § 19-StromNEV-Umlage eingeführt.

Unterlegung durch europäisches Sekundärrecht

Wesentliche europäische Vorgaben bestehen in Form der EnergieSt-RL, der AGVO und den UEBLL. Aufgrund des EuGH-Urteils vom März 2019 ist die zukünftige Relevanz der AGVO und UEBLL für die Entlastung von Umlagesystemen fraglich und vermutlich nicht mehr gegeben. Interessant ist, dass weder in den vorgefundenen Lehrbüchern noch auf der Internetseite der EU-Kommission etwas zur Beihilfekonformität von § 2 Abs. 4 KAV gefunden werden konnte. Hier bedarf es weiterer rechtlicher Klärung, schließlich handelt es sich nicht um die Entlastung von einem Umlagesystem. Dagegen scheint die europarechtliche Konformität des individuellen Netzentgelts für Großverbraucher geklärt zu sein.

Vergleich der Voraussetzungen

Die Untersuchung ergab, dass schon die Anforderungen an die Person des Begünstigten deutliche Unterschiede zwischen den Entlastungsregelungen aufweisen. Grundsätzlich sind alle Begünstigten Letztverbraucher, das heißt, nur der ihnen zurechenbare Stromverbrauch ist relevant für die Begünstigung. Der Begriff „Letztverbraucher" ist jedoch nicht einheitlich im EnWG auf der einen und EEG 2017, KWKG sowie KWKG 2016 auf der anderen Seite definiert. So dass hier eine Auslegung hinsichtlich der Entlastung von der § 19-StromNEV-Umlage erforderlich ist.

Ganz besonders interessant ist die Anwendung unterschiedlicher Klassifikationen der Wirtschaftszweige bei der Entlastung von der Stromsteuer (WZ 2003) und bei der Entlastung von der EEG-, KWKG- und Offshore-

Netzumlage (WZ 2008). Fraglich ist, warum zumindest hier keine Einheitlichkeit hergestellt wird.

Auch die Anforderungen an den begünstigten Strom unterscheiden sich je betrachteter Entlastungsregelung. Eine Entlastung nach § 9b StromStG ist bereits ab einem Jahresverbrauch von circa 0,049 GWh möglich. Dagegen ist für die Inanspruchnahme eines individuellen Netzentgelts ein Jahresverbrauch von mehr als 10 GWh erforderlich.

Zudem besteht hinsichtlich des Verbrauchsortes keine Einheitlichkeit. Der einheitlich verwendete Begriff „Abnahmestelle" für die außersteuerlichen Entlastungsregelungen wird unterschiedlich definiert. Hier bedarf es der Prüfung im Einzelfall, welche Definitionen der gegebene Verbrauchsort erfüllt.

Ebenso erfolgt Strommessung und -zurechnung uneinheitlich. Besteht seit dem EnSaG eine Einheitlichkeit für die Umlagesysteme, fehlt sie für Weiterleitungen im Rahmen des individuellen Netzentgeltes und der Befreiung von der Konzessionsabgabe. Die Regelungen des EnSaG sind jedoch grundsätzlich vergleichbar mit denen der StromStV.

Sofern betriebswirtschaftliche Kennziffern zu erfüllen sind, zeigt sich ein Durcheinander. Die Entlastungen von der EEG-, KWKG- und Offshore-Netzumlage sind aufgrund der ursprünglich notwendigen Beachtung der UEBLL einheitlich. Die Kennziffern der KAV und der Entlastung von der § 19-StromNEV-Umlage bei Unternehmen des produzierenden Gewerbes sind Einzelfälle. Selbst die in diesen beiden Entlastungsregelungen zu berücksichtigen Stromkosten werden unterschiedlich ermittelt. Eine vollständige Sonderstellung nimmt der Spitzenausgleich nach § 10 StromStG durch Berücksichtigung eingesparter Rentenversicherungsbeiträge ein. Uneinheitlich sind zudem die Ermittlungszeiträume der jeweiligen Berechnungskomponenten.

Vergleich der Verfahren

Die Verfahren unterscheiden sich nicht nur hinsichtlich der Nachweiszeiträume, sondern auch hinsichtlich der Bezeichnungen. So ist für die Entlastung von der EEG-Umlage mit Antragsjahr das Jahr der Antragstellung und für die Entlastung von der Stromsteuer das Begünstigungsjahr gemeint. Zudem ist nur bei den Entlastungen von der EEG-, KWKG- Offshore-Netzumlage der Verbrauch im Entlastungsjahr keine Anspruchsvoraussetzung. Daneben bestehen unterschiedliche gesetzliche und vertragliche Fristen. Mit den VNB, den ÜNB, dem BAFA, den EVU, der BNetzA und dem HZA sind mindestens sechs Stellen in die acht Entlastungsregelungen involviert. Zudem sind für jedes Verfahren unterschiedliche Nachweise und Erklärungen erforderlich. Selbst die Erbringer des WP-Prüfungsvermerks sind nicht einheitlich festgelegt.

Verbesserungsvorschläge

Ziel der Entlastungsregelungen ist überwiegend die Entlastung der stromkostenintensiven Industrie im Wettbewerb mit ausländischen Konkurrenten. Diesem Ziel werden die entsprechenden Entlastungsregelungen im Einzelfall generell gerecht. Jedoch ist im Zeitablauf ein sehr komplexes Geflecht von Entlastungsregelungen und Akteuren entstanden, dass gerade mittelständischen Unternehmen den Überblick über die Entlastungsregelungen erschwert.

Der Gesetzgeber hat zwar, wie die Untersuchung zeigt, immer wieder Versuche der Vereinheitlichung vorgenommen und ist bei den Entlastungen von der EEG-, KWKG- und Offshore-Netzumlage hier ein gutes Stück vorangekommen. Fraglich ist auch, ob große Reformvorschläge wie der kürzlich erschienene große Reformvorschlag[488] durchsetzbar sind. Jedoch sollte es zumindest bei den Umlageregelungen und bei der Entlastung von der Stromsteuer jeweils einheitliche Verfahren, Voraussetzungen sowie Antragsbearbeiter geben. Zudem sollten sie gesetzlich zur Abstimmung bei gleichartigen Sachverhalten wie bei Stromweiterleitungen aufgefordert werden. Schließlich dürften die einzelnen Strompreiskomponenten dem stromkostenintensiven Unternehmen egal sein. Es wird ihm betriebswirtschaftlich nur auf die absolute Höhe des Strompreises ankommen.[489] So bietet sich die Feststellung der Begünstigungsvoraussetzungen in einem einheitlichen Verfahren an. Diese Feststellung könnte den jeweiligen Erhebungsberechtigten übermittelt werden und die Erhebung der Strompreiskomponenten weiterhin durch sie erfolgen. So könnten unnötige Bürokratiekosten der Volkswirtschaft insgesamt und dem einzelnen Unternehmen erspart bleiben.

Zur Umsetzung dieses Vorschlags bedarf es jedoch einigen Umsetzungsaufwands und Zuständigkeitsregelungen. Insbesondere ist hier Vertrags-, Verwaltungs- und Steuerrecht betroffen, so dass es einiger rechtlicher Vorarbeit bedarf.

---

488 *Reuster; Fiedler; Graichen u. a.*, Reformvorschlag.
489 In diese Richtung zielt auch der Reformvorschlag von *Reuster; Fiedler; Graichen u. a.*, Reformvorschlag.

5 Fazit und Ausblick

Der in der Einleitung unterstellte normative Flickenteppich hat sich im Laufe der Untersuchung bestätigt. Dieser besteht nicht nur zwischen den Entlastungsregelungen, sondern teilweise auch innerhalb dieser. Von umfassenden Regelungen kann nur bei der Entlastung von der EEG-, KWKG- und Offshore-Netzumlage und den Entlastungsregelungen von der Stromsteuer gesprochen werden. Bei den übrigen Regelungen bestehen kleinere und größere Unklarheiten.

Der Umgang mit bestehenden Unklarheiten in der Praxis ist bisweilen intransparent. Grund hierfür sind u.a. nicht öffentliche Leitfäden und notwendige Parteivereinbarungen. Durch dieses Herrschaftswissen könnten potenziell Begünstigte von einer Antragstellung absehen. Anderseits können sie das Herrschaftswissen, sofern wirtschaftlich vorteilhaft, durch Beauftragung von qualifizierten Beratern erwerben. Aber auch ohne die Beauftragung externer Berater dürften die Aufwendungen für die Beschaffung der erforderlichen umfangreichen Nachweise und weiterer Tätigkeiten nicht gering sein. Potenzielle Antragsteller sind auf jeden Fall gut beraten, wenn sie im Rahmen einer Vorprüfung die Wirtschaftlichkeit eines Antrags feststellen.

Die Komplexität ist auch eine große Herausforderung für die Wissenschaft. Aufgrund der unterschiedlichen Definitionen, Verfahrensbeteiligten usw. ist es sehr schwer den Überblick hinsichtlich aller Regelungen zu behalten. Im Anhang werden daher die wesentlichen Eckpunkte zusammengefasst.

Fraglich ist, ob sich die Unübersichtlichkeit infolge des EuGH-Urteils vom März 2019 weiter erhöht. Im Interesse der stromkostenintensiven Industrie und aller Stromverbraucher wäre eigentlich mehr Transparenz über die Voraussetzungen und Verfahren wünschenswert. Daher sollte in zukünftigen Gesetzesverfahren von allen Beteiligten auf eine Kongruenz zwischen den einzelnen Entlastungsverfahren geachtet werden.

Anhang 1: Die allgemeinen direkten Entlastungsregelungen
im Überblick

Tabelle 66: *Die allgemeinen direkten Entlastungsregelungen für stromkostenintensive Unternehmen im Überblick*

Begünstigung	Mindestverbrauchsmenge	Antragsteller	Antrags-bearbeiter	Antragsfrist	Abrechnungsfrist	Prüfungsvermerk erforderlich?
§ 2 Abs. 4 KAV	> 0,030 GWh je Unternehmen	Sondervertragskunde	Netzbetreiber	-	vertraglich festgelegt	Ja, sofern kein alternativer Nachweis
§ 63 Nr. 1 i. V. m. § 64 EEG 2017	> 1 GWh an einer Abnahmestelle	Stromkostenintensives Unternehmen	BAFA	30. Juni des Vorjahres	31. Mai des Folgejahres	Ja, auf Anforderung des ÜNB
§ 27 Abs. 1 KWKG	> 1 GWh an einer Abnahmestelle	Stromkostenintensives Unternehmen	ÜNB	30. Juni des Vorjahres	31. Mai des Folgejahres	Ja, auf Anforderung des ÜNB
§ 17f Abs.5 S. 2 EnWG	> 1 GWh an einer Abnahmestelle	Stromkostenintensives Unternehmen	ÜNB	30. Juni des Vorjahres	31. Mai des Folgejahres	Ja, auf Anforderung des ÜNB
§ 19 Abs. 2 S.2 bis 4 StromNEV	> 10 GWh und ≥ 7.000 Benutzungsstunden an einer Abnahmestelle	Großverbraucher	Netzbetreiber	vor dem 30. September des Entlastungsjahres	vertraglich festgelegt	vertraglich festgelegt
			BNetzA	30. September des Entlastungsjahres	30. Juni des Folgejahres	-
§ 19 Abs. 2 S. 15 Variante 1 StromNEV	> 1 GWh an einer Abnahmestelle	Letztverbraucher	Netzbetreiber	-	31. März des Folgejahres	-
§ 19 Abs. 2 S. 15 Variante 2 StromNEV	> 1 GWh an einer Abnahmestelle	Unternehmen des Produzierenden Gewerbes	Netzbetreiber	-	31. März des Folgejahres	Ja
§ 9b StromStG	> ~ 0,049 GWh je Unternehmen	Unternehmen des Produzierenden Gewerbes	HZA	-	31. Dezember des Folgejahres	Nein
§ 10 StromStG	> ~ 0,066 GWh je Unternehmen	Unternehmen des Produzierenden Gewerbes	HZA	-	31. Dezember des Folgejahres	Nein

(Quelle: eigene Darstellung Mindestverbräuche zur Stromsteuer aus *Reuster; Fiedler; Graichen u. a.,* Reformvorschlag, Tabelle 3)

Literaturverzeichnis

Albrecht, Matthias, § 9. Kommunale Wegerechte, Konzessionsverträge, Stromnetzübernahmen. In: *Schneider, Jens-Peter; Theobald, Christian (Hrsg.):* Recht der Energiewirtschaft, Praxishandbuch, 4. Auflage, München 2013. [§ 9]

Assmann, Lukas; Pfeiffer, Max, Kraft-Wärme-Kopplungsgesetz, München 2018. [zitiert: *Verfasser,* in: *KWKG*]

Ausschuss für Recht und Verbraucherschutz, Beschlussempfehlung und Bericht, Entwurf eines Gesetzes zur Umsetzung der Richtlinie 2013/34/EU des Europäischen Parlaments und des Rates vom 26. Juni 2013 über den Jahresabschluss, den konsolidierten Abschluss und damit verbundene Berichte von Unternehmen bestimmter Rechtsformen und zur Änderung der Richtlinie 2006/43/EG des Europäischen Parlaments und des Rates und zur Aufhebung der Richtlinien 78/660/EWG und 83/349/EWG des Rates (Bilanzrichtlinie-Umsetzungsgesetz – BilRUG), Deutscher Bundestag, BT-Drs. 18/5256, Berlin, 17. Juni 2015. [Beschlussempfehlung und Bericht BilRUG]

Ausschuss für Wirtschaft und Energie, Beschlussempfehlung zum EEG 2014. Deutscher Bundestag, BT-Drs. 18/1891, Berlin, 26. Juni 2014.

Ausschuss für Wirtschaft und Energie, Entwurf eines Gesetzes zur Änderung der Bestimmungen zur Stromerzeugung aus Kraft-Wärme-Kopplung und zur Eigenversorgung, Beschlussempfehlung und Bericht, Deutscher Bundestag, BT-Drs. 18/10668, Berlin, 14. Dezember 2016. [Beschlussempfehlung und Bericht zum KWKStrRÄndG]

Ausschuss für Wirtschaft und Energie, Entwurf eines Gesetzes zur Modernisierung der Netzentgeltstruktur (Netzentgeltmodernisierungsgesetz). Deutscher Bundestag, BT-Drs. 18/12999, Berlin, 28. Juni 2017. [Entwurf NEMoG]

Ausschuss für Wirtschaft und Energie, Entwurf eines Gesetzes zur Änderung des Erneuerbare-Energien-Gesetzes, des Kraft-Wärme-Kopplungsgesetzes, des Energiewirtschaftsgesetzes und weiterer energierechtlicher Vorschriften und zum Antrag Bürgerenergie retten, Beschlussempfehlung und Bericht, Deutscher Bundestag, BT-Drs. 19/6155, Berlin, 28. November 2018. [Beschlussempfehlung und Bericht zum EnSaG]

Ausschuss für Wirtschaft und Technologie, Entwurf eines Gesetzes für die Erhaltung, die Modernisierung und den Ausbau der Kraft-Wärme-Kopplung (Kraft-Wärme-Kopplungsgesetz), Beschlussempfehlung und Bericht, Deutscher Bundestag, BT-Drs. 14/8059, Berlin, 23. Januar 2002. [Beschlussempfehlung und Bericht zum KWKG 2002]

Ausschuss für Wirtschaft und Technologie, Entwurf eines Gesetzes zur Neuregelung energiewirtschaftsrechtlicher Vorschriften, Beschlussempfehlung und Bericht, Deutscher Bundestag, BT-Drs. 17/6365, Berlin, 29. Juni 2011. [Beschlussempfehlung und Bericht zum EnWNG]

Ausschuss für Wirtschaft und Technologie, Entwurf eines Dritten Gesetzes zur Neuregelung energiewirtschaftsrechtlicher Vorschriften, Beschlussempfehlung und Bericht, Deutscher Bundestag, BT-Drs. 11/11705, Berlin, 28. November 2012. [Beschlussempfehlung und Bericht zum 3. EnWNG]

Ausschüsse des Bundesrates, Anträge zur Änderung der Verordnung der Bundesregierung im Bundesrat - Empfehlungen der Ausschüsse zur Verordnung über die Konzessionsabgaben für Strom und Gas (Konzessionsabgabenverordnung - KAV). Bundesrat, BR-Drs. 686/1/91, Bonn, 9. Dezember 1991. [Stellungnahme Ausschüsse BR zum Entwurf der KAV 1991]

BDEW Bundesverband der Energie- und Wasserwirtschaft e.V. (BDEW), Anwendungshilfen, https://www.bdew.de/service/anwendungshilfen/ (besucht am 25.05.2019). [Anwendungshilfen]

BDEW Bundesverband der Energie- und Wasserwirtschaft e.V. (BDEW), Anwendungshilfe zum Kraft-Wärme-Kopplungsgesetz 2016, 2. Aufl., April 2016.

BDEW Bundesverband der Energie- und Wasserwirtschaft e.V. (BDEW), Umsetzungshilfe zum Kraft-Wärme-Kopplungsgesetz - KWKG 2016, Berlin, 1. Juni 2018.

BDEW Bundesverband der Energie- und Wasserwirtschaft e.V. (BDEW), BDEW-Strompreisanalyse Januar 2019, Berlin, 15. Januar 2019.

BDEW Bundesverband der Energie- und Wasserwirtschaft e.V. (BDEW), Energiemarkt Deutschland 2019, Berlin, Juni 2019.

BDEW Bundesverband der Energie- und Wasserwirtschaft e.V. (BDEW); Verband kommunaler Unternehmen e.V. (VKU), Leitfaden zum § 19 Abs. 2 StromNEV-Umlagemechanismus, Berlin, 4. August 2017.

Bongartz, Matthias, H. V. Gemeinsame Voraussetzungen der Steuerentlastungsansprüche nach Energie- und Stromsteuergesetz. In: *Bongartz, Matthias; Schröer-Schallenberg, Sabine (Hrsg.):* Verbrauchsteuerrecht. 3. Auflage, München 2018, S. 366–371. [Gemeinsame Voraussetzungen]

Bongartz, Matthias; Jatzke, Harald; Schröer-Schallenberg, Sabine, Energiesteuer, Stromsteuer, Zolltarif, München 31. Januar 2019. [zitiert: *Verfasser*, in: *Bongartz; Jatzke; Schröer-Schallenberg, EnergieStG/StromStG*]

Britz, Gabriele; Hellermann, Johannes; Hermes, Georg; Arndt, Felix, EnWG, 3. Aufl., München 2015. [zitiert: *Verfasser*, in: *Britz; Hellermann; Hermes u. a., EnWG*]

Bundesamt für Wirtschaft und Ausfuhrkontrolle (BAFA), Merkblatt für stromkostenintensive Unternehmen 2019, 1. Auflage, Eschborn, 16. April 2019.

Bundesamt für Wirtschaft und Ausfuhrkontrolle (BAFA), Hinweise zum Antragsverfahren der Besonderen Ausgleichsregelung und der KWKG-Umlage und Offshore-Netzumlage, Eschborn, 3. Mai 2019.

Bundesamt für Wirtschaft und Ausfuhrkontrolle (BAFA), Hinweisblatt zur Strommengenabgrenzung für das Antragsjahr 2019, Eschborn, 9. Mai 2019.

Bundesministerium der Justiz und für Verbraucherschutz (BMJV); Bundesamt für Justiz (BfJ), Gesetz über die Elektrizitäts- und Gasversorgung (Energiewirtschaftsgesetz - EnWG), https://www.gesetze-im-internet.de/enwg_2005/EnWG.pdf (besucht am 12.04.2019). [Gesetze im Internet - EnWG]

Bundesministerium für Wirtschaft und Energie (BMWi), Europäische Kommission schließt langjähriges Beihilfeverfahren zu Netzentgeltbefreiungen ab, Stand: 28. Mai 2018, https://www.bmwi.de/Redaktion/DE/Pressemitteilungen/2018/20 180528-europaeische-komission-schliesst-langjaehriges-beihilfeverfahren-zu-netz entgeltbefreiung-ab.html (besucht am 04.05.2019). [Pressemitteilung]

Bundesnetzagentur für Elektrizität, Gas, Telekommunikation, Post und Eisenbahnen (BNetzA), FAQ - Häufig gestellte Fragen zur Festlegung hinsichtlich der sachgerechten Ermittlung individueller Entgelte nach § 19 Abs. 2 StromNEV (BK4-13-739) vom 11. Dezember 2013.

Bundesnetzagentur für Elektrizität, Gas, Telekommunikation, Post und Eisenbahnen (BNetzA), Netzentgelt, Was ist ein Netzentgelt (auch als Netznutzungsentgelt bezeichnet)?, https://www.bundesnetzagentur.de/SharedDocs/FAQs/DE/Sachgeb iete/Energie/Verbraucher/Energielexikon/Netzentgelt.html (besucht am 12.05.2019). [Was ist ein Netzentgelt?]

Bundesnetzagentur für Elektrizität, Gas, Telekommunikation, Post und Eisenbahnen (BNetzA), Meldung_IST_Daten_§_19 Abs._2_S._2StromNEV (stromintensive Netznutzung), Bonn, 10. März 2016.

Bundesnetzagentur für Elektrizität, Gas, Telekommunikation, Post und Eisenbahnen (BNetzA), Leitfaden zur Eigenversorgung, Bonn, Juli 2016.

Bundesnetzagentur für Elektrizität, Gas, Telekommunikation, Post und Eisenbahnen (BNetzA), Ergänzende Informationen für die Anzeige der Vereinbarung eines individuellen Netzentgelts gem. § 19 Abs. 2 Satz 1 bis 4 StromNEV, Bonn, Februar 2017. [Ergänzende Informationen für die Anzeige]

Bundesnetzagentur für Elektrizität, Gas, Telekommunikation, Post und Eisenbahnen (BNetzA), Netznutzungsvertrag / Lieferantenrahmenvertrag gültig seit 1. April 2018, Bonn, 20. Dezember 2017.

Bundesnetzagentur für Elektrizität, Gas, Telekommunikation, Post und Eisenbahnen (BNetzA), Offshore-Netzumlage, Warum gibt es diese Umlage und wie hoch ist sie für Stromkunden?, https://www.bundesnetzagentur.de/SharedDocs/FAQs/D E/Sachgebiete/Energie/Verbraucher/PreiseUndRechnungen/OffshoreNetzumlag e.html (besucht am 06.07.2017). [Offshore-Netzumlage]

Bundesnetzagentur für Elektrizität, Gas, Telekommunikation, Post und Eisenbahnen (BNetzA), Anzeige gem. § 19 Abs. 2 S. 2 StromNEV (Stand: Februar 2019), Februar 2019.

Bundesnetzagentur für Elektrizität, Gas, Telekommunikation, Post und Eisenbahnen (BNetzA), Tool für die Berechnung eines individuellen Netzentgelts gem. § 19 Abs. 2 Satz 2 StromNEV, Stand: 27. Februar 2019, https://www.bundesnetzagent ur.de/DE/Service-Funktionen/Beschlusskammern/BK04/BK4_71_NetzE/BK4_71 _Individuelle_Netzentgelte_Strom/Downloads/Berechnungstool_individuelles_ Netzentgelt_26-11-2018.html?nn=358408 (besucht am 01.06.2019). [Berechnungstool § 19 Abs. 2 S. 2 StromNEV]

Bundesregierung (BReg), Entwurf eines Gesetzes zur Vereinfachung und Anpassung statistischer Rechtsvorschriften. Deutscher Bundestag, BT-Drs. 16/7248, Berlin, 21. November 20017.

Bundesregierung (BReg), Entwurf einer Verordnung über Konzessionsabgaben für Strom und Gas (Konzessionsabgabenverordnung - KAV). Bundesrat, BR-Drs. 686/91, Bonn, 8. November 1991. [Entwurf KAV 1991]

Bundesregierung (BReg), Entwurf eines Gesetzes zur Neuregelung des Energiewirtschaftsrechts. Deutscher Bundestag, BT-Drs. 13/7274, Bonn, 23. März 1997.

Bundesregierung (BReg), Erste Verordnung zur Änderung der Konzessionsabgabenverordnung. Bundesrat, BR-Drs. 358/99, Bonn, 1999.

Bundesregierung (BReg), Verordnung über die Entgelte für den Zugang zu Elektrizitätsversorgungsnetzen (Stromnetzentgeltverordnung - StromNEV). Bundesrat, BR-Drs. 245/05, 14. April 2005.

Bundesregierung (BReg), Entwurf eines Gesetzes zur Einführung einer Biokraftstoffquote durch Änderung des Bundes-Immissionsschutzgesetzes und zur Änderung energie- und stromsteuerrechtlicher Vorschriften (Biokraftstoffquotengesetz – BioKraftQuG). Deutscher Bundestag, BT-Drs. 16/2709, Berlin, 25. September 2006. [Entwurf Biokraftstoffquotengesetz – BioKraftQuG]

Bundesregierung (BReg), Entwurf eines Gesetzes zur Neuregelung des Rechts der Erneuerbaren Energien im Strombereich und zur Änderung damit zusammenhängender Vorschriften. Deutscher Bundestag, BT-Drs. 16/8148, Berlin, 18. Februar 2008.

Bundesregierung (BReg), Entwurf eines Gesetzes zur Förderung der Kraft-Wärme-Kopplung. Deutscher Bundestag, BT-Drs. 16/8305, Berlin, 28. Februar 2008.

Bundesregierung (BReg), Entwurf eines Dritten Gesetzes zur Neuregelung energiewirtschaftlicher Vorschriften. Deutscher Bundestag, BT-Drs. 17/10754, Berlin, 24. September 2012. [Entwurf eines 3. EnWNG]

Bundesregierung (BReg), Verordnung zur Änderung von Verordnungen auf dem Gebiet des Energiewirtschaftsrechts. Bundesrat, BR-Drs. 447/13, Berlin, 29. Mai 2013.

Bundesregierung (BReg), Entwurf eines Gesetzes zur Reform der Besonderen Ausgleichsregelung für stromkosten- und handelsintensive Unternehmen. Deutscher Bundestag, BT-Drs. 18/1572, Berlin, 28. Mai 2014. [Entwurf eines Gesetzes zur Reform der besAR]

Bundesregierung (BReg), Entwurf eines Gesetzes zur Weiterentwicklung des Strommarktes (Strommarktgesetz). Deutscher Bundestag, BT-Drs. 18/7317, Berlin, 20. Januar 2016. [Entwurf StroMaG]

Bundesregierung (BReg), Entwurf eines Gesetzes zur Änderung der Bestimmungen zur Stromerzeugung aus Kraft-Wärme-Kopplung und zur Eigenversorgung. Deutscher Bundestag, BT-Drs. 18/10209, Berlin, 7. November 2016. [Entwurf KWKStrRÄndG]

Bundesregierung (BReg), Entwurf eines Zweiten Gesetzes zur Änderung des Energiesteuer- und des Stromsteuergesetzes. Deutscher Bundestag, BT-Drs. 18/11493, Berlin, 13. März 2017. [Entwurf zweites Gesetz zur Änderung des Energiesteuer- und des Stromsteuergesetzes]

Bundesregierung (BReg), Entwurf eines Gesetzes zur Neuregelung von Stromsteuerbefreiungen sowie zur Änderung energiesteuerrechtlicher Vorschriften. Deutscher Bundestag, BT-Drs. 19/8037, Berlin, 2019.

Bundesregierung (BReg), Erste Verordnung zur Änderung der Mess- und Eichgebührenverordnung und der Mess- und Eichverordnung. Bundesrat, BR-Drs. 51/19, Berlin, 30. Januar 2019.

Bundesregierung (BReg), Strompreise und Vergünstigungen der energieintensiven Industrie in Deutschland, Antwort der Bundesregierung auf die Kleine Anfrage der Abgeordneten Oliver Krischer, Ingrid Nestle, Dr. Julia Verlinden, weiterer Abgeordneter und der Fraktion BÜNDNIS 90/DIE GRÜNEN, Deutscher Bundestag, BT-Drs. 19/7654, Berlin, 08.02.2019. [Strompreise und Vergünstigungen der energieintensiven Industrie in Deutschland]

Danner, Wolfgang; Theobald, Christian, Energierecht, 100. Ergänzungslieferung, München 2018. [zitiert: *Verfasser*, in: *Danner; Theobald, Energierecht*]

Deutscher Bundestag, Gesetzesbeschluss, Gesetz zur Änderung des Erneuerbare-Energien-Gesetzes, des Kraft-Wärme-Kopplungsgesetzes, des Energiewirtschaftsgesetzes und weiterer energierechtlicher Vorschriften, Bundesrat, BR-Drs. 614/18, Berlin, 30. November 2018. [Gesetzesbeschluss]

Deutscher Bundestag, Stenografischer Bericht 69. Sitzung. Plenarprotokoll, 19/69, Berlin, 30. November 2018.

Deutscher Industrie- und Handelskammertag (DIHK), Faktenpapier Strompreise in Deutschland 2017, Stand: Januar 2017.

Deutscher Industrie- und Handelskammertag (DIHK), Entlastungsmöglichkeiten bei Steuern und Abgaben im Energiebereich, Berlin, Stand: Mai 2019.

Europäische Kommission, Angaben der Mitgliedstaaten über Staatliche Beihilfen, die auf der Grundlage der Verordnung (EG) Nr. 800/2008 der Kommission vom 6. August 2008 zur Erklärung der Vereinbarkeit bestimmter Gruppen von Beihilfen mit dem Gemeinsamen Markt in Anwendung der Artikel 87 und 88 EG-Vertrag (allgemeine Gruppenfreistellungsverordnung) gewährt werden, http://ec.europa.eu/competition/state_aid/cases/254392/254392_1578894_16_1.pdf (besucht am 07.07.2019). [Freistellungsanzeige § 9b StromStG]

Europäische Kommission, Angaben der Mitgliedstaaten über Staatliche Beihilfen, die auf der Grundlage der Verordnung (EG) Nr. 800/2008 der Kommission vom 6. August 2008 zur Erklärung der Vereinbarkeit bestimmter Gruppen von Beihilfen mit dem Gemeinsamen Markt in Anwendung der Artikel 87 und 88 EG-Vertrag (allgemeine Gruppenfreistellungsverordnung) gewährt werden, http://ec.europa.eu/competition/state_aid/cases/254393/254393_1578898_16_1.pdf (besucht am 07.07.2019). [Freistellungsanzeige § 10 StromStG]

Europäische Kommission, Datenbank Falldatenbank, http://ec.europa.eu/competition/elojade/isef/index.cfm?policy_area_id=0 (besucht am 07.07.2019). [Beihilfendatenbank]

Fabritius, Christoph; Goldberg, Marc, Abschnitt 7.5 Individuelle Netzentgelte (§ 19 Abs. 2 StromNEV). In: *PricewaterhouseCoopers Aktiengesellschaft Wirtschaftsprüfungsgesellschaft* (PWC) *(Hrsg.):* Regulierung in der deutschen Energiewirtschaft, Praxishandbuch zum Energiewirtschaftsgesetz, Band I Netzwirtschaft: Band I, 4. Auflage, Freiburg 2015, S. 373–383. [Individuelle Netzentgelte]

Falkenberg, Matthias, Der Antrag auf Energiesteuervergütung. In: Zeitschrift für Zölle und Verbrauchssteuern 2015, S. 114–119. [Antrag auf Energiesteuervergütung]

Faßbender, Heiner; Riggert, Johanna, Die KWK-Umlage für privilegierte Letztverbraucher nach KWKG 2016 und KWKG 2017 (Teil 2). In: InfrastrukturRecht, S. 74–77. [KWKG-Umlage für privilegierte Letztverbraucher (Teil 2)]

Faßbender, Heiner; Weiss, Peter, Deckelung der KWK-Umlage für privilegierte Letztverbraucher nach dem KWKG 2016. In: InfrastrukturRecht 2016, S. 50–53. [Deckelung KWKG-Umlage]

Feuerborn, Alfred; Riechmann, Volkhard, Verordnung über Konzessionsabgaben für Strom und Gas, (Konzessionsabgabenverordnung - KAV) ; Kommentar nebst Materialien, Bielefeld 1994.

Finanzausschuss, Bericht, Entwurf eines Gesetzes zum Einstieg in die ökologische Steuerreform und Entlastung durch Einführung einer ökologischen und sozialen Steuerreform, Deutscher Bundestag, BT-Drs. 14/440, Bonn, 1. März 1999.

Fraktionen der CDU/CSU und SPD, Entwurf eines Gesetzes zur Reform der Besonderen Ausgleichsregelung für stromkosten- und handelsintensive Unternehmen, Ergänzung zu dem Entwurf des Gesetzes zur grundlegenden Reform des Erneuerbare-Energien-Gesetzes und zur Änderung weiterer Bestimmungen des Energiewirtschaftsrechts, Bundesratsdrucksache 157/14., Deutscher Bundestag, BT-Drs. 18/1449, Berlin, 20. Mai 2014. [Entwurf eines Gesetzes zur Reform der besAR]

Fraktionen der CDU/CSU und SPD, Entwurf eines Gesetzes zur Einführung von Ausschreibungen für Strom aus erneuerbaren Energien und zu weiteren Änderungen des Rechts der erneuerbaren Energien (Erneuerbare-Energien-Gesetz – EEG 2016). Deutscher Bundestag, BT-Drs. 18/8860, Berlin, 21. Juni 2016. [Entwurf EEG 2017]

Fraktionen der CDU/CSU und SPD, Entwurf eines Gesetzes zur Förderung von Mieterstrom und zur Änderung weiterer Vorschriften des Erneuerbare-Energien-Gesetzes. Deutscher Bundestag, BT-Drs. 18/12355, Berlin, 16. Mai 2017.

Fraktionen der CDU/CSU und SPD, Entwurf eines Gesetzes zur Änderung des Erneuerbare-Energien-Gesetzes, des Kraft-Wärme-Kopplungsgesetzes, des Energiewirtschaftsgesetzes und weiterer energierechtlicher Vorschriften. Deutscher Bundestag, BT-Drs. 19/5523, Berlin, 06. November 2018. [Entwurf EnSaG]

Fraktionen der SPD und Bündnis 90/Die Grünen, Entwurf eines Gesetzes zum Einstieg in die ökologische Steuerreform. Deutscher Bundestag, BT-Drs. 14/40, Bonn, 17. November 1998.

Fraktionen der SPD und Bündnis 90/Die Grünen, Entwurf eines Ersten Gesetzes zur Änderung des Erneuerbare-Energien-Gesetzes. Deutscher Bundestag, BT-Drs. 15/810, Berlin, 8. April 2003. [Entwurf EEGÄndG1]

Frankfurter Allgemeine Zeitung GmbH (FAZ), Industrierabatt kostet Verbraucher Milliardenbetrag, https://www.faz.net/aktuell/wirtschaft/energiepolitik/stromko sten-verbraucher-zahlen-fuer-die-industrie-mit-14508606.html (besucht am 24.02.2019). [Industrierabatt kostet Verbraucher Milliarden]

Freericks, Christian; Fiedler, Swantje, Ausnahmeregelungen für die Industrie bei Energie- und Strompreisen, Überblick über die geltenden Regelungen und finanzielles Volumen 2005-2016, Berlin, April 2017, http://www.foes.de/pdf/2017-04-FOES-Kurzanalyse-Industrieausnahmen-2005-2016.pdf (besucht am 24. Februar 2019). [Industrieausnahmen bei Energie- u. Strompreisen]

Frenz, Erneuerbare Energien in den neuen EU-Umwelt- und Energiebeihilfen. In: Zeitschrift für neues Energierecht, S. 345–355. [Erneuerbare Energien in den UEBLL]

Frenz, Walter, EEG II, 1. Aufl., Berlin 2016. [zitiert: *Verfasser*, in: *Frenz, EEG II*]

Frenz, Walter; Müggenborg, Hans-Jürgen; Cosack, Tilman; Hennig, Bettina; Schomerus, Thomas, EEG, 5. Aufl., Berlin 2018. [zitiert: *Verfasser*, in: *Frenz; Müggenborg; Cosack u. a., EEG*]

Generalzolldirektion, Stromsteuer, https://www.zoll.de/DE/Fachthemen/Steuern/Ver brauchsteuern/Strom/strom_node.html (besucht am 25.05.2019). [Stromsteuer]

Generalzolldirektion, Merkblatt - Staatliche Beihilfen im Energie- und Stromsteuerrecht, https://www.zoll.de/SharedDocs/Downloads/DE/FormulareMerkblaetter/ Verbrauchsteuern/1139a_2019.pdf?__blob=publicationFile&v=4 (besucht am 27.04.2019). [Merkblatt - Staatliche Beihilfen]

Generalzolldirektion, Person, die Energieerzeugnisse verwendet bzw. Strom entnimmt, Stand: 29. März 2019, https://www.zoll.de/SharedDocs/Downloads/DE/ Links-fuer-Inhaltseiten/Fachthemen/Verbrauchsteuern/informationsschreiben_v erwenderbegriff.pdf?__blob=publicationFile&v=2 (besucht am 09.06.2019). [Stromentnehmer]

Grave, Katharina; Bader, Nikolas; Blücher, Felix von; Nicolosi, Marco; Chatre, Baptiste; Bosquet, Michelle; Kuwahata, Rena; Breitschopf, Barbara; Friedrichsen, Nele, Politisch induzierte Strompreiskomponenten und Ausnahmeregelungen für die Industrie, Vorhaben: Überprüfung der aktuellen Ausnahmeregelungen für die Industrie im Bereich des EEG im Hinblick auf Treffsicherheit und Konsistenz mit anderen Ausnahmeregelungen im Energiebereich unter Berücksichtigung der internationalen Wettbewerbsfähigkeit und Strompreissituation, Juni 2015 https: //www.isi.fraunhofer.de/content/dam/isi/dokumente/ccx/2015/Industriestrompr eise_Komponenten.pdf (besucht am 24. Februar 2019).

Günther, Reinald, Das KWKG 2017 und die Überarbeitung der EEG-Eigenversorgung. In: EnergieRecht 2017, S. 3–8. [KWKG 2017 und Überarbeitung EEG-Eigenversorgung]

Heß, Julian; Heßler, Pascal; Kachel, Markus, Der energierechtliche Begriff der Abnahmestelle. In: Zeitschrift für das gesamte Recht der Energiewirtschaft, S. 305–312. [Abnahmestelle]

Industrie- und Handelskammer Lippe zu Detmold (IHK Lippe zu Detmold), Energie- und Stromsteuer berechnen, https://www.detmold.ihk.de/hauptnavigation/berat en-und-informieren/energie/energie--und-stromsteuer/4208848 (besucht am 25.05.2019). [Berechnung Stromsteuer]

Industrie- und Handelskammer Schwaben (IHK Schwaben), Vergünstigungen Steuern und Abgaben - Energie – 2019, Stand: 3. Januar 2019.

Institut der Wirtschaftsprüfer in Deutschland e. V. (IDW), Entwurf einer Neufassung des IDW Prüfungsstandards: Sonstige betriebswirtschaftliche Prüfungen und ähnliche Leistungen im Zusammenhang mit energierechtlichen Vorschriften (IDW EPS 970 n.F.), Düsseldorf, 15. Februar 2016. [IDW EPS 970 n.F.]

Institut der Wirtschaftsprüfer in Deutschland e. V. (IDW), IDW PH 9.970.35 Besonderheiten der Prüfung nach § 19 Abs. 2 Satz 15 StromNEV bzw. nach § 17f Abs. 1 Satz 3 EnWG, jeweils i.V.m. § 30 Abs. 1 Nr. 5 KWKG 2016, im Zusammenhang mit der Begrenzung der StromNEV-Umlage bzw. der Offshore-Haftungsumlage, Düsseldorf, 30. Oktober 2017. [IDW PH 9.970.35]

Institut der Wirtschaftsprüfer in Deutschland e. V. (IDW), IDW PH 9.970.60, Besonderheiten der Prüfung nach § 2 Abs. 6 Satz 3 i.V.m. Abs. 4 KAV des Grenzpreisvergleichs Strom auf Ebene des Letztverbrauchers (Sondervertragskunde), Düsseldorf, 30. Oktober 2018. [IDW PH 9.970.60]

Institut der Wirtschaftsprüfer in Deutschland e. V. (IDW), IDW PH 9.970.12 Besonderheiten der Prüfungen nach § 75 Satz 2 EEG 2017 und § 30 Abs. 1 Nr. 5 KWKG der Abrechnungen von Elektrizitätsversorgungsunternehmen, stromkostenintensiven Unternehmen, Letztverbrauchern und Eigenversorgern für das Kalenderjahr 2018, Düsseldorf, 19. März 2019. [IDW PH 9.970.12]

Institut der Wirtschaftsprüfer in Deutschland e. V. (IDW), IDW PH 9.970.10 Besonderheiten der Prüfung im Zusammenhang mit der Antragstellung stromkostenintensiver Unternehmen auf Besondere Ausgleichsregelung nach dem EEG 2017 im Antragsjahr 2019, Düsseldorf, 17. April 2019. [IDW PH 9.970.10]

Internationales Wirtschaftsforum Regenerative Energien (IWR) / IWR.de GmbH – Institut für Regenerative Energiewirtschaft (IWR), Strom: Industrierabatte erreichen 17 Milliarden Euro, https://www.iwr.de/news.php?id=33516. [Industrierabatte erreichen 17 Milliarden Euro]

Jatzke, Harald, Europäisches Verbrauchsteuerrecht, München 2016.

Jesse, Entstehung, Geltendmachung und Verjährung von Stromsteueransprüchen. In: Betriebs-Berater 2015, S. 2711–2719. [Stromsteuervergütungsansprüche]

Kachel, Markus, Das Kraft-Wärme-Kopplungsgesetz 2016. In: Zeitschrift für das gesamte Recht der Energiewirtschaft 2016, S. 51–58. [KWKG 2016]

Kahles, Markus; Nysten, Jana, Alles auf Anfang? – Die fehlende Beihilfeeigenschaft des EEG. In: Zeitschrift für das gesamte Recht der Energiewirtschaft, S. 147–152. [Fehlende Beihilfeeigenschaft EEG 2012]

Kirchner, Hildebert; Pannier, Dietrich, Abkürzungsverzeichnis der Rechtssprache, 6. Auflage, Berlin 2008.

Kment, Martin, Energiewirtschaftsgesetz, 2. Aufl., Baden-Baden 2019. [zitiert: *Verfasser*, in: *Kment, EnWG*]

Kröger, James, Das EEG 2014 im Lichte der Europäisierung des Rechts der Erneuerbaren Energien. In: Natur und Recht 2016, S. 85. [EEG 2014 & Europäisierung]

Küper, Michael H; Callejon, Daniel, Abschnitt 7.7. Verbraucher (Industrie, Gewerbe, Haushalt, Prosumer). In: *PricewaterhouseCoopers Aktiengesellschaft Wirtschaftsprüfungsgesellschaft* (PWC) *(Hrsg.)*: Regulierung in der deutschen Energiewirtschaft, Band II Strommarkt, 1. Auflage, Freiburg, München, Stuttgart 2017, S. 424–430. [Verbraucher]

Liebig, Daniel, § 17f - Energiewirtschaftsgesetz (EnWG), https://www.buzer.de/geset z/2151/a179005.htm (besucht am 06.07.2019). [Fehler in § 17f Abs. 5 EnWG]

Lübke, Volker, Die Befreiung von Netzentgelten nach § 19 Abs. 2 S. 2 StromNEV. In: Zeitschrift des Instituts für Energie- und Wettbewerbsrecht in der kommunalen Wirtschaft 2012, S. 226–231. [Netzentgeltbefreiung nach § 19 Abs. 2 S. 2 StromNEV]

Ludwigs, Markus, Demokratieferne Gestaltung der europäischen Beihilfeaufsicht. In: Europäische Zeitschrift für Wirtschaftsrecht 2017, S. 41. [Demokratieferne Beihilfeaufsicht]

Meyer, Melanie; Kneuper, Friedrich, Die kaufmännisch-bilanzielle Verrechnung bei der Vereinbarung des individuellen Netzentgelts gemäß § 19 Abs. 2 S. 2 StromNEV. In: Netzwirtschaften & Recht 2015, S. 136–138. [kaufmännisch-bilanzielle Verrechnung]

Möhlenkamp, Karen; Milewski, Knut (Begr.), EnergieStG/StromStG, München 2012. [zitiert: *Verfasser*, in: *Möhlenkamp; Milewski, EnergieStG/StromStG*]

Mussaeus, Peter; Otter, Jan Philipp, Abschnitt 3.1.2.4 Beihilfenrechtlicher Rahmen. In: *PricewaterhouseCoopers Aktiengesellschaft Wirtschaftsprüfungsgesellschaft* (PWC) *(Hrsg.)*: Regulierung in der deutschen Energiewirtschaft, Band II Strommarkt: Band II, 1. Auflage, Freiburg, München, Stuttgart 2017. [Beihilferahmen]

Oppen, Margarete von, Die wesentlichen Änderungen für das EEG 2017, S. 3–8. [Änderungen des EEG 2017]

Reuster, Lena; Fiedler, Swantje; Graichen, Emele; Keimeyer, Friedhelm; Schumacher, Katja; Großmann, Anett; Lutz, Christian, Reform und Harmonisierung der unternehmensbezogenen Ausnahmeregelungen im Energiebereich. Texte, 23/2019, Dessau-Roßlau, März 2019, http://www.foes.de/pdf/2019-03-FOES-UBA-unterne hmensbezogene-Ausnahmeregelungen-Energiepreise.pdf (besucht am 10. Juli 2019). [Reformvorschlag]

Ruttloff, Marc; Kindler, Lars, Update Eigenversorgung: Abgrenzung von Eigen- und Drittverbräuchen. In: Zeitschrift für das gesamte Recht der Energiewirtschaft, S. 392–398. [Update Eigenversorgung]

Säcker, Franz Jürgen, Berliner Kommentar zum Energierecht: Band 3, 4. Aufl., Frankfurt am Main 2018. [zitiert: *Verfasser*, in: *Säcker, BerlKommEnR, Band 3*]

Säcker, Franz Jürgen, Berliner Kommentar zum Energierecht: Band 5, 4. Aufl., Frankfurt am Main 2018. [zitiert: *Verfasser*, in: *Säcker, BerlKommEnR, Band 4*]

Säcker, Franz Jürgen, Berliner Kommentar zum Energierecht: Band 6, 4. Aufl., Frankfurt am Main 2018. [zitiert: *Verfasser*, in: *Säcker, BerlKommEnR, Band 6*]

Säcker, Franz Jürgen, Berliner Kommentar zum Energierecht: Band 1, 4. Aufl., Frankfurt am Main 2019. [zitiert: *Verfasser, in: Säcker, BerlKommEnR, Band 1*]

Salje, Peter, Erneuerbare-Energien-Gesetz 2012, Gesetz für den Vorrang erneuerbarer Energien, 6. Aufl., Köln 2012. [EEG 2012]

Salje, Peter, Erneuerbare-Energien-Gesetz 2014, Gesetz für den Ausbau erneuerbarer Energien, 7. Aufl., Köln 2015. [EEG 2014]

Salje, Peter, EEG 2017, Gesetz für den Ausbau erneuerbarer Energien, 8. Aufl., Köln 2018. [EEG 2017]

Scholtka, Boris; Trottmann, Christian, Das EEG (2012) ist keine Beihilfe. In: Energie-Recht 2019, S. 91–95. [EEG 2012 ist keine Beihilfe]

Schröer-Schallenberg, Sabine, Die Bedeutung des Verbotes staatlicher Beihilfen. In: *Summersberger, Walter;Merz, Matthias; Jatzke, Harald u. a. (Hrsg.):* Außenwirtschaft, Verbrauchsteuern und Zoll im 21. Jahrhundert, Festschrift für Hans-Michael Wolffgang, Köln 2018, S. 725–743. [Beihilfenverbot im Verbrauchsteuerrecht]

Schröer-Schallenberg, Sabine, H. IV. Europäisches Beihilferecht. In: *Bongartz, Matthias; Schröer-Schallenberg, Sabine (Hrsg.):* Verbrauchsteuerrecht. 3. Auflage, München 2018. [Europäisches Beihilfenrecht]

Schröer-Schallenberg, Sabine, J. Die Steuer auf elektrischem Strom. In: *Bongartz, Matthias; Schröer-Schallenberg, Sabine (Hrsg.):* Verbrauchsteuerrecht. 3. Auflage, München 2018. [Steuer auf elektrischen Strom]

Schwalge, Niklas; Faßbender, Heiner, Energierechtliche Kostenprivilegierungen - Unionsrechtliche Vorgaben und deutsche Umsetzung. In: InfrastrukturRecht 2017, S. 266–269. [Energierechtliche Kostenprivilegierungen]

Statistisches Bundesamt (DESTATIS), Klassifikation der Wirtschaftszweige mit Erläuterungen Ausgabe 2003, Wiesbaden, April 2003.

Statistisches Bundesamt (DESTATIS), Klassifikation der Wirtschaftszweige mit Erläuterungen 2008, Wiesbaden, Dezember 2008.

Statistisches Bundesamt (DESTATIS), Stromabsatz und Erlöse der Elektrizitätsversorgungsunternehmen: Deutschland, Jahr, Abnehmergruppen, https://www-genesis.destatis.de/genesis/online/logon?language=de&sequenz=tabelleErgebnis&selectionname=43331-0001 (besucht am 27.03.2019). [Stromabsatz und Erlöse der EVU]

Stein, Roland M; Thoms, Anahita, Vorwort. In: *Stein, Roland M; Thoms, Anahita (Hrsg.):* Energiesteuern in der Praxis, Energiesteuer - Stromsteuer - Biokraftstoffquote - Energiesteuer-Compliance, 3. Auflage, Köln 2016, S. 7. [Vorwort]

Stiftung Umweltenergierecht, Das EEG 2012 ist keine Beihilfe - was genau bedeutet das EuGH-Urteil? Fragen und Antworten, Hintergrundpapier. Würzburger Berichte zum Umweltenergierecht, # 41, Würzburg, 4. April 2019. [F&A EuGH-Urteil]

Stöbener de Mora, Patricia Sarah, Anmerkungen zu EuGH, Urteil vom 28. März 2019 - C-405/16 P. In: Neue Zeitschrift für Verwaltungsrecht 2019, S. 633–634. [Anmerkungen zu EuGH, Urteil vom 28. März 2019 - C-405/16 P]

Thoms, Anahita, C. Stromsteuerrecht. In: *Stein, Roland M; Thoms, Anahita (Hrsg.):* Energiesteuern in der Praxis, Energiesteuer - Stromsteuer - Biokraftstoffquote - Energiesteuer-Compliance, 3. Auflage, Köln 2016, S. 245–308. [Stromsteuerrecht]

Viehweger, Cathérine, KWKG-Umlage, StromNEV-Umlage und Offshore Haftungsumlage. In: Die Wirtschaftsprüfung 2018, S. 141–145. [KWKG-, StromNEV- u. Offshore-Haftungsumlage]

Viehweger, Cathérine, Energiesammelgesetz – was müssen Antragsteller auf Besondere Ausgleichsregelung für das Begrenzungsjahr 2019 beachten? In: Die Wirtschaftsprüfung, S. 222–229. [EnSaG und besAR]

Voß, Nadine; Wagner, Florian; Hartmann, Thies Christian, Festlegung zur sachgerechten Ermittlung individueller Entgelte nach § 19 II StromNEV – Bewertung für Letztverbraucher. In: InfrastrukturRecht 2014, S. 76. [Ermittlung individueller Netzengelte]

Weingarten, Jörn, Welche Neuerungen bringt das EEG 2017? - Antragstellung zur Besonderen Ausgleichsregelung durch stromkostenintensive Unternehmen. In: Die Wirtschaftsprüfung 2017, S. 91-96. [Neuerungen EEG 2017]

Weingarten, Jörn, Änderungen bei der Begrenzung der KWKG-Umlage - Was müssen Unternehmen mit hohem Stromverbrauch beachten. In: Die Wirtschaftsprüfung 2017, S. 328–333. [Änderungen Begrenzung KWKG-Umlage]

Wirtschaftsprüferkammer (WPK), Mitteilungen der Wirtschaftsprüferkammer. WPK-Magazin, 3/2017.